Désirée Wiktorski

Ich lasse dich nicht, es sei denn, du segnest mich

Über die Autorin

Désirée Wiktorski ist Lektorin bei Gerth Medien und Mitglied im freien Redaktionsteam der Zeitschrift LYDIA. Es ist ihre große Leidenschaft, mit anderen Menschen ins Gespräch zu kommen und um die großen Fragen des Glaubens und des Lebens zu ringen. Das macht sie unter anderem in ihrem eigenen Podcast „Zwischen Himmel und Herz" und im „Flügelverleih", dem Podcast von Gerth Medien. In ihrer Freizeit liebt sie es außerdem, Lieder zu schreiben und Lobpreis zu machen, und ist Mitgründerin und Leiterin des Gebetshauses Wetzlar. Seit 2020 ist sie glücklich verheiratet.

desireewiktorski.de

Désirée Wiktorski

ICH LASSE DICH NICHT,

es sei denn, du segnest mich

44 tiefe Gedanken für Frauen mit geistlichem Kämpferherz

„Es gibt keine größere Auszeichnung als die Wunden,
die wir von unserem Kampf mit Gott davontragen.“

Unbekannt

Ich widme dieses Buch meiner lieben Freundin Anja,
der stärksten Kämpferin, die ich je kennengelernt habe und
die mir beim Überwinden
(und später auch bei diesem Buch) geholfen hat,
während sie selbst noch mitten auf dem Schlachtfeld stand.

Und ich widme dieses Buch allen Glaubensheldinnen,
die den hartnäckigen Zweifel und die Dunkelheit kennen –
und ihren großen Gott, den sie „nicht lassen" wollen.
Fight on, es lohnt sich!

INHALT

PRISMA

Wenn selbst Licht erst brechen muss,
um in den Farben deiner Verheißungen zu strahlen,
darf ich dann nicht die Hoffnung wagen,
dass meine Brüche
keinen Bruch mit dir bedeuten,
sondern vielleicht sogar
dazu da sind,
um später umso mehr zu leuchten?
Noch bin ich zerbrochen,
kann nur im Dunkeln tastend kleine Schritte gehen.
Doch ich weiß: Ich werd noch deinen Segen sehen!
Und wenn mich nichts mehr hält,
dann hältst du mich.
Ja, du hältst mich,
hältst mich und meine Zweifel aus,
deshalb bleib ich
trotz und wegen allem dran,
denn ganz tief drin,
da glaub ich dran.

Einleitung

KAMPFANLEITUNG

Gott scheint dem Ringen und Kämpfen mehr abgewinnen zu können als wir. Denn im Prozess des Ringens werden wir zu der Person, die wir sein sollen.

Stefan Kraft

„Zweifelst du noch oder überwindest du schon?" Egal, wie du diese Frage für dich beantwortest: Dieses Buch ist für dich gedacht. Denn ich glaube, es gibt nicht die Zweifelnden auf der einen und die Überwindenden auf der anderen Seite, sondern nur Zweifler, die zu Überwindern werden, weil sie bei ihren Zweifeln nicht stehen geblieben sind. Ja, ich glaube, in jeder Zweiflerin steckt ein Überwinderin. Und jede starke Überwinderin war auch schon mal eine mindestens genauso starke Zweiflerin. Deshalb können sich in jeder Überwinderin auch immer wieder einmal jene hartnäckigen Zweifel melden, die sie längst glaubte, überwunden zu haben. Ich schreibe dieses Buch also für beide: für die Zweiflerinnen, in denen schon eine Überwinderin steckt, und für die Überwinderinnen, in denen noch eine Zweiflerin steckt. Beide möchte ich ermutigen: Egal, wie schmerzhaft und kräftezehrend deine Glaubenskämpfe und dein Ringen um Wahrheit – ja, vielleicht sogar dein Ringen mit Gott höchstpersönlich – sind, und egal, wie hartnäckig die alten Zweifel sind, die dich vom nächsten großen Glaubensschritt abhalten wollen: **Bleib dran, bis der Segen (wieder-)kommt! Trau dich wie Jakob, mitten im Kampf zu Gott zu sagen: „Ich lasse dich nicht, es sei denn, du segnest mich!" (1. Mose 32,27; Zürcher Bibel).**

„Ich lasse dich nicht, es sei denn, du segnest mich!" – Dieser Vers begleitet mich nun schon eine ganze Weile und ich erinnere mich noch gut an den Moment, in dem er für mich eine ganz konkrete Bedeutung bekam. Hinter mir lag eine schwere Zeit, in der ich viel gekämpft hatte. Eine alte Wunde war wieder aufgerissen, die mich umso mehr ins Gebet und in die Fürbitte trieb, doch die schmerzlich ersehnte Gebetserhörung blieb aus – bis ich mich müde gehofft und wund gebetet hatte. In diesem Zustand hatte ich mich in den Gottesdienst einer fremden Gemeinde geschleppt – in der Hoffnung, dort endlich Antworten oder wenigstens eine kleine Ermutigung von Gott zu bekommen.

Tatsächlich war der Gottesdienst sehr schön und bewegend, aber die „persönliche Ansprache" blieb aus. Ich überlegte, für mich beten zu lassen, doch ausgerechnet an diesem Tag schien es das Angebot für persönliches Gebet nicht zu geben. Die Menschen strömten schon nach draußen auf den Parkplatz, und auch ich hatte den Gottesdienstraum bereits verlassen, aber irgendetwas hielt mich noch zurück. Wie aus dem Nichts schoss mir der Vers in den Kopf: „Ich lasse dich nicht, es sei denn, du segnest mich!" Ich bekam Herzklopfen und wusste plötzlich, was zu tun war. So ging ich zurück in den Gottesdienstraum, fasste allen Mut zusammen und sprach die nächste Mitarbeiterin an, ob es nicht vielleicht doch die Möglichkeit für persönliches Gebet gäbe.

Es kostete mich viel Überwindung, da ich mich in dieser fremden Gemeinde auch nicht aufdrängen wollte, doch mein inneres Drängen ließ mir keine andere Wahl. „Heute eigentlich nicht", entgegnete die Frau freundlich, „aber da drüben steht gerade unser Jugendpastor, vielleicht hat er kurz Zeit."

Tatsächlich willigte er ein und begann, intensiv für mich zu beten, ohne dass ich ihm viel über mich und meine Situation erzählt hatte. Am Ende sagte er zu mir: „**Ich hatte ganz stark den Eindruck, als würde Gott dir sagen wollen: Ich sehe deine Tränen. Ich sehe deine Gebete. Und nichts davon war umsonst. Du wirst die Früchte sehen, du wirst sie sehen! Gott sagt dir:** *Noch nicht heißt nicht Nein!*" **Seine Worte gingen mir so tief ins Herz hinein, dass ich wusste, sie kamen direkt von Gott.**

Das war genau das, was ich hören musste. Und auch wenn danach noch weitere lange Monate des Kämpfens und Ringens folgten, so erinnerte ich mich doch immer wieder an diese „erkämpfte" Segnung und Verheißung, die mir dabei half durchzuhalten.

Glaubende, die viel zweifeln oder kämpfen, werden manchmal als „schwach" wahrgenommen, dabei erfordert es jede Menge Mut, „mit Gott in den Ring zu steigen", wie Jakob es im Alten Testament tat. Dieser Kampf mit Gott ist ein heftiges Bild, aber aus eigener Erfahrung kann ich sagen: Es ist auch eine heftige Erfahrung, wenn man sich selbst und seinen Glauben noch einmal komplett infrage stellen muss. Und trotz dieser Heftigkeit hat das Bild vom „Kampf mit Gott" auch etwas Wunderschönes. Denn gerade im Kampf kommen wir diesem Gott besonders nah. **Wenn wir mit jemandem ringen, gehen wir schließlich gezwungenermaßen auf Tuchfühlung mit ihm. Und das gilt auch für Gott. Wenn wir mit ihm ringen, lässt er uns ganz nah an sich heran. Macht sich in jeglicher Hinsicht „angreifbar".** Und wie in der alttestamentlichen Geschichte von Jakob deutlich wird, schenkt er uns aus Gnade sogar auf geheimnisvolle Art und Weise den Sieg. Nicht, dass wir Gott selbst besiegt hätten, aber in dem Sinne, dass wir als Sieger aus unseren Glaubenskämpfen hervorgehen können. Und vor allem als Gesegnete.

Denn genau diese Sehnsucht nach Segen allen Widerständen zum Trotz scheint Gottes Herz zu erweichen. Deshalb schaute er offensichtlich sogar darüber hinweg, dass Jakob sich den Segen auch schon mal mit unlauteren Mitteln erschlichen hatte (durch die Täuschung seines Vaters Isaak; nachzulesen in 1. Mose 27,1–40). Aber Gott sah und beantwortete Jakobs „Segenssehnsucht". Und er sieht auch deine.

Ich selbst kenne diese Sehnsucht nur zu gut. Solange ich mich zurückerinnern kann, verspürte ich diese Sehnsucht nach mehr. Nach mehr Leben. Mehr Liebe. Mehr von Gott. Und die intensive Beschäftigung mit Gottes Wort bestärkte mich darin, dass diese Sehnsucht auch berechtigt war und ist. Von einem Leben in Fülle ist da die Rede. Von allen geistlichen Segnungen der Himmelswelt, die uns geschenkt wurden. Von Gebet, das Berge versetzt. Von Zeichen und Wundern, die uns folgen (vgl. Markus 16,17). Von tiefer Freude und übernatürlichem Frieden. Von Strömen lebendigen Wassers und immer neuer Kraft.

Das alles wollte ich. Nach alldem sehnte ich mich. Doch es gab immer wieder Phasen in meinem Leben, in denen die Schere zwischen dem, was mir im Alltag begegnete, und dem, was in der Bibel verheißen wurde, weit auseinanderging. Statt eines Bads in Strömen lebendigen Wassers erlebte ich scheinbar nie enden wollende Dürrezeiten. Statt tiefer Freude innere Leere, Leblosigkeit und wiederkehrende Depressionen. Statt übernatürlichen Friedens unerbittliche Kriege gegen mich selbst. Und das alles, obwohl ich eine enge Beziehung zu Gott und ein lebendiges Glaubensleben hatte und obwohl ich viel gebetet, gefastet und Bibel gelesen hatte.

Vor drei Jahren fand ich mich erneut in so einer Phase wieder, und ich spürte, dass ich nun vor einer Entscheidung stand: Entweder würde ich Gott jetzt loslassen oder ich würde sagen: „Ich lasse dich nicht, es sei denn, du segnest mich!" und noch einmal eine „heilige Kampfeslust" entwickeln. Gott sei Dank – denn es ging nur mit seiner Hilfe – entschied ich mich für Letzteres und sagte in verzweifeltem Trotz: „Wenn du mir das alles versprochen hast, Gott, dann will ich das auch erleben!"

Und damit begann ein langer Weg, der sich zunächst so gar nicht siegreich anfühlte. **Denn mein größter Sieg begann mit meiner** größten Kapitulation: „Ich kann nicht, aber du kannst!" Ja, das wurde mein „Kampfruf" für die nächsten schweren Monate, der mir half, „im Ring zu bleiben" und Gott nicht loszulassen. Parallel beschloss ich, mir professionelle Hilfe zu suchen und nicht länger die starke Einzelkämpferin zu mimen. Am Tiefpunkt meiner Depression ließ ich mich schließlich sogar auf einen Aufenthalt in einer christlichen Klinik ein …

Und heute kann ich sagen: Mein Kampf endete tatsächlich im Segen! Gerade durch das monatelange Ringen schenkte Gott mir neue, tiefe Einsichten über sein Wesen, eine widerstandsfähigere Glaubenskraft, hartnäckige Heilungshoffnung und einen nie da gewesenen geistlichen Kampfgeist. Nun kämpfe ich nicht mehr gegen mich selbst oder mit Gott, sondern *für* Gott, um andere ebenfalls in dieses Land des Friedens und des Segens zu führen.

Was mich früher aufgrund der fehlenden Erfüllung beinahe hat bitter werden lassen, fordert mich jetzt im positivsten Sinn heraus: Gottes Verheißungen. Denn ich durfte erleben: Er will uns tatsächlich *mehr* schenken, und es lohnt, sich vertrauensvoll danach auszustrecken. Ja, Gott lädt uns zu einer wild entschlossenen Kühnheit ein, die belohnt wird, wenn wir uns auf sie einlassen. Und wenn nicht immer gleich im sichtbaren Bereich, dann doch im geistlichen: Von Opfern der Umstände und uns selbst können wir zu starken Frauen mit einer Siegermentalität werden, die auch dann aufrecht und zuversichtlich durchs Leben gehen, wenn schwere Umstände nicht ausbleiben. Von chronisch Zweifelnden können wir zu chronisch Hoffenden werden. Von Verwundeten zu Wundererwartenden.

Dieses Buch soll dich auf dem Weg dorthin begleiten. Daher will ich dich zunächst in deinen Zweifeln und Kämpfen abholen, indem ich die Themen und Fragestellungen aufgreife, die mich selbst und, wie ich erfahren durfte, auch viele andere Menschen immer wieder hadern ließen bzw. lassen. Dann will ich dir neue Sichtweisen und Denkanstöße geben, die mir geholfen haben, weiterzukämpfen und vor allem weiterzuglauben. Und wenn wir diese ermüdenden Kämpfe gegen uns selbst und um unseren Glauben hinter uns gelassen haben, möchte ich dich in den „*guten* Kampf des Glaubens" begleiten – als Überwinderin, die gelernt hat, im Segensregen zu tanzen. Du musst dieses Buch jedoch nicht chronologisch lesen, sondern kannst dich auch einfach mit den Themen beschäftigen, mit denen du gerade ringst und bei denen du einen Sieg erleben möchtest.

Es ist mein Herzenswunsch, dass dieses Buch dazu beiträgt, dass auch du die Freude, den Frieden und das überfließende Leben findest, das Gott uns versheißen hat! Und dass auch du von einer chronisch zweifelnden Kämpferin zu einer chronisch hoffenden Überwinderin wirst. Von einer Verwundeten zu einer Wundererwartenden! Also: *Lass Gott nicht, bis er dich segnet!*

Deine „Mitstreiterin" Désirée

Dehnübungen für den Glauben

**Jesus, schenke mir den Glauben,
den ich brauche, um die Wunder zu erwarten,
um die ich dich bitte.**

*Lasst uns [...] aufsehen zu Jesus,
dem Anfänger
und Vollender des Glaubens.*

Hebräer 12,1–2 (Luther)

ICH KÄMPFE,
DU KÄMPFST,
ER/SIE/ES KÄMPFT

Der Herr selbst wird für euch kämpfen.
Bleibt ganz ruhig!
2. Mose 14,14 (Neues Leben)

Lange Monate des Kämpfens lagen hinter mir. Ich kämpfte gegen die übermannende Dunkelheit an, die sich wieder in meiner Seele breitmachen wollte. Gegen die nagenden Zweifel an den Dingen, die ich längst erkannt zu haben glaubte. Ich kämpfte gegen Stimmen der Verurteilung, wachsende Verdammungsängste und gefühlt um nichts Geringeres als um mein Seelenheil. Doch am härtesten kämpfte ich gegen mich selbst, weil ich mich wieder einmal so schwach fühlte. Wie eine Verliererin, die mit sich selbst und dem Leben einfach nicht klarkam.

„Der Herr selbst wird für euch kämpfen. Bleibt ganz ruhig!" Diese Bibelstelle klingt gut, wenn du auf einem hohen Ross am Rande des Schlachtfelds sitzt, aber mitten im Kampf bringt sie dir reichlich wenig – zumindest dann nicht, wenn du plötzlich zwar nicht an der Macht, wohl aber an der Gunst dessen zweifelst, der da für dich kämpfen soll. Ja, wenn du schon das letzte bisschen innere Kraft zusammenkratzen musst, damit du nicht zynisch und verbittert bist. Wenn du dich nur noch in verzweifeltem Trotz an der einst erkannten Wahrheit festklammern kannst, dass Gott immer noch da ist, dass er dich sieht

und liebt – und dass das hier auch wieder vorübergehen wird, selbst wenn sich dieser Zustand so ekelhaft endgültig anfühlt.

Als ich am Tiefpunkt meiner Depression auf diese Bibelstelle stieß, forderte sie mich mehr heraus, als dass sie mich ermutigte. Fest stand: Ich hatte keine Kraft mehr zu kämpfen und hätte Gott liebend gern meine Kämpfe ausfechten lassen, doch ich scheiterte an der praktischen Umsetzung – und an meinem mangelnden Vertrauen. Schließlich hatte ich bereits im Gebet um Heilung gekämpft und im Namen von Jesus die Finsternis immer wieder in ihre Schranken verwiesen – und doch hatte ich kein siegreiches Eingreifen Gottes erlebt. Selten habe ich im Gebet so gerungen wie zu dieser Zeit: „Du bist doch der Sieger, Jesus. Du hast doch bereits gesiegt. Warum muss ich überhaupt noch so viel kämpfen? Und wenn du sagst, dass du meine Kämpfe kämpfst, dann kämpfe du doch bitte jetzt auch für mich. Ich kann nicht mehr!"

Doch auf dieses Gebet folgte nicht der glorreiche Durchbruch, sondern kurze Zeit später der totale Zusammenbruch. Ich musste mir endgültig eingestehen, dass ich es allein nicht mehr schaffen würde und dringend eine Auszeit und professionelle Hilfe brauchte, die ich dann – Gott sei Dank – auch bekam. Es begann ein langer und schmerzhafter Weg der Heilung, bis der ersehnte Sieg dann endlich eintrat. Doch das geschah nicht durch einen einzigen mächtigen Schlachtzug, sondern glich vielmehr einer schrittweisen Landeinnahme. Einem Sieg in Etappen.

Als ich Monate später mit einem anderen Christen ins Gespräch kam und ihm erzählte, dass ich professionelle Hilfe in Anspruch genommen und eine Klinik aufgesucht hatte, sagte er doch tatsächlich zu mir: „Also hast du aufgegeben und Gott nicht mehr vertraut?" Dieser Kommentar traf mich tief, schließlich war genau das der Grund gewesen, weshalb ich so lange gezögert hatte, mir Unterstützung zu suchen: weil ich damit Gott gegenüber nicht den Eindruck erwecken wollte, dass ich an seiner Heilungskraft zweifelte.

Damals war ich zu perplex, um ihm das zu antworten, was ich eigentlich gern gesagt hätte: „Nein, ich habe nicht aufgegeben. Ich habe gewonnen – den wahren Kampf um mein Vertrauen in Jesus. **Denn nur wer es wagt, einmal wirklich alles loszulassen, merkt, ob er gehalten wird. Nur wer sich traut, nicht mehr verbissen um den eigenen (Heilungs-)Glauben zu kämpfen, merkt, ob Gott wirklich für ihn kämpft, wenn er selbst nicht mehr dazu in der Lage ist."**

Ich weiß nicht, in welchen Kämpfen du gerade steckst oder ob du nur noch kraftlos am Boden liegst. Aber aus eigener Erfahrung kann ich dir sagen: **Wenn du am Ende deiner Selbst angelangt bist, ist das die beste Ausgangsposition, um Gott für dich kämpfen zu lassen …**

Irgendwann hörte ich eine Zeile aus einem Lied von *Elevation Worship*: „I can fight with my hands held high" („Ich kann mit erhobenen Händen kämpfen"). Sie bringt es für mich wunderbar auf den Punkt: Ich darf, nein, ich *muss* manchmal erst kapitulieren, um wirklich verstehen und erleben zu können, was es heißt, dass Gott meine Kämpfe für mich ausficht. Ich musste nicht länger darum kämpfen, meine Stille Zeit einzuhalten, die richtigen Gebete zu sprechen, seine vorbereiteten Werke zu tun und so weiter. Der einzige Kampf, den ich tatsächlich kämpfen musste, war der Kampf um mein Vertrauen: *Wage ich es wirklich, mich einmal komplett fallen zu lassen – und auf Gottes Gnade und Liebe zu vertrauen, auch wenn mir Herz und Kopf etwas anderes entgegenschreien?*

„I can fight with my hands held high" – plötzlich begriff ich, dass es bei diesem Kampf in erster Linie um meine (innere) Haltung geht. Ich darf die Hände hochreißen – als Zeichen der Kapitulation und gleichzeitig der Anbetung. In meinem Fall bedeutete dies, dass ich professionelle Hilfe in Anspruch nahm, was zwar auch seelische Schwerstarbeit war, aber mich dennoch immer wieder daran erinnerte: Ich kann und vor allem ich *muss* es nicht aus eigener Kraft schaffen.

Und ich glaube, so ist es auch bei allen anderen größeren und kleineren Kämpfen, mit denen wir im Leben konfrontiert werden. Ja, ich glaube, diese Bibelstelle meint nicht, dass wir tatenlos herumsitzen und Gott die ganze Arbeit überlassen sollen. Nein, aber sie lädt uns dazu ein, uns immer wieder eines bewusst zu machen: Letzten Endes ist es eben nicht mein Kampf, sondern *sein* Kampf. Und ich kann diesen Kampf auch gar nicht aus eigener Kraft gewinnen – allein deshalb nicht, weil er für uns, die wir nach dem Tod und der Auferstehung von Jesus leben, im Gegensatz zu alttestamentlichen Zeiten schon längst gewonnen *ist*. Deshalb bin ich als Kind Gottes auch nicht dazu verdammt, immer wieder selbst in die Arena zu treten und gegen dieselben Gegner anzukämpfen. Vielmehr darf ich ein Christusbewusstsein in mir kultivieren, das mich in jedem einzelnen Kampf daran erinnert: Mit Gott an meiner Seite stehe ich immer auf der Siegerseite. Und in seiner siegreichen Überwinderkraft kann ich die Dinge angehen, die mir gerade noch unbezwingbar erschienen.

Mein Kampf ist deshalb kein realer mehr, sondern nur noch einer, der in meinen Gedanken ausgefochten wird: „**Ich kann es gerade nicht fühlen und nicht mal mehr glauben, aber ich entschließe mich dazu, es für wahr zu halten, dass du da bist, mich liebst und für mich kämpfst. Ich tue das Menschenmögliche und du tust das Unmögliche.** Und nicht ich entscheide über Sieg oder Niederlage, sondern du entscheidest, ob ich aus dieser Situation nach menschlichen Maßstäben erfolgreich herausgehe oder ob ich den Schmerz einer Niederlage erfahren muss – und letztlich auch einen Gewinn aus dieser Erfahrung ziehen kann."

Nein, nach den Maßstäben dieser Welt zu urteilen, gewinnen wir nicht immer, auch wenn Gott für uns kämpft. Ich zumindest nicht. Aber wenn ich mehr und mehr verinnerliche, dass ich trotzdem immer auf Gottes Seite – und damit auf der ewigen Siegerseite – stehe, dann löst diese Gewissheit zwar nicht alle meine Probleme, aber sie schenkt mir mitten in meinen Kämpfen ein stilles Vertrauen in meinen großen Gott. Und sie lehrt mich, „ruhig abzuwarten", wenn der nächste Sieg wieder einmal nur in kleinen Etappen errungen werden kann.

DOWN TO EARTH

Die härtesten Kämpfe fechten wir immer nur in unseren Gedanken aus, also müssen wir auch genau dort ansetzen, um Jesus tatsächlich Sieger sein zu lassen. Mir hat es geholfen, innerlich auf Distanz zu den eigenen, destruktiven Gedanken zu gehen und sie dann direkt anzusprechen (auch wenn dir das zunächst komisch vorkommen mag): „Ach, du schon wieder. Ich kenne dich und weiß, dass du mir einreden willst, ich sei schwach und eine Versagerin, aber du kannst mir nichts mehr anhaben, denn ich weiß, dass das eine Lüge ist." Oder kurz gesagt: Glaub nicht alles, was du denkst. Und – noch herausfordernder – glaub auch nicht alles, was du fühlst! Ja, jedes Gefühl hat seine Daseinsberechtigung und einen guten Grund, warum es gerade da ist, aber das heißt noch lange nicht, dass es die Wahrheit über dich und deine Situation aussagt. Die einzige Wahrheit, der du immer glauben kannst, ist: Gott liebt dich und kämpft für dich. Immer.

IM ZWEIFELSFALL
GEGEN DEN ANGEKLAGTEN?!

Wenn es jemandem von euch an Weisheit mangelt zu entscheiden, was in einer bestimmten Angelegenheit zu tun ist, soll er Gott darum bitten, und Gott wird sie ihm geben. Ihr wisst doch, dass er niemandem sein Unvermögen vorwirft und dass er jeden reich beschenkt. Betet aber im festen Vertrauen und zweifelt nicht; denn wer zweifelt, gleicht den Wellen im Meer, die vom Sturm hin- und hergetrieben werden.

Ein solcher Mensch kann nicht erwarten, dass der Herr ihm etwas gibt. In allem, was er tut, ist er unbeständig und hin- und hergerissen.

Jakobus 1,5–8

Wenn Jesus mir mal einen Rotstift geben würde, dann wäre das eine der Bibelstellen, die auf jeden Fall dran glauben müssten. Denn wenn ich etwas so richtig gut kann, dann zweifeln – an Gott, der Welt und an mir selbst. Wenn man diesen Vers wörtlich nimmt, wäre die Sachlage deshalb ziemlich eindeutig für mich – und nicht besonders verheißungsvoll: Ich zweifle, also empfange ich nichts von Gott. Ich empfange nichts von Gott, weil ich zweifle. Punkt. Da bleibt nicht viel Interpretationsspielraum – oder doch?

Gott sei Dank gibt es in der Bibel noch andere Verse als diesen, und um im Zweifelsfall Antworten zu finden, tut man immer gut daran, möglichst das gesamte Wort Gottes in den Blick zu nehmen. Und siehe da: Es gibt darin ganz schön viele fromme Zweifler! Der wohl bekannteste ist der Jünger Thomas, dem der Zweifel als Beiname zugeschrieben wurde: Thomas, der Zweifler.

Irgendwie tut er mir leid. Wer will schon als Zweifler in die Geschichte eingehen neben all den großen Glaubenshelden? Dabei befindet sich Thomas gerade unter den Jüngern von Jesus in bester Gesellschaft, er ist lediglich der einzige namentlich erwähnte Zweifler. So lesen wir in einer Passage, als Jesus sich seinen Nachfolgern nach der Auferstehung zeigte und ihnen auftrug, die Gute Nachricht in alle Himmelsrichtungen zu verbreiten: „Einige aber hatten Zweifel" (Matthäus 28,17). So heißt es dort völlig unkommentiert. **Und Jesus? Er rügt sie nicht für ihre Zweifel, ja, er geht nicht einmal auf sie ein, sondern tritt hinzu und erteilt ihnen den Missionsbefehl, als würde er sagen: „Eure Zweifel disqualifizieren euch nicht, andere mit dem Glauben bekannt zu machen."** Und doch haben wir auch diese klaren Aussagen im Jakobusbrief, die keine andere Interpretation nahelegen, als dass Zweifel in Gottes Augen überhaupt nichts Gutes sind.

Wenn ich auf mein eigenes Leben zurückschaue, dann kann ich das nur bestätigen. Wie oft habe ich mich schon innerlich vor lauter Selbstzweifeln zerfleischt! Wie oft habe ich mir unnötig das Leben schwer gemacht, wenn ich bereits getroffene Entscheidungen immer wieder anzweifelte! Wie oft habe ich mir völlig vergeblich Sorgen gemacht, weil ich daran zweifelte, dass meine Probleme bei Gott wirklich in den besten Händen sind und er sich ihrer annehmen wird!

Und in diesen Momenten habe ich tatsächlich nichts empfangen, vor allem nicht das, wonach ich mich am meisten gesehnt habe: inneren Frieden, Zuversicht und ein Gefühl der Sicherheit, das Richtige zu tun oder getan zu haben. Dinge, die wir in der Tat nur von Gott empfangen können, weil alles, was gut ist, nur von ihm kommen kann (vgl. Jakobus 1,17). Wenn wir uns unseren Zweifeln hingeben, werden uns diese guten Dinge geraubt – und unser Glaube geschwächt.

Ja, es gibt ein Zweifeln, das uns Kraft und Hoffnung raubt, uns ins *Ver*zweifeln treiben kann. **Und ich glaube, wenn Gottes Wort an dieser Stelle eine so deutliche Sprache spricht, dann hat das weniger mit Gottes Härte gegenüber Zweifelnden zu tun. Im Gegenteil: mit seinem Herz für sie. Er möchte ihnen die *Ver*zweiflung ersparen und sie stattdessen dazu anspornen, überhaupt nicht mehr zu zweifeln.** Denn das ist tatsächlich das angestrebte Ziel: Gott *ganz* zu vertrauen. Ihm und seinem Wort zu glauben und dem Zweifel keinen Raum mehr in unserem Herzen zu geben. Und was ist ein größerer Ansporn als die Aussicht, von Gott das zu empfangen, worum man bittet?

Mir kommt dazu eine andere biblische Geschichte in den Sinn. Im 9. Kapitel des Markusevangeliums wird davon berichtet, dass ein Vater Jesus darum bittet, seinen offensichtlich besessenen Sohn zu befreien, „wenn du kannst".

Jesus erkundigt sich, wie lange sein Sohn denn schon von dem unreinen Geist gequält wurde. Ich bin mir jedoch sicher, er wusste es bereits, aber wollte es noch einmal aus dem Mund des Vaters hören – um zu zeigen, dass er an dessen persönlicher Leidensgeschichte Anteil nimmt. So wie er es mit jeder einzelnen Leidensgeschichte tut. Der Mann antwortet ihm: „Von Kindheit an!" Ganz ehrlich, wen wundert es da, dass seine Heilungshoffnung zunächst noch ein zartes Pflänzchen ist und er zu Jesus sagt: „… wenn du kannst"? Er wusste – im Gegensatz zu uns heute – ja nicht einmal, wen er da vor sich hatte: nämlich keinen Geringeren als den menschgewordenen Sohn Gottes. Stattdessen ist der Vater mit der scheinbaren Unmöglichkeit konfrontiert, dass sich etwas, worunter sein Sohn schon sein Leben lang leidet, von jetzt auf gleich in Luft auflösen soll.

„Wenn ich kann?", fragte Jesus zurück. „Alles ist möglich, wenn du mir vertraust."

Verzweifelt rief der Mann: „Ich vertraue dir ja – hilf mir doch, meinen Unglauben zu überwinden!"
Markus 9,24

Ich finde es spannend, dass Jesus bei seiner Antwort den Blick von seinen Fähigkeiten weg und auf den Glauben des Vaters richtet. Er sagt schließlich nicht: *„Alles* ist *mir* möglich und vollbringe ich für dich, wenn du mir vertraust."* Nein, er sagt: *„Alles ist möglich, wenn du* mir mir vertraust!"*

Eine Stelle, die mich immer wieder aufs Neue herausfordert. Wer soll hier nun das Wunder vollbringen – unser Glaube oder der, an den wir glauben?

Wie herrlich ehrlich und nachahmenswert finde ich da die Reaktion des Vaters auf Jesu Worte: *„Ich vertraue dir ja – hilf mir doch, meinen Unglauben zu überwinden!"* Oder mit anderen Worten: „Ich vertraue dir ja – aber du musst mir helfen, nicht zu zweifeln."

Fast könnte man meinen, Jesus wollte ihn mit seiner Aussage aus der Reserve locken. Als wolle er in gewissem Sinne den Glauben seines Gegenübers „aktivieren", der – so seine Worte – alles möglich macht. Und jederzeit von Gott belohnt wird, wie wir durch die gesamte Bibel hindurch immer wieder nachlesen können.

Doch die Antwort des Vaters verrät schon, dass sein Glaube wesentlich größer ist, als er annimmt. Denn er hat etwas Grundlegendes verstanden, das Jesus auch an anderer Stelle zu seinen Jüngern sagt: Ohne ihn können wir nichts tun (vgl. Johannes 15,5). Und *nichts,* das beinhaltet auch und vor allem glauben.

Aber offensichtlich *glaubt* der Vater, dass Jesus die Macht dazu hat, ihm zu helfen, seinen Unglauben zu überwinden. Bildlich gesprochen kickt er den Ball mit seiner Antwort wieder zu Jesus zurück. „Bitte schön, hier hast du meinen kleinen, von Zweifel zerfressenen Glauben. Ich kann ihn nicht größer machen, aber du schon!" **Und was hilft unserem kleinen Glauben? Wenn er hin und wieder auch mal sieht, was er glauben möchte: dass es für Jesus keine hoffnungslosen Fälle, keine zu langen Leidenswege gibt.**

Und so hilft Jesus dem Mann, seine Zweifel zu überwinden, und belohnt seinen aus der Verzweiflung über sich hinausgewachsenen Glauben mit dem Wunder, wonach dieser sich so sehr gesehnt hat.

So geht Gott also mit Zweifelnden um … **Ich finde diese Geschichte wunderschön, denn sie zeigt mir den richtigen Umgang mit meinen eigenen Zweifeln. Ich muss sie weder vor Gott verleugnen noch mich für sie schämen. Ich muss auch nicht zunächst erst mal selbst mit ihnen fertigwerden und darf danach erst wieder zu Jesus kommen. Nein, ich kann sie Gott, wie der Vater in der Geschichte, ins Gesicht schreien.**

Neulich befand ich mich wieder mal in einer Situation, in der ich wirklich ein Wunder gebraucht hätte und Gott um Großes bat. Aber weil das Leiden, für das ich um Heilung betete, bei der betroffenen Person tatsächlich auch schon fast das ganze Leben anhielt, war mein Herz ehrlich gesagt voller Zweifel, ob Gott sie wirklich heilen und befreien konnte. Alles in mir *wollte* es glauben, aber von einem „festen Vertrauen", wie es im Brief von Jakobus gefordert wird, konnte zweifelsfrei nicht die Rede sein. Wieder fielen mir die vielen Bibelstellen ein, in denen es um Heilung geht und in denen Jesus sagt: *„Dein Glaube* hat dir geholfen!" – und in einem ungeahnten, durch die Not geborenen Trotz hörte ich mich schreien: „Dann schenk mir doch mehr Glauben!" Ich bin fest davon überzeugt, dass Jesus geschmunzelt und sich sehr über dieses Gebet gefreut hat.

Tatsächlich wird Glaube auch als eine Gabe des Heiligen Geistes aufgeführt und nach dieser Gabe sollen wir „streben" (vgl. 1. Korinther 12,31). **Wir dürfen und sollen uns also aktiv danach ausstrecken, dass unser Glaube wächst und unsere Zweifel schrumpfen. Wir dürfen Gott daher immer wieder bitten: „Hilf mir, meinen**

Unglauben zu überwinden" – und dann dürfen wir das „feste Vertrauen" haben, dass wir erhalten werden, worum wir gebeten haben. Denn Jesus selbst sagt: „Wer bittet, der wird erhalten" (z. B. Matthäus 7,8).

Natürlich könnte man auch über diesen Vers Seiten füllen, ob diese buchstäblich unglaubliche Zusage wirklich immer gilt; für einen Fall gilt sie jedenfalls zweifelsohne: Wenn wir den Vater um seinen Heiligen Geist bitten. Ja, den Heiligen Geist werden wir so sicher empfangen, wie das Amen in der Kirche ist, und mit ihm und durch ihn empfangen wir seine wunderbaren Gaben – unter anderem eben auch die des Glaubens.

Was heißt das nun alles für unsere des Zweifels Angeklagten? Sprechen wir sie schuldig? Sind sie tatsächlich „schlechtere" Christen als jene Glaubenshelden, die von vornherein mit „festem Vertrauen" gesegnet waren (sofern es diese überhaupt gibt, selbst der als „Glaubensheld" geltende Abraham zweifelte ja zwischenzeitlich an Gottes Versprechen an ihn)? Ich glaube, dass sie es nicht sind. Denn wir können nichts *für* unsere Zweifel, aber wir können etwas *gegen* sie tun und müssen nicht bei ihnen stehen bleiben: Wir können sie Jesus ohne Scheu ins Gesicht schreien und auf seine Hilfe setzen – oder im größten Zweifelsfall wie Thomas kühn sagen: „Jesus, ich muss das Wunder anfassen können, um zu glauben." Der größte Zweifler der Bibel bittet Gott um einen handfesten Beweis für dessen größtes Wunder – und er empfängt ihn auch. Weil Jesus sich im Innersten berühren lässt – von Zweifelnden wie dir und mir, die glauben wollen.

DOWN TO EARTH

Wie wäre es mit einer Anti-Zweifel-Maßnahme, um deine Zweifel zu schwächen und deinen Glauben zu stärken? Notiere in der linken Spalte deine Zweifel und in der rechten Gottes Wahrheiten.

Zweifel	Wahrheit
Ich weiß nicht, ob Gott mir vergeben hat.	*Jesus ist für alle Sünden gestorben (z. B. 1. Johannes 2,2).*

WORK HARD, PRAY HARD?

Seid stille und erkennet, dass ich Gott bin!
Psalm 46,11 (Luther)

„Wie mache ich ernst mit der Aussage: Der Heilige Geist tut es?", fragte der Referent bei unserem Gemeindevisionstag im vergangenen Herbst. Diese Frage hallte noch lange in mir nach. Natürlich ging es ihm nicht darum, dass wir unsere Füße hochlegen und gar nichts mehr machen sollen. Aber, so erzählte er, er beobachte gerade unter den leidenschaftlich engagierten Christen eine gewisse Neigung dazu, Gottes Job machen beziehungsweise ihn durch harte Arbeit und genauso hart(näckig)es Gebet „zum Funktionieren" bringen zu wollen. Als müssten sie Gottes Allmacht ein bisschen auf die Sprünge helfen. Es sei nichts falsch daran, engagiert im Reich Gottes mitzuarbeiten und viel und ernstlich zu beten, aber manchmal habe er den Eindruck, Jesus wolle uns zuflüstern: „Entspannt euch ein bisschen. Ich bin auch noch da."

Die Gefahr des (unbewussten) Glaubensmottos „Work hard, pray hard" liegt auf der Hand: Wir tappen schnell in die Leistungsfalle und machen uns Druck – und uns schlimmstenfalls noch selbst dafür verantwortlich, wenn ein Gebet nicht erhört wird. Offensichtlich haben wir dann wohl nicht hart genug dafür gearbeitet oder gebetet.

Hast du dich nicht auch schon mal bei diesen Gedanken erwischt?

Doch ich sehe auch noch eine andere Gefahr. Ich will diese vorsichtig den drohenden „geistlichen Größenwahn" nennen. Ja, das Gebet eines Einzelnen bewirkt viel, wenn wir nach dem Willen Gottes leben (vgl. Jakobus 5,16), und wir können Gott mit unseren Gebeten bewegen oder gar umstimmen (vgl. Abraham in 1. Mose 18,23–32). Aber Gott bleibt immer noch Gott. Er ist immer noch souverän und *sein* Wille geschieht letztlich. Wir können nicht über ihn verfügen und Dinge durch unser (geistliches) Tun erzwingen, auch wenn es noch so ehrenwert erscheint. Aber das ist auch gut so, denn sonst läge die gesamte Last der Verantwortung auf unseren Schultern anstatt auf den Schultern dessen, der zu uns sagt: „Kommt alle her zu mir, die ihr euch abmüht und unter eurer Last leidet! Ich werde euch Ruhe geben" (Matthäus 11,28).

Während meiner Erschöpfungsdepression fiel mir auf, dass ich nach meinen Gebetszeiten oft noch erschöpfter war als vorher. In dieser Zeit betete und flehte ich auch wieder sehr viel um Erweckung und Errettung in meinem Freundes- und Bekanntenkreis, weil mir die Notwendigkeit von Jesu Erlösung ganz neu vor Augen stand.

Ich hätte es wahrscheinlich niemals bewusst so ausgesprochen, aber unterbewusst muss ich der Überzeugung gewesen sein, es käme tatsächlich *ausschließlich* auf mein Verhalten an, ob meine Gebete erhört werden würden oder nicht.

Eine Seelsorgerin sagte dann den wunderbaren Satz: „Es darf jetzt mal nur um Ihr Herz gehen. Versuchen Sie doch einfach mal, eine Woche lang *Jesus* den Retter der Welt sein zu lassen, und bitten Sie ihn um nichts, sondern halten Sie ihm einfach nur Ihr Herz hin."

Bei der Umsetzung ihres Rates spürte ich, wie schwer mir das fiel. Mir wurde schmerzlich bewusst, wie wenig ich tatsächlich darauf vertraute, dass „Gott das schon machen" und sich *wirklich* um meine Anliegen kümmern würde. Und vor allem, dass es gar nicht so sehr um meinen eigenen Beitrag dazu ging.

Gott einfach nur mein Herz hinzuhalten und darauf zu vertrauen, dass er weiß, was mich gerade bewegt. Darauf zu vertrauen, dass der Heilige Geist die Dinge tut, die ein Mensch ohnehin nicht tun kann, das fiel mir schwer. Im Gebet keine innere To-do-Liste abzuhaken und mich zu fragen, wann ich nun genug für ein bestimmtes Anliegen gebetet hatte – das war auch harte innere Arbeit für mich. Aber eine Arbeit, die mich nicht in die geistliche Erschöpfung, sondern in die Freiheit führte.

Gott einfach das eigene Herz hinhalten – das wurde für mich die schönste Übersetzung von „Seid stille und erkennet, dass ich Gott bin!".

Übrigens gilt das nicht nur für deine „Großkampftage". Es ist etwas, das wir grundsätzlich lernen sollten: still zu werden vor Gott. Ihn nicht nur mit unseren Anliegen zu bestürmen, sondern wirklich das Gespräch mit ihm zu suchen. Und dazu gehören immer zwei, die mal sprechen und mal schweigen. Alles andere wäre ein Monolog. Und dieser Austausch von Herz zu Herz ist durch nichts zu ersetzen – selbst durch Bibellesen und Lobpreis nicht.

Die christliche Influencerin Li Marie hat dazu mal ein anschauliches Beispiel auf ihrem YouTube-Kanal gebracht: Wenn dein Partner regelmäßig dein Tagebuch oder alte Liebesbriefe von dir liest, lernt er dich zwar besser kennen und fühlt sich geliebt und dir nah, aber es ist trotzdem noch keine Beziehungspflege… Oder wenn er dir ständig Liebeslieder vorsingen würde, dann würde dich das zwar von Herzen freuen und ehren, aber auch das wäre noch keine Beziehungspflege, kein echter Austausch.

Ja, es ist möglich, dass man sogar in der eigenen Stillen Zeit Gott nicht wirklich begegnet, weil man versucht, auch diese Zeit möglichst produktiv zu gestalten – und es nicht wagt, wirklich einmal still vor Gott zu werden und *ihn* zu Wort kommen zu lassen. Es ist sogar möglich, dass wir ihn suchen und gleichzeitig auf Distanz halten, weil *wir* diejenigen sind, die ihm vorschreiben, worüber geredet wird oder auch nicht. Damit nehmen wir Gott die Chance, uns liebevoll auf die Dinge hinzuweisen, bei denen es aus *seiner* Sicht vielleicht Gesprächsbedarf gibt. Vor allem aber bringen wir uns selbst um die Gelegenheit, dass Gott tatsächlich ganz persönlich zu unserem Herzen

spricht, uns noch tiefere Einblicke in sein Herz gewährt und so ein echter Herzensaustauch stattfinden kann. **Dabei wünscht Gott sich genau das für uns und ihn: tiefe, echte Begegnungen. Momente, in denen wir einfach einmal still werden und die Ohren unseres Herzens für sein leises Flüstern und seine Anliegen spitzen.**

Ganz nebenbei reduziert das auch unseren Stress. Wenn wir nämlich lernen, Gott tatsächlich Gott sein zu lassen – und damit auch den Herrn über die Gestaltung unserer Stillen Zeit –, und darauf vertrauen, dass er uns schon zeigen wird, was heute „dran" ist, müssen wir nicht jeden Tag für jeden Menschen in unserem Leben beten, der ihn noch nicht kennt, oder nach möglichen unbekannten Sünden in unserem Leben Ausschau halten. Dann werden wir erkennen, welches Anliegen Gott uns aufs Herz legt, wann er uns in die intensive Fürbitte ruft und wann wir selbst empfangen dürfen. Ja, wenn wir Gott Gott sein lassen, können wir diesem wunderbaren, allmächtigen und zutiefst vertrauenswürdigen Schöpfer des Universums einfach unser Herz hinhalten.

„Seid stille und erkennet, dass ich Gott bin!" – und das gilt gerade für deine Stille Zeit, möchte ich ergänzen.

Also: *Work smart, pray, heart!*

DOWN TO EARTH

Wenn du erschöpft und müde bist oder dich dabei ertappst, dass du eine Aufgabe übernehmen willst, die eigentlich Gott zusteht, dann mach doch einmal einen Selbstversuch: Halte Gott während der nächsten Tage in deiner Stillen Zeit einfach nur dein Herz hin. Du kannst dazu mit deinen Händen eine Schale bilden und ihm diese in Gedanken entgegenstrecken. Mir hilft es, zum Einstieg kurz zu sagen: „Jahwe, hineni." (Das bedeutet auf Deutsch frei übersetzt: Du immer da seiender Gott, hier bin ich.)

WURFTRAINING MIT JESUS

**Alle eure Sorge werft auf ihn;
denn er sorgt für euch.**
1. Petrus 5,7 (Luther)

Ich weiß nicht, wie es dir geht, aber ich war in der Schule im Werfen eine Niete. Irgendwie hatte ich immer entweder zu wenig Schwung oder Kraft in den Armen – oder ich ließ den Ball im falschen Moment los, sodass er zwar etliche Meter nach oben in die Luft flog, aber dann fünfzig Zentimeter von mir entfernt wieder auf dem Boden aufprallte. Unvergessen auch die Bundesjugendspiele, bei denen der Ball tatsächlich weit flog – jedoch hinter mich. Ich hatte eben meine ganz eigene Schleudertechnik und die war immer ein bisschen unberechenbar ... Auch wenn ich anderen mal etwas zuwerfen sollte, war es immer Glückssache, ob der Gegenstand heil bei ihnen ankam.

Irgendwann gelangte ich resigniert zu dem Schluss, dass Bälle und ich wohl einfach nicht füreinander geschaffen waren und Werfen schlicht und ergreifend nicht zu meinen Stärken zählt.

Leider klappt es mit dem „(Weg-)Werfen meiner Sorgen" ähnlich bescheiden. Wie oft habe ich eine Sorge schon „an Jesus abgegeben" – und wenige Augenblicke später landete sie wieder vor meinen Füßen.

„Werft alle Sorgen auf mich!" – dieser Vers kann deshalb durchaus mein sportliches Teenietrauma triggern, woraufhin sich die leise, gehässige Stimme in meinem Kopf zu Wort meldet: „Du kriegst das eben einfach nicht hin. Andere Christen schaffen es, ihre Sorgen an Gott abzugeben, aber du bist offensichtlich unfähig dazu." Vielleicht kennst du ja solche anklagenden Sätze auch, die deinen Glauben infrage stellen wollen?

Gott sei Dank kann ich dieser anklagenden Stimme inzwischen die Stimme der Gnade entgegensetzen, die mich immer wieder an die Wahrheit erinnert. In diesem Fall an die Wahrheit, dass es durchaus stimmt: Ja, ich kann nicht gut werfen und verfehle häufig mein Ziel. Aber bei Jesus spielt das keine Rolle. Denn er ist so groß, ja, allgegenwärtig, dass ich ihn gar nicht verfehlen *kann*. Noch dazu ist er souverän und fängt jeden noch so schlecht geworfenen „Sorgenball" mit Leichtigkeit.

Als ich in meiner Stillen Zeit wieder einmal über diese Stelle nachdachte, schenkte Gott mir ein Bild, das mein Herz tief berührte: Vor meinem inneren Auge sah ich mich mit etlichen unterschiedlich großen, dunklen Sorgenbällen auf den Armen. Sie waren viel zu schwer, sodass ich kaum noch die Kraft hatte, sie auf Jesus zu werfen. Doch er stand lächelnd vor mir, fing jeden Ball mühelos und jonglierte lässig mit all den kleinen und großen Sorgenwelten. **Das Einzige, was es von meiner Seite brauchte, war die bewusste Entscheidung, meine Sorgen auf ihn zu werfen. Denn Werfen, das wurde mir ganz neu bewusst, setzt immer eine Entscheidung voraus: Man wirft nicht aus Versehen, man tut es gezielt – egal, wie gut oder schlecht der Wurf dann auch wird.** Und es erfordert immer ein bisschen Kraft. Vor allem, wenn der Ball schwer ist oder die Sorge groß. Aber danach ist die Erleichterung auch umso größer!

Ich staunte wieder einmal über die Genialität von Gottes Bildsprache. Und wie so oft zeichnet sich in diesem Bild ein göttliches Grundprinzip ab, nämlich das Prinzip der absoluten Freiwilligkeit. So nimmt uns Gott die Sorgen nicht gegen unseren Willen ab. Er entreißt uns nichts, was wir womöglich behalten oder ihm gar nicht anvertrauen wollen. Und er lässt uns auch die Möglichkeit, ihm die Bälle wieder aus der Hand zu nehmen. Merkwürdigerweise scheinen wir dazu zu neigen, genau das immer wieder zu tun. Vielleicht, weil wir uns so ganz ohne unsere Sorgenbälle irgendwie nackt fühlen? Oder aber, weil unsere Sorgen sich ja durchaus um wertvolle Dinge oder gar Personen drehen und wir tief in uns bezweifeln, ob Jesus wirklich alle unsere Bälle in der Luft halten und sich angemessen um unsere Anliegen kümmern kann. Oder um ganz ehrlich zu sein: weil wir Jesus letzten Endes doch nicht hundertprozentig vertrauen? Hand aufs Herz: Was ist es bei dir, das dich deine Sorgenbälle festhalten oder wieder zurückholen lässt?

Was auch immer es ist, erlaube dieser Sache nicht, dich davon abzuhalten, deine Sorgen loszuwerden. **Denn sich permanent Sorgen zu machen, ist in der Bibel kein Kavaliersdelikt.** So nennt Jesus Sorgen bei einer Gelegenheit in demselben Atemzug mit einem ausschweifenden Lebensstil und übermäßigem Alkoholgenuss, denn sie können dieselbe Wirkung auf uns haben: Sie können uns gefangen nehmen und unser Herz abstumpfen lassen (vgl. Lukas 21,34; Neue Genfer Übersetzung).

Auch an anderer Stelle spricht Jesus klare Worte in Bezug auf die Gefahr, die davon ausgeht, wenn wir uns in unseren Sorgen verlieren. So sagt er in der Auslegung des Gleichnisses von der Saat und den unterschiedlichen Bodenarten: „Noch andere Menschen gleichen dem von Dornengestrüpp überwucherten Boden: Sie hören die Botschaft zwar, doch dann kommen die *Sorgen des Alltags*, die Verlockungen des Reichtums und die Gier nach all den Dingen dieses Lebens und ersticken Gottes Botschaft, sodass keine Frucht daraus entstehen kann" (Markus 4,18–19; Hervorhebung der Autorin).

Warum warnt Jesus so eindringlich vorm Sorgenmachen? Ich denke, nicht nur, weil Sorgen buchstäblich krank machen können und uns die Kraft rauben, die wir an anderer Stelle wesentlich sinnvoller investieren könnten, sondern vor allem, weil die Gefahr besteht, dass wir gedanklich nur noch um unsere Sorgen kreisen und Gott damit aus dem Blick verlieren. Und das schwächt unser Vertrauen und unseren Glauben. **Denn wenn wir uns sorgen, steht nicht unser** allmächtiger, liebevoller und treuer Versorger mit seinen unbegrenzten Möglichkeiten im Mittelpunkt unseres Denkens, sondern wir selbst mit unseren begrenzten Möglichkeiten. Die Stimme der Sorge kennt nur das Ich: „*Ich* weiß nicht, wie *ich* das alles schaffen soll!" oder auch: „*Ich* weiß nicht, was *ich* machen soll … und wie alles weitergehen soll." Und das stimmt auch. *Du* weißt es nicht. Und *du* schaffst das alles auch nicht allein. Aber *Gott* weiß es, und *Gott* will dir helfen und dir zeigen, wie du „es" – was auch immer das konkret ist – schaffen kannst, und dann will er es gemeinsam mit dir in Angriff nehmen!

Nicht umsonst ist sein Aufruf, uns nicht zu sorgen, immer auch mit der Verheißung verbunden: „Denn *ich* sorge für euch!" Und wir werden die wunderbare Versorgung Gottes nie erleben, wenn wir versuchen, alles selbst zu lösen, und es nicht wagen, unsere Sorgen loszulassen – damit wir leere Hände haben, die empfangen können.

Gleichwohl weiß Jesus, wie schwer uns das manchmal fällt. Das Schöne ist deshalb, dass Jesus der geduldigste „Wurftrainer" im gesamten Universum ist. Jedes Mal, wenn wir uns wieder einmal einen Sorgenball zurückgeholt haben, lächelt er uns liebevoll an und macht uns Mut: „Komm, versuch's noch mal mit dem Werfen! Und immer daran denken: Lass das mal *meine* Sorge sein …" Immer und immer wieder trainiert er mit uns, bis unser Vertrauensmuskel stärker wird und es uns weniger Anstrengung kostet, die Sorgen wieder loszuwerden.

Diese Vorstellung von einem „Wurftraining" mit Jesus hat mir persönlich sehr geholfen. Jedes Mal, wenn sich jetzt eine Sorge meldet, die ich eigentlich schon einmal auf Jesus „geworfen" habe, versuche ich mir bewusst zu machen: „Ach, die hatte ich ja schon mal abgegeben. Das ist doch gar nicht mehr *meine* Sorge …" Dann werfe ich sie gedanklich an Jesus zurück – und wenn ich gerade „gut in Form" bin, kommt danach fast schon eine heitere Neugier in mir auf zu erfahren, wie Jesus wohl mit diesem Ball jonglieren wird …

Vielleicht bin ich irgendwann so geübt darin geworden, dass ein Wurf reicht und ich die Sorge nicht länger zurückholen will. Trainierst du mit?

DOWN TO EARTH

Wenn dich wieder einmal eine Sorge nicht loslässt, dann mache innerlich oder äußerlich eine „Wurfbewegung auf Jesus". Du kannst deine „Dauersorgen" auch gern auf die Bälle in dieser Illustration schreiben – und dir das Bild dann gut einprägen.

BACK TO BASICS – ABER WIE?

Denn ihr habt nicht einen Geist der Knechtschaft empfangen, dass ihr euch abermals fürchten müsstet; sondern ihr habt einen Geist der Kindschaft empfangen, durch den wir rufen: Abba, lieber Vater!
Römer 8,15 (Luther)

Während meiner großen geistlichen Kampfphase fand ein Nonbook[1]-Meeting im Verlag statt, in dem wir darüber diskutierten, welche Begriffe auf neuen Deko-Holzklötzen stehen sollten. „Königstochter" und „geliebt" waren ganz groß im Rennen, aber ich protestierte und meinte: „Ach, das macht doch nichts mehr mit uns. Das weiß man doch schon. Lasst uns mal lieber was Neues, Kreativeres finden!" Aber kurz darauf dachte ich mir: *Moment mal, war nicht genau das in den letzten Monaten dein Problem: dass du „das alles weißt", es aber nichts mehr mit dir „macht"? Dass du diese „Basics" irgendwie nicht (mehr) glauben kannst?*

Ich weiß nicht, wie lange du schon mit Gott unterwegs bist, aber was empfindest du dabei, „Königskind" und „geliebt" genannt zu werden? Ich stelle die steile These auf, dass es nicht nur mir so geht und dass auch du Phasen kennst, in denen du das Gefühl hattest, im Kopf diese Wahrheiten verstanden zu haben, aber sie drangen irgendwie nicht mehr zu deinem Herzen durch.

Manchmal hat sich vielleicht auch eine Art geistliche Überheblich-

---

[1] „Nonbooks" sind all die schönen Dinge, die keine Bücher sind.

keit eingeschlichen, nach dem Motto: „Gott liebt mich, ich bin sein Kind. Ich weiß. Diese Basics brauche ich nicht mehr zu hören, können wir jetzt bitte zum Schwarzbrot übergehen?"

Aber als ich in diesem Meeting saß, hatte ich gerade eine Zeit erlebt, in der Gott mir ganz neu offenbart hatte, wie dringend ich diese Basics immer wieder nötig habe, weil mir sonst das beste Schwarzbrot im Hals stecken bleibt.

Meine letzte schwere depressive Phase ging mit einer tiefgehenden Glaubenskrise einher. Denn wenn du Gott auf einmal nicht mehr so spürst wie früher oder ihn auch *gar* nicht mehr spürst, weil du generell nichts mehr spürst, kann die Stimme der Selbstanklage lauter werden als die Stimme der Gnade. Und wenn es mit der Selbstliebe gar nicht mehr klappt, dann passiert es auch schon mal, dass du an der Liebe Gottes zweifelst und dich fragst, wo er ist – und wo die Freude, das Licht, das pure Leben ist, das er verheißen hat …

Als ich wieder einmal nicht schlafen konnte, hörte ich mir eine Predigt an, in der es um den Vers ging, den mir meine Eltern in meiner Kindheit als Taufspruch ausgesucht hatten: „Wenn ihr nicht umkehrt und werdet wie die Kinder, so werdet ihr nicht ins Himmelreich kommen" (Matthäus 18,3; Luther). Es sollte eine ermutigende Erinnerung daran sein, mir einen kindlichen Glauben zu bewahren. In dieser Situation hatte der Vers jedoch absolut nichts Tröstliches, sondern er wirkte bedrohlich auf mich – und provozierte mich sogar. Denn ein Kind liegt definitiv nachts nicht wach und macht sich Gedanken über die richtige Bibelauslegung, die endgültige Wahrheit, mögliche Grenzen der Gnade sowie Himmel und Hölle. Kurzum: Es zweifelt, hadert und ringt nicht so wie ich. Ja, ich hatte mich gefühlt meilenweit von meinem Kindheitsglauben entfernt, als ich Gott noch einfach vertraut und keine Sekunde an seiner Liebe und Gnade gezweifelt hatte. Nun schien es mir unmöglich, wieder zu diesem kindlichen Glauben zurückzukehren. *Ich kann nicht mehr wie ein Kind werden. Dafür habe ich mir einfach schon viel zu viele Gedanken gemacht und viel zu viel erlebt. Mit Gott. Und ohne Gott,* dachte ich. *Was soll ich denn jetzt machen, Gott???*

Es begann ein längerer Prozess, aber irgendwann ging mir auf: „Du musst nicht erst ein Kind werden – du *bist* ja schon längst eines!" Ich schrieb mir dann eine Zeit lang jeden Tag auf und sprach laut aus, dass ich ein geliebtes Kind Gottes bin. Trotzdem ließ der Durchbruch auf sich warten – bis ich ein Aha-Erlebnis hatte: Ich fragte mich zum ersten Mal: Wie ist denn eigentlich ein Kind? Zweifeln Kinder tatsächlich nie? Hadern sie wirklich nicht und haben sie niemals Angst? Sagen sie zu allem Ja und Amen und vertrauen ihrem Vater blind? Nein, Kinder fragen ihrem Vater Löcher in den Bauch, sie weinen und schreien, wenn sie sein Verhalten und seine Entscheidungen einfach nicht verstehen. Sie zweifeln daran, ob die Eltern wirklich recht damit haben, dass eine ganze Tüte Chips und Gummibärchen nicht das Beste für sie sind. Nur an einem zweifeln Kinder – hoffentlich! – nicht: dass sie das Kind ihrer Eltern sind und dass sich daran nie etwas ändern wird, egal, wie schlimm sie sich auch mal verhalten haben.

Kurze Zeit später hörte ich eine Andacht, die dieses Thema noch einmal wunderbar auf den Punkt brachte. Es ging darin um die Worte, die über dem Leben und Wirken von Jesus standen: „Gleichzeitig sprach eine Stimme vom Himmel: ‚Dies ist mein geliebter Sohn, über den ich mich von Herzen freue'" (Matthäus 3,17). **Das war alles, und das war auch das Wichtigste, das Jesus hören musste, bevor er sein öffentliches Wirken begann – und bevor er seinen Weg bis zum größten Erlösungswerk der Weltgeschichte antrat.** Und das ist spannend, weil er direkt nach diesem Zuspruch Gottes in der Wüste vom Teufel mit den Worten auf die Probe gestellt wurde: „Wenn du Gottes Sohn bist, dann befiehl doch, dass diese Steine zu Brot werden!" (Matthäus 4,3). „*Wenn* du Gottes Sohn bist, *dann…*" In der Andacht hieß es, dass der Teufel vermutlich bewusst das Wörtchen „geliebt" unterschlagen hatte und stattdessen versuchte, die Gotteskindschaft an irgendwelchen Beweisen festzumachen. Ich war perplex: Versucht er es nicht heute bei uns noch mit derselben Taktik? Er lässt uns an Gottes Liebe zu uns zweifeln und vor allem an deren Bedingungslosigkeit: „Wenn…, dann…"

Bevor wir in dieser Welt für Gott etwas bewirken wollen, müssen wir also zwei Basics wirklich verstanden haben: Wir sind Königskinder. Und wir sind geliebt. Und ich glaube, das ist die am meisten angefochtene Wahrheit, weil sich alles verändert, wenn wir sie wirklich verinnerlicht haben.

In Epheser 3, Verse 14 sowie 17 bis 19 steht: „Darum knie ich nieder vor Gott, dem Vater… Mein Gebet ist, dass Christus durch den Glauben in euch lebt. In seiner Liebe sollt ihr fest verwurzelt sein; auf sie sollt ihr bauen. Denn nur so könnt ihr mit allen anderen Christen das ganze Ausmaß seiner Liebe erfahren. Ja, ich bete, dass ihr diese Liebe immer tiefer versteht, die wir doch mit unserem Verstand niemals ganz fassen können."

Paulus, von dem diese Zeilen stammen, fleht auf Knien darum, dass wir immer mehr begreifen können, wie riesig Gottes Liebe zu uns ist, und dass wir darin Wurzeln schlagen. Vielleicht, weil er ahnt, wie schnell auch die größte Liebe zur Selbstverständlichkeit verkommen kann – und dass das „Herzensverstehen" der Liebe Gottes etwas ist, für das wir kämpfen müssen. Immer wieder.

Deshalb begann ich nach all den verkopften Kämpfen und Analysen, um genau diese Basics zu ringen. Denn ich hatte ganz neu verstanden: **Wenn ich diese Basics nicht mehr im Herzen trage, dann werden mir selbst die großartigsten theologischen Erkenntnisse nichts bringen. Wenn ich sie verliere, dann habe ich alles verloren, aber wenn ich sie wirklich im Herzen verstanden habe, dann habe ich alles gewonnen, was für ein wirkungsvolles Leben im Reich Gottes notwendig ist.**

Ich habe erkannt, dass es nicht reicht, wenn ich aus ganzem Herzen sagen kann: „Ich liebe Gott" – denn das konnte ich während all der Kämpfe immer noch –, aber nur in der Theorie voll und ganz zustimmen kann, dass ich sein geliebtes Kind bin und immer sein werde – egal, was mir meine Vergangenheit oder der Teufel ins Herz schreit. Deshalb bete ich seitdem nicht mehr so sehr um die Erkenntnis der letzten Wahrheit, sondern darum, dass ich diese Liebe Gottes, die all mein Denken übersteigt, immer mehr begreife.

Meine Meinung zu den Klötzen aus dem Nonbook-Meeting hat sich übrigens inzwischen geändert. Ich glaube, ich werde sie mir sogar kaufen. Denn dass wir „geliebte Königstöchter" sind, ist alles andere als selbstverständlich – und das Wichtigste, was wir hören und glauben müssen. Deshalb sage ich es auch dir gern zum tausendsten Mal: **Wenn du an Jesus glaubst, dann bist du eine Königstochter und über alle Maßen geliebt!** Manchmal müssen wir diese Wahrheit aber tatsächlich auch in einem neuen Wortgewand hören, damit sie uns ganz neu berühren kann – zum Beispiel: „Du bist das Leben eines Gottes wert!" Vielleicht sollte ich das mal im nächsten Nonbook-Meeting vorschlagen …

DOWN TO EARTH

Wann hast du das letzte Mal etwas ausgemalt? In deiner Kindheit? Super, dann kannst du jetzt wieder in den Kindheitsmodus schalten und dieses Königskind ausmalen! Lass dir dabei ins Herz sacken, wer du bist: ein Kind Gottes, das über alle Maßen geliebt ist.

E-FAITH? AUS DEINER ODER MEINER KRAFT?

Wir bilden uns nicht ein, diesen Auftrag aus eigener Kraft erfüllen zu können; nein, Gott hat uns dazu fähig gemacht.

2. Korinther 3,5

Da war sie wieder – die Entmutigung. Ich hasse dieses Gefühl. Ich finde, es ist sogar wesentlich schlimmer als Traurigkeit oder Wut. Denn Entmutigung legt sich auf meine Seele und lähmt mich. Wo eben noch Hoffnung und Tatendrang waren, ist dann nur noch Resignation und Kraftlosigkeit. Manchmal genügt ein ehrlicher Blick in mein eigenes Herz, um in diesen Zustand zu verfallen. So auch im vorletzten Urlaub mit meinem Mann. Es war nur eine Kleinigkeit in meiner Außenwelt, doch meine innere Reaktion darauf machte mir schmerzlich bewusst: *In diesem Punkt hast du dich wohl immer noch nicht verändert, bist du immer noch nicht heil und frei geworden. Dabei habe ich im vergangenen Jahr so viel an mir gearbeitet. Warum fühle ich mich dann manchmal immer noch so? Hat doch alles nichts gebracht...* Und – *zack* – schon schnappte die Entmutigungsfalle wieder zu.

In dieser Situation fiel mir Gottes Zusage ein, dass er selbst das gute Werk in uns begonnen hat und dass er es auch zu Ende führen wird (vgl. Philipper 1,6). Und die vielen Zusprüche von anderen Christen kamen mir ebenfalls in den Sinn: „Nur Gott selbst kann dir die ersehnte Veränderung schenken!" Dem stimmte ich auch voll und ganz zu. Aber offensichtlich hatte er es bisher noch nicht getan. Außerdem musste ich selbst doch trotzdem einen Teil dazu beitragen und mit ihm „zusammenarbeiten", oder nicht? Ich driftete gedanklich in eine innere Grundsatzdiskussion ab: Wenn Jesus sowieso alles macht, welche Rolle spielen wir dann überhaupt noch? Was liegt dann noch in unserem Verantwortungsbereich? Und welche Rolle spielt unser freier Wille dabei?

Während ich diese Gedanken wälzte, saß ich gerade auf einem E-Bike, das ich mir ausgeliehen hatte, um mit meinem supersportlichen Mann besser mithalten zu können. Eine fantastische Erfindung! An den steilsten Abschnitten konnte ich so problemlos neben ihm herfahren, mich sogar unterhalten, weil mir nicht die Puste ausging, und hatte offensichtlich noch die mentale Kraft, über solche Dinge nachzudenken.

Mitten in meinen Überlegungen schenkte Gott mir plötzlich eine wundervolle Erkenntnis: Das Leben mit ihm ist wie ein Ausflug mit einem E-Bike! Ich muss mich zwar selbst in Bewegung setzen, doch er gibt mir die Kraft für die steilen Anstiege und die nicht enden wollenden Wegetappen, die ich ohne seine Hilfe nicht schaffen würde. Aber genau wie bei einem E-Bike ist es wichtig, dass ich meinen „Akku" immer wieder bewusst an seiner göttlichen Kraftquelle „auflade". Sonst wird mein Akku unterwegs leer – und damit der Weg noch anstrengender und die Berge noch unbezwingbarer mit diesem schweren Rad, das einfach nicht dafür geschaffen ist, ohne Stromverstärkung gefahren zu werden … Natürlich ist Gottes Kraft nie aufgebraucht – hier hinkt der Vergleich ein wenig –, aber es ist dennoch wichtig, dass wir sie regelmäßig bewusst „anzapfen", weil wir sonst automatisch versucht sind, uns aus eigener Kraft abzustrampeln.

In diesem Moment wurde mir bewusst, was während der vergangenen Tage bei mir zu kurz gekommen war: mein persönliches Aufladen an der Freudenstromquelle. Und ich erkannte einen Zusammenhang zwischen meinem leeren „Akku" und der Tatsache, dass ich

wieder so schnell in die Entmutigungsfalle hatte tappen können ...
Ich beschloss, auch im Urlaub keinen Urlaub von meiner Morgenroutine zu machen, und nahm mir am nächsten Tag wieder bewusst Zeit für Gott, bevor wir wieder zu einer Tour aufbrachen. Und tatsächlich kam mir mit meinen „geladenen geistlichen Akkus" der Grund meiner Entmutigung vom Vortag nun gar nicht mehr so entmutigend vor. Ich hatte meine Leichtigkeit und Freude zurück und musste jedes Mal, wenn ich am Berg den Elektroantrieb einschaltete, darüber grinsen, wie wunderbar Gott wieder einmal zu mir gesprochen hatte.

Das Bild passte einfach perfekt: Solange der Weg eben und meine Beine noch „frisch" waren, musste ich lediglich auf der niedrigsten Stufe fahren, um das Eigengewicht des Rades auszugleichen, doch je steiler die Berge und je müder die Beine wurden, desto mehr E-Kraft brauchte ich. Und wenn ich gar nicht mehr konnte, schaltete ich den Turbogang ein. Dann wurde auch für die Außenstehenden bzw. Neben-mir-Herfahrenden – in diesem Fall mein Mann – offensichtlich, dass das nicht mein eigenes Verdienst sein konnte, nicht meine eigene Kraftanstrengung. Die scheinbar unbegrenzten Möglichkeiten durch den Gebrauch eines E-Bikes kamen umso deutlicher zum Vorschein, als ich mit meiner Kraft an meine Grenzen stieß und ein Weiterfahren eigentlich unmöglich geworden war.

Genauso ist es auch auf unserem Glaubensweg mit der Kraft Gottes. Nichts anderes meint der Vers: „Meine Gnade ist alles, was du brauchst! Denn gerade wenn du schwach bist, wirkt meine Kraft ganz besonders an dir" (2. Korinther 12,9). Gibt es eine schönere Ermutigung für alle, die entmutigt sind, weil sie mit ihrer eigenen Kraft am Ende sind?

Und im Gegensatz zu einer Tour mit einem E-Bike gibt es in unserem Leben mit Gott noch einen weiteren „Bonus", und zwar seine buchstäblich Wunder wirkende Kraft, die er uns durch seinen Heiligen Geist schenken will. Zwar grenzte es für mich durchaus an ein Wunder, dass ich in der Lage war, meinen Mann am Berg zu überholen, aber dennoch wurden dabei keine Naturgesetze außer Kraft gesetzt. **Im Reich Gottes ist jedoch tatsächlich nichts unmöglich. Gott könnte mit einem Wort die Berge verschieben, bevor wir uns diese hinaufquälen müssen. Doch nicht nur er ist dazu in der Lage. Streng genommen kann jeder von uns diese übernatürliche Kraftquelle anzapfen (vgl. Markus 11,23).** Sprich, du kannst mit deinen Worten, die du im Glauben an Gott aussprichst, Übernatürliches bewirken. Wir dürfen uns also nach dieser Wunder wirkenden Kraft, die uns durch den Heiligen Geist gegebenen ist, genauso ausstrecken wie nach der „normalen" Kraft, die Gott uns auf allen Höhen und Tiefen unseres Lebensweges schenkt …

Aber braucht Gott mich und meine „schwachen Antritte" denn überhaupt, um Wunder zu vollbringen? In einer Gebetszeit schenkte Gott mir ein paar Monate später eine Antwort auf diese Frage: **„Nein, Désirée, ich *brauche* dich nicht, um meine Wunder wirkende Kraft in dieser Welt sichtbar zu machen. Aber ich *wünsche mir*, dass du dabei bist, dass du mitwirkst, dass du an meinen Wundern beteiligt bist."**

Noch einmal musste ich an meine Touren mit dem E-Bike zurückdenken. Vielleicht lässt Gott uns tatsächlich ein bisschen „mitstrampeln", damit wir uns am Ende des Ausflugs darüber freuen können, auch selbst etwas geleistet zu haben – in perfekter Zusammenarbeit mit dem Heiligen Geist. Denn wie euphorisch wären wir bei der Ankunft im Ziel, wenn wir wüssten, dass wir selbst überhaupt nichts zu dem Erfolg beigetragen haben? Das war auch das Schöne beim E-Bike-Fahren: Abends hatte ich dennoch das Gefühl, etwas geleistet zu haben. Trotz des streckenweise eingeschalteten Turboantriebs steckten mir nämlich die achtzig Kilometer in den Beinen. Und das war auch gut so. Denn waren es nicht gerade das verschwitzte und erhitzte Überwinderlächeln, das mein Mann und ich uns auf dem Berg zuwarfen, die leckere, wohlverdiente Pizza, die nach der sportlichen Leistung umso besser schmeckte, und die angenehme Erschöpfung, mit der wir uns später ins Bett fallen ließen, die unsere Tour erst zu etwas Besonderem machten? Ich wage zu behaupten, dass es bei unserer Lebenstour genauso ist.

Und wenn ich wieder einmal vor einem scheinbar unbezwingbaren Berg stehe und nicht weiß, woher die Kraft kommen und was mein Part in dem Ganzen sein soll, möchte ich mich an jene Tour mit dem E-Bike zurückerinnern, auf der ich mich innerlich (und äußerlich) in Bewegung gesetzt und um Veränderung gerungen habe. Und auf der mir durch Gottes Kraft schließlich diese wunderschöne Erkenntnis geschenkt und die Entmutigung genommen wurde.

Ja, wir müssen „nur" innerlich in Bewegung bleiben, bereit sein, uns von Gott verändern oder auch von ihm gebrauchen zu lassen, dann schenkt er uns die Kraft dazu. Und genau wie bei einer langen Radtour brauchen wir für manche Strecken einfach mehr Kondition. Das Ziel liegt nicht immer hinter der nächsten Biegung. Aber erinnern wir uns: Der Weg ist das Ziel. Und der Weg ist Jesus. Bei jedem Tritt darfst du dich deshalb von seiner Kraft getragen wissen – bis auf die steilsten Gipfel hinauf!

DOWN TO EARTH

Wie wäre es, wenn du dir mal ein E-Bike leihst und selbst ausprobierst, wie weit du mit dieser zusätzlichen Kraft kommst? Hast du etwas Ähnliches schon einmal erlebt: dass du plötzlich Kraft hattest, um eine Herausforderung zu bewältigen – eine Kraft, die nur von Gott kommen konnte?

EINER GEHT NOCH!
ODER: WARUM AUFGEBEN KEINE OPTION IST

Eines Tages stand Jesus am See Genezareth, und eine große Menschenmenge drängte sich um ihn. Alle wollten Gottes Botschaft von ihm hören. Da sah er am Ufer zwei leere Boote liegen. Die Fischer hatten sie verlassen und waren gerade dabei, ihre Netze zu reinigen.

Jesus stieg in das Boot, das Simon gehörte, und bat ihn, ein Stück vom Ufer abzustoßen. Dann setzte Jesus sich und lehrte vom Boot aus die Menschen.

Anschließend sagte er zu Simon: „Fahrt jetzt weiter hinaus auf den See und werft eure Netze aus!"

„Herr", erwiderte Simon, „wir haben die ganze Nacht hart gearbeitet und nichts gefangen. Aber weil du es sagst, will ich es tun." Sie warfen ihre Netze aus und fingen so viele Fische, dass die Netze zu reißen begannen.

Lukas 5,1–6

Ich kann mir die Szene lebhaft vorstellen: Simon, Jakobus und Johannes sitzen frustriert in ihrem Boot. In ihrem *leeren* Boot. Voller Tatendrang sind sie am Abend zuvor auf den See hinausgefahren, haben ihren Frauen vielleicht schon das Wasser im Mund wässrig geredet und davon geschwärmt, dass sie einen leckeren Sonntagsbraten mit nach Hause bringen würden.

Aber nicht nur das. Wenn sie zum Fischen hinausfuhren, ging es auch um etwas, schließlich sorgten sie damit für den Unterhalt ihrer Familie.

Doch dann das: *kein einziger Fisch in ihrem Netz!* Die ganze Nacht hindurch.

Wir lesen über so manche biblische Geschichte schnell hinweg, aber was hier in einem Satz zusammengefasst wurde, war in Wirklichkeit eine sehr, sehr lange Zeitspanne. Ja, eine Nacht im Boot ist lang. Und mit jeder voranschreitenden Stunde und mit jedem weiteren leeren Netz, das sie zurück ins Boot zogen, verging die Zeit zäher, wurde die Nacht düsterer und mit ihr die Stimmung. Mit jedem neuen Wurf starb ihre Hoffnung ein wenig mehr, denn sie ahnten, dass jeder weitere Misserfolg umso bitterer sein würde.

Dann war die Nacht vorüber und die Männer ruderten zurück ans Land. Mit leeren Netzen und leeren Herzen.

Ich weiß nicht, was es bei dir ist: eine sich endlos hinziehende Bewerbungsphase, eine Beziehung, um du dich wieder und wieder bemühst, oder eine Krankheit, gegen die du so lange vergeblich angekämpft hast. Du hast alles versucht, alles gegeben und bis zur totalen Erschöpfung jedes Mal aufs Neue gehofft, und doch starb deine Hoffnung mit jedem Scheitern ein Stückchen mehr. Irgendwann kamst du dann an den Punkt, an dem du gesagt hast: „Es hat einfach keinen Sinn mehr. Ich gebe auf." So muss es auch den (Nochnicht-)Jüngern gegangen sein, als sie mit leeren Netzen zurück ans Ufer ruderten.

Doch dann stand da dieser Fremde, stellte sich in ihr Boot, erzählte zuerst mysteriöse Dinge und wies sie dann an: „Fahrt noch einmal hinaus und werft eure Netze aus!" Ich hätte wahrscheinlich nur müde gelächelt und gesagt: „Was denkst du denn, was ich die ganze Nacht gemacht habe?! Meinst du wirklich, ich hätte irgendetwas unversucht gelassen, du Schlaumeier?" Aber Jesus hat wohl irgendetwas ausgestrahlt, dass sie sich darauf einließen: „Es macht keinen Sinn, aber wenn du es sagst, dann versuche ich es eben noch einmal" (frei übersetzt).

Ich könnte mir jedoch gut vorstellen, dass ihre Erwartungen eher gering waren und ihre Bereitschaft, es doch noch einmal zu versuchen, eher einer resignierten Alles-egal-Stimmung entsprang. Vielleicht handelten sie aber auch schlicht und ergreifend aus Gehorsam diesem Mann gegenüber, der eine erstaunliche Autorität ausstrahlte. Sie taten also, was Jesus sagte …

… und genau dann geschah das Wunder: Das Netz war zum Bersten voll!

Ich habe doch alles schon versucht … Es funktioniert einfach nicht. Solche Gedanken können viel Raum in uns einnehmen, und es kostet uns einiges, es dennoch ein weiteres Mal zu versuchen. **Vor allem braucht es Demut, nicht an der Wahrheit unserer eigenen negativen Erfahrungen festzuhalten, sondern sich danach zu richten, was die Wahrheit in Person sagt.**

Um das an einem Beispiel zu verdeutlichen: Ich selbst habe noch keine Wunderheilung erlebt. Habe ich deshalb das Recht dazu, meine Erfahrung über das Wort Gottes zu stellen – und über die Berichte anderer Christinnen und Christen, die das sehr wohl erlebt haben? Lasse ich meine Theologie von meiner Biografie bestimmen, oder bin ich bereit, mich von Jesus immer wieder eines Besseren belehren zu lassen – auch wenn mir mein Leben bisher etwas anderes „gezeigt" hat?

Wenn ich mich mit biblischen Geschichten wie diesen auseinandersetze, verstehe ich immer mehr: **Wenn ich Wunder erleben möchte, dann ist Aufgeben keine Option. Dann muss mir das, was mein Gott sagt, wichtiger sein als das, was meine Erfahrung mir sagt. Dann muss ich bereit sein, meine – wenn auch nachvollziehbare – Enttäuschung abzulegen und nicht bitter und zynisch zu werden, sondern es wieder und wieder zu probieren.** Ja, auch dann, wenn diese Stimme in meinem Kopf wieder laut wird und mir einreden will: „Es hat die letzten Male doch auch nicht funktioniert –

warum sollte es jetzt klappen?" *Warum sollte sich die geliebte Person jetzt für Jesus entscheiden, wo ich doch schon jahrelang für sie gebetet und ihr von meinem Glauben erzählt habe und nichts passiert ist? Warum sollte ich jetzt noch mal für Heilung oder Befreiung beten, wenn die letzten Male auch nichts geschehen ist? Warum sollte ich jetzt noch mal einen Schritt in Richtung meiner Berufung wagen, wenn mir in der Vergangenheit immer wieder die Tür vor der Nase zugeschlagen wurde? Warum sollte ich – was auch immer du hier einsetzen willst – jetzt noch mal tun?*

Ganz einfach: weil Jesus es sagt. Weil auch er nie aufgegeben hat, für die Dinge zu kämpfen, die der Vater ihm versprochen hatte. Weil er uns wie kein anderer vorgelebt hat, was es bedeutet, Geduld mit Menschen und Situationen zu haben.

Als ich kürzlich wieder in einer entmutigenden Situation steckte, in der scheinbar „alles nichts gebracht" hatte, schenkte Gott mir eine Zeile: „Ich sitze immer noch auf dem Thron, deshalb ist Aufgeben keine Option."

Ja, weil wir Kinder des Königs aller Könige sind, sollte Aufgeben wirklich keine Option sein. Auch wenn uns manchmal danach ist und es vielleicht sogar einfacher wäre, nach einer langen Nacht ohne Fang zu sagen: „Offensichtlich gibt es hier keine Fische mehr." Oder: „Offensichtlich heilt Gott heute doch nicht mehr. Offensichtlich vollbringt er doch keine Zeichen und Wunder mehr. Offensichtlich wird sich dieser Mensch nie für Jesus öffnen. Offensichtlich gibt es kein wirklich erfülltes Leben für mich…"

Ja, das wäre einfacher, denn es würde uns vor der nächsten großen Enttäuschung bewahren, sollte es auch dieses Mal wieder nicht funktionieren. Und es würde uns davor bewahren, uns vor den anderen lächerlich zu machen, weil wir so „naiv" sind und immer noch an das scheinbar Unmögliche glauben. Aber es würde uns auch davor „bewahren", unser Wunder zu erleben, wenn der richtige Moment gekommen ist und Jesus zu uns sagt: „Jetzt! Probiere es jetzt noch mal!"

Es erfordert in der Tat viel Demut und Vertrauen, diesem Ruf zu folgen. Aber stell dir einmal vor, die „Noch-nicht-Jünger" hätten es damals nicht getan! Was hätten sie nicht alles verpasst! Nicht nur den Fang ihres Lebens, sondern auch den Sinn ihres Lebens – nämlich an der Seite von Jesus Menschenfischer zu werden.

Ja, manchmal ist es hart, nicht aufzugeben, aber das Wunderschöne an dieser Geschichte ist auch, dass am Ende unserer eigenen Kraft Gottes Wunderkraft umso stärker wirkt!

Und noch ein Gedanke berührt mich: Als die späteren Jünger die ganze Nacht lang fischten, kannten sie Jesus noch nicht. Es blieb ihnen folglich gar nichts anderes übrig, als aus eigener Kraft zu versuchen, die Netze zu füllen. Wären sie schon seine Jünger gewesen, wäre diese Nacht vielleicht gar nicht so frustrierend gewesen. Womöglich hätten sie einfach schlafen und sich erholen können, bis Jesus ihnen dann zu verstehen gegeben hätte: „Jetzt! Jetzt ist der richtige Zeitpunkt. Werft die Netze aus, und zwar genau dort!"

Vielleicht könnten auch wir uns so manchen Frust ersparen, wenn wir nicht aus eigener Kraft und nach unserem eigenen Zeitplan versuchen, unser „Netz" zu füllen. Wenn wir stattdessen vertrauensvoll darauf warten, dass unser Herr uns ermutigend, aber bestimmt zuflüstert: „Versuch es *jetzt* noch einmal – ich gebe dir mehr, als du dir je vorstellen konntest!"

Und bis das geschieht: Verliere nicht den Mut. Genau wie bei den Fischern, die später seine Jünger wurden, sieht Jesus auch bei dir all deine Mühe, dein Beten, dein Fasten, dein Ringen, dein Weinen, dein verzweifeltes Wollen. Er sieht es, und er kennt deine Bedürfnisse, er weiß, was los ist. Wie die Geschichte so wunderbar zeigt, wird er kommen, wenn du ihn am dringendsten brauchst. Und dann bete ich, dass du noch genug Mut übrig hast, um wie Petrus zu sagen: „Ich habe es schon so oft versucht, aber weil du es sagst, will ich es noch einmal tun."

DOWN TO EARTH

Auf welchen „Fang" wartest du gerade sehnlichst? Schreibe dein Anliegen in das Fischernetz – als Erinnerung daran, dass für Gott nichts
unmöglich ist. Sprich anschließend mit Jesus über das, was gerade
dran ist: Sollst du es *jetzt* noch einmal probieren? Sollst du vertrauensvoll abwarten – oder die Sache möglicherweise ganz loslassen, weil er
etwas anderes für dich vorbereitet hat?

Beim Wort genommen

Gott, ich kann keine Wunder erzwingen
und dich auch nicht zu etwas bringen,
was in deinem vollkommenen Plan
nicht vorgesehen ist,
aber weil ich weiß, dass du die Liebe bist
und dein Wille stets mein Bestes ist,
will ich lernen, dich immer mehr beim Wort zu nehmen,
und nicht aufhören, mich danach zu sehnen,
deine Wunder in meinem Leben zu sehn.
Und irgendwann werde ich Schritte durch das
Meer der Zweifel gehen,
bis ich trocknen Fußes vor dir stehe.
Bis dahin will ich deine Verheißungen immer wieder neu ergreifen,
täglich sollen sie in meinem Herzen reifen:
Begnadigt, gesehen und geliebt bin ich.
Denn du gabst nicht nur dein Wort, sondern dein Leben für mich.

AUF DIE PLÄTZE, HEILIG, LOS?!

Darum heiligt euch und seid heilig;
denn ich bin der Herr, euer Gott.
3. Mose 20,7 (Luther)

Ich weiß nicht, welche Assoziationen du mit dem Wort „heilig" verbindest, aber für mich hatte es lange Zeit reichlich wenig mit meinem Alltag zu tun. In meiner Vorstellung schwebten heilige Menschen nur so durchs Leben – immer milde lächelnd und umgeben von strahlender Reinheit. Ich kann mich noch gut daran erinnern, wie ich als Mädchen einmal eine junge Nonne in einem Restaurant sitzen sah, die tatsächlich eine solche Reinheit und Milde ausstrahlte, dass nicht mehr viel zu einem sichtbaren Heiligenschein gefehlt hätte. Dieses Bild brannte sich mir ein: So muss man also wirken, wenn man heilig sein will.

Ich verspürte schon früh die Sehnsucht, Gott zu gefallen und nach seinem Willen zu leben, doch in meinen Jugendjahren, in denen plötzlich das Interesse am anderen Geschlecht erwachte, die Partylaune in meinem Freundeskreis ansteckend wurde und die Bereitschaft zu ersten Experimenten mit Alkohol wuchs, ergab mein Realitätscheck mit schöner Regelmäßigkeit: Also, *heilig* bist du nicht. Und mit deinem Wesen (manchmal zu laut und überschwänglich, manchmal zu wildverrückt, manchmal zu viel, manchmal zu wenig usw.) wirst du diesen Status wohl auch nie erreichen.

Ich wusste zwar, dass ich mir mein Seelenheil und Gottes Liebe nicht durch besondere Anstrengungen verdienen konnte, aber die innere Zerrissenheit zwischen dem, was ich war, und dem, was ich sein wollte, schmerzte sehr.

Nun entsprachen manche meiner Aktivitäten auch tatsächlich nicht unbedingt Gottes Willen und der Schmerz darüber war angebracht. Doch eine zu enge beziehungsweise einseitige Vorstellung von einem „heiligen Leben" kann andererseits auch dazu führen, dass man sich nur in den „heiligsten" Momenten mit Jesus verbunden fühlt und sich innerlich von ihm entfernt, wenn man sich gerade eher unwürdig und „unheilig" vorkommt. Und tragischerweise werden wir gerade dadurch erst recht nicht heiliger …

Aber was bedeutet „heilig" überhaupt? Meine Recherchen ergaben: „Heilig" bezeichnet etwas Besonderes, Verehrungswürdiges und stammt wortgeschichtlich von „Heil" ab, was sich abgeschwächt noch in „heil" („ganz" im Sinne von „intakt") wiederfindet (englisch „holy" – „heilig" – von „whole" – „ganz").

Im hebräischen Urtext meint das Wort „heilig" außerdem etwas Besonderes, Verehrungswürdiges, das vom Normalen, Profanen abgesondert ist. Das wird auch in 1. Petrus 2,9 deutlich, wo die Heiligkeit des Volkes in einem Atemzug mit dessen Erwählung durch Gott genannt wird: „Ihr aber seid ein auserwähltes Geschlecht, ein königliches Priestertum, ein **heiliges Volk**, ein Volk zum Eigentum, dass ihr verkündigen sollt die Wohltaten dessen, der euch berufen hat aus der Finsternis in sein wunderbares Licht" (Luther).

Mit anderen Worten: Dass wir zu Gott gehören, macht uns besonders. **Dass wir vom Weltlichen, Profanen „abgesondert" und in sein ewiges und vollkommenes Himmelsreich aufgenommen wurden – als Kinder Gottes –, das macht uns heilig.** Dass uns der Status „heilig" verliehen wurde, hat folglich erst einmal gar nichts mit unserem im herkömmlichen Sinne heiligen, sprich moralisch korrekten Verhalten zu tun, sondern mit etwas, das Gott tut: Er erwählt uns. Weil Heiligkeit eben genau das ist: ein Status und nichts, das wir uns erarbeiten könnten.

Vor diesem Hintergrund wird auch deutlich, warum die Christen in den Briefen von Paulus immer wieder selbstverständlich als „Heilige" angesprochen werden (vgl. Kolosser 3,12): Sie sind bereits heilig, auserwählt und ausgesondert von Gott – egal, ob sie noch mit Sünde kämpfen oder nicht. Seit dem Augenblick als wir Jesus unser Leben anvertraut und sein Erlösungswerk am Kreuz für uns persönlich in Anspruch genommen haben, gehören wir zu Gottes „heiligem Volk", sind wir keine Sünder mehr, die sich ab und zu heilig verhalten, sondern Heilige, die ab und zu noch sündigen. Und das ist ein himmelweiter Unterschied!

Es beeinflusst unser buchstäbliches Selbst-Bewusstsein und vor allem unsere Hoffnung auf die ersehnte Veränderung, ob wir uns immer noch als Sünderinnen sehen, die es irgendwie schaffen müssen, einen heiligen Lebensstil zu pflegen, oder ob wir uns als Heilige betrachten und gemäß dieser bereits gegebenen neuen Identität leben wollen! Unser Status hat dann Auswirkungen auf unser Verhalten – und nicht andersherum.

Aber in beiden Fällen sind diese sichtbaren Auswirkungen unumgänglich. So schreibt Petrus, gleichwohl er die Adressaten seines Briefes zunächst an ihren „heiligen Status" erinnert: „… wie der, der euch berufen hat, heilig ist, sollt auch ihr heilig sein in eurem ganzen Wandel" (1. Petrus 1,15; Luther). Aber was kann uns – ganz konkret – dabei helfen?

Als ich darüber nachdachte, kam mir ein Gedanke: Kennst du das, wenn jemand etwas in dir sieht, das du selbst jedoch noch nicht sehen kannst? Und dass du dich dann unbewusst immer mehr dem Bild anpasst, das dein Gegenüber von dir hat? Um es an einem Beispiel zu beschreiben: Jemand traut dir viel zu – und das beflügelt dich so, dass du über dich selbst hinauswächst und die positiven Erwartungen deines Gegenübers tatsächlich erfüllst. **Ich glaube deshalb, dass der Schlüssel zu einem heiligen Leben in der regelmäßigen Begegnung mit dem liegt, der in uns jetzt schon Heilige sieht.**

Ein wunderschönes Beispiel dafür ist eine Szene in der TV-Serie „The Chosen". In einer Episode ist zu sehen, dass Maria Magdalena noch einmal „rückfällig" wird und zu ihrem alten Leben und an den Ort zurückkehrt, von dem Jesus sie vor noch gar nicht allzu langer Zeit befreit hat. In einer zwielichtigen Spelunke gibt sie sich wieder dem Alkohol hin – und dem gefährlichen Spiel mit Geld und Männern.

Als die Jünger Simon und Matthäus, die von Jesus losgeschickt wurden, um Maria zu suchen, diese schließlich finden, ist sie buchstäblich am Boden zerstört – voller Scham und Selbstverachtung. Sie könne nicht mehr zurückgehen, teilt sie ihnen mit. Sie schaffe es einfach nicht, dieses neue Leben zu führen. Sie sei ein schlechter Mensch.

Matthäus und Simon reden ihr jedoch gut zu, führen ihr vor Augen, was für ein großer Segen sie schon für die Gruppe gewesen und warum sie unersetzbar für sie ist – und vor allem, dass sie alle „schlechte, unvollkommene Menschen" seien.

Das scheint sie zu überzeugen. Sie willigt ein und folgt ihnen. Zurück im Lager der anderen Jüngerinnen und Jünger, führt Maria, die Mutter von Jesus, sie zu dem Zelt, in dem ihr Sohn gerade betet. Maria Magdalena schafft es jedoch nicht, Jesus in die Augen zu schauen, stammelt nur weinend: „Du hast mich erlöst, aber ich habe deine Erlösung weggeworfen und bin wieder zurück zu dem, wovon du mich befreit hast."

Darauf erwidert Jesus in ruhigem, unbeeindrucktem Ton: „Es wäre eine ziemlich schwache Erlösung, wenn man sie innerhalb eines Tages wieder verlieren könnte, oder?" Und er lächelt, was Maria aber nicht sieht.

„Ja, aber ich schaffe es einfach nicht, so zu leben, wie ich es sollte."

„Stimmt", sagt Jesus da und legt eine Kunstpause ein. Maria fühlt sich in ihrer Wertlosigkeit und Unfähigkeit, ein heiliges Leben zu führen, bestätigt und weint nur noch mehr. Jesus schaut sie voller Erbarmen an und flüstert dann leise, aber bestimmt: „Maria, schau hoch. Schau mich an!" Man sieht, wie sehr sie kämpft, wie Scham und Selbstanklage in ihr toben – und wie viel Angst sie vor dem Blick in die Augen Jesu hat, dem heiligsten Menschen, dem sie jemals begegnet ist. Doch schließlich ringt sie sich dazu durch und schaut ihn an. Und findet in seinem Blick nichts außer überfließender Liebe. Jesus lächelt und sagt: „Du schaffst es wirklich nicht, aus dir heraus so zu leben, wie es Gott gefällt. Aber das musst du auch nicht. Alles, was ich von dir will, ist dein Herz. Um den Rest kümmern wir uns unterwegs."

Und genau das ist das Evangelium und das ist das wahre Kriterium für einen „heiligen Menschen": ein Herz, das _ganz_ Jesus gehört und dadurch _ganz_ wird – heil. Und heilig. Ein Herz, das sagt: „Ich will, was du willst, heiliger Gott! Aber ich schaffe es nicht aus mir selbst heraus …"

Wir Christinnen, die wir nach Jesu Tod und Auferstehung und vor allem nach dem Pfingstfest mit der Ausgießung des Heiligen Geistes leben, haben sogar noch bessere „Ausgangsbedingungen" für unseren Weg der Heiligung. Denn wir haben den Heiligen Geist in uns, von dem es in der Bibel heißt, dass er selbst es ist, der uns heiligt (vgl. Römer 1,4; Luther).

Wir werden also nicht dann ein heiliges Leben führen, wenn wir uns anstrengen, in moralischer Hinsicht gut zu leben, sondern wenn wir uns bewusst werden, wer in uns lebt: der _Heilige Geist_. Unser Wesen ist nicht mehr von Sünde gezeichnet. Wir _müssen_ nicht mehr sündigen. Wir können uns gegen sie entscheiden. Wenn es uns doch einmal nicht gelingt, hängt deshalb jedoch nicht der Haussegen schief, sondern es heißt: „Aufstehen, Heiligenschein richten und weitergehen – auf dem Weg der Heiligung." Und auf diesem Weg sind wir nicht allein unterwegs, sondern gemeinsam mit Jesus, der jetzt schon die Heilige in uns sieht.

Was für ein Versprechen, was für eine Verheißung! Wenn Gott auf uns schaut, sieht er keine Sünder mehr. Er sieht Heilige. Von Gott erwählte und für Gott ausgesonderte Menschen. Ganze Menschen, geheilte und geheiligte Menschen. Die immer mal wieder sündigen, ja, aber keine Sünder mehr *sind*.

Wenn mir das bewusst wird, würde ich am liebsten dasselbe machen wie Maria Magdalena in der Serie „The Chosen": Jesus vor Dankbarkeit weinend um den Hals fallen.

DOWN TO EARTH

Heilig sein bedeutet, Jesus das ganze Leben anzuvertrauen – uneingeschränkt. Es bedeutet kein moralisch perfektes Verhalten, aber eine Herzenshaltung zu haben, die sagt: „Ich will, was du willst, Herr!" Vielleicht möchtest du hier ein Gebet aufschreiben, um das noch einmal bewusst zu tun?

....

....

....

....

....

....

....

....

....

(K)EIN GEIST DER FURCHT?!

Denn Gott hat uns nicht gegeben den Geist der Furcht, sondern der Kraft und der Liebe und der Besonnenheit.

2. Timotheus 1,7 (Luther)

Diesen Vers lese ich zum wiederholten Male auf *Instagram*, verbunden mit der leidenschaftlichen Aufforderung, als Christinnen und Christen genau jetzt „einen Unterschied zu machen" – das heißt konkret, uns nicht von der weltweiten Angst anstecken zu lassen, sondern der Angst unsere Hoffnung auf Jesus entgegenzusetzen. *Amen*, bete ich innerlich und bin wild entschlossen, genau das beim nächsten Gespräch über das gefürchtete C-Wort zu tun. Danach mache ich das Lied „This is a Move" von Tasha Cobbs Leonard an, singe und glaube: „Wonders are still what you do. […] Healing is coming, when you move." Ich fühle mich sicher. Voller Hoffnung und voller Kampfgeist gegen die weltweite Dunkelheit, die mir nichts anhaben kann, weil ich ja zu Jesus Christus gehöre.

Ein paar Sekunden später ploppt an meinem Computer die nächste Eilmeldung auf. Die Zahl der Infizierten ist weiter rasant gestiegen, und das Robert-Koch-Institut stuft das Risiko, an Corona zu erkranken, inzwischen als hoch ein. Und in diesem Moment krabbelt etwas in mir hoch, das ich als überzeugte Christin, die „einen Unterschied machen" will, doch eigentlich gar nicht haben dürfte beziehungsweise haben will: Angst. Vielleicht sogar zum ersten Mal gemischt mit einem Anflug von Panik.

Später lese ich in einem anderen Beitrag, wie hilfreich es in diesen Zeiten doch sei, Psalm 91 zu beten und laut über das eigene Leben auszusprechen: „Du brauchst keine Angst zu haben vor den Gefahren der Nacht oder den heimtückischen Angriffen bei Tag. Selbst wenn die Pest im Dunkeln zuschlägt und am hellen Tag das Fieber wütet, musst du dich doch nicht fürchten. Wenn tausend neben dir tot umfallen, ja, wenn zehntausend um dich herum sterben – dich selbst trifft es nicht!" (Psalm 91,5–7).

Danach schaue ich mir die neue *Instagram-Story* der christlichen Influencerin Jana Highholder an, die gerade ganz offensichtlich den Geist der Kraft, Liebe und Besonnenheit erlebt – und das Coronavirus. Trotz ihrer Gebete ist sie nicht davon verschont geblieben.

Ich glaube an die Macht von Gottes Wort und durfte selbst schon mehrfach erfahren, wie lebensverändernd es sein kann. Und doch stellen Situationen wie diese während des ersten Corona-Lockdowns (in dem dieser Text entstand) meinen Glauben auf die Probe – und von gut gemeinten Internetbeiträgen wie dem oben genannten fühle ich mich noch zusätzlich unter Druck gesetzt. Schließlich will ich der Welt doch so gern zeigen, dass der christliche Glaube Kraft und Besonnenheit schenken kann. Ich will gerade jetzt für diesen Jesus werben, den ich so sehr liebe und der mir schon so oft auf eindrückliche Art und Weise bewiesen hat, dass er absolut vertrauenswürdig und selbst in den dunkelsten und stürmischsten Zeiten meines Lebens mein festes Fundament war und ist.

Doch mein ehrlicher Realitätscheck ergibt: Ich habe Angst. Obwohl ich glaube. Obwohl Gottes Geist der Furchtlosigkeit in mir lebt. Und deshalb meldet sich wieder einmal die hartnäckige Stimme des anklagenden Zweifels in mir und fragt: *Wie kann das sein? Eigentlich dürftest du doch gar nicht so empfinden…*

Ich habe keine Angst vor dem Tod. Zumindest nicht in der Theorie, denn ich weiß ja, dass ich danach zu Jesus komme. Erst einen Tag vor diesem Panikanflug hatte ich einen intensiven Moment beim Anhören von Lobpreisliedern, dass ich mir dachte: *Ja, ich wäre wirklich bereit, in den ewigen Lobpreis einzustimmen und „schlimmstenfalls"* *schon früher zu Jesus zu gehen. Ich habe keine Angst!* Aber diese Gefühle sind eben nur das: Momentaufnahmen. Und auch wenn ich zu diesen Gedanken stand und stehe, die Wahrheit ist ebenfalls: Ich hänge (noch) an diesem Leben. Ich hänge vor allem an all meinen Lieben, unter denen es eben auch Risikopatienten gibt.

Natürlich kannte ich die Statistiken zur vergleichsweise geringen Sterblichkeitsrate. Aber Zahlen waren noch nie mein Ding, deshalb können sie im Zweifelsfall auch nichts an der Realität meiner Gefühle ändern.

Und selbst wenn dieses Virus nur eine geringe Sterblichkeitsrate hat, mache ich mir seit ein paar Tagen noch ganz andere Sorgen.

„Vielleicht befinden wir uns ja wirklich in der Endzeit und Jesus kommt bald wieder. Wäre das nicht wunderschön?", sagte damals eine gute Freundin zu mir.

Ich zweifle nicht daran, dass Jesus irgendwann wiederkommt. Um das zu glauben, muss man schließlich kein religiöser Endzeitfanatiker sein. „Er sitzt zur Rechten Gottes, von dort wird er kommen, zu richten die Lebenden und die Toten", habe ich jahrelang im Glaubensbekenntnis der Evangelischen Landeskirche gebetet – und nie ernsthaft darüber nachgedacht, diesen Tag womöglich selbst noch zu erleben.

Aber was wäre, wenn wir uns diesem Tag tatsächlich nähern? Dann möchte ich gern „zuversichtlich [sein] – mit festem Blick und erhobenem Haupt! Denn [meine] Rettung steht kurz bevor" (Lukas 21,28). Dennoch bin ich mir nicht sicher, ob ich das könnte. Denn mein Blick würde immer wieder nach links und rechts zu all den geliebten Menschen wandern, die Jesus noch nicht als ihren persönlichen Erlöser angenommen haben und für seine Wiederkunft nicht bereit wären.

Egal, welches Szenario ich durchspiele: Einen Grund zur Angst finde ich immer. Aber – und jetzt kommt das große Aber – einen Grund zur Hoffnung ebenfalls. Denn auch wenn ich gerade Angst habe, kann ich trotzdem an Jesus festhalten, der meine mensch-

gewordene, ewige Hoffnung ist und bleibt. Und dieser Jesus ist es auch, der zu seinen Jüngern (!) sagt: „In der Welt habt ihr Angst; aber seid getrost, ich habe die Welt überwunden" (Johannes 16,33; Luther).

Ja, es ist in Ordnung, in Zeiten wie diesen auch mal Angst zu haben. Auch als Christin. Denn Gott hat mir mit seinem Heiligen Geist zwar tatsächlich nicht „den Geist der Furcht" gegeben, wie es in 2. Timotheus 1,7 heißt, aber ich befinde mich immer noch auf dieser Welt. Und bin immer noch Mensch. Ein Mensch, von dessen Gefühlspalette nicht auf einmal die Angst verschwindet, nur weil er jetzt zu Jesus gehört. Wohl aber einer, der mit einem großen Gott lebt, der alles überwunden hat, was uns Angst machen kann.

Diese Worte Jesu nehmen mir zwar nicht meine Angst, aber den Druck. Einmal mehr begreife ich: **Bei Gott darf ich *echt sein*. Denn woraus wir gern ein strenges „Entweder-oder" machen, macht er ein gnädiges „Sowohl-als-auch". Ein versöhnliches und verbindendes *Und*.**

Deshalb kann ich sagen: Ich bin Christin mit einem Geist der Furchtlosigkeit *und* ich habe Angst. Ich habe Angst *und* ich glaube an eine menschgewordene Hoffnung, die jede Angst überwindet. Ich freue mich auf den Tag, an dem Jesus wiederkommt, *und* ich mache mir Sorgen um die Menschen, die sein Rettungsangebot dann noch nicht angenommen haben. Ich bete täglich um Heilungs- und Bewahrungswunder, *und* ich habe manchmal Zweifel daran, ob Gott diese Gebete auch wirklich erhört.

Diese Spannung ist manchmal schwer auszuhalten. Genau wie diese Spannung, die seit Monaten weltweit in der Luft liegt. Wir warten auf finale Antworten, wir warten auf Erlösung. Bis sie kommt, können wir nur das tun, was in unserer Macht steht: zu Hause bleiben und Hände waschen. Gleiches gilt für den Glauben. **Bis die Erlösung beziehungsweise der Erlöser (wieder-)kommt, kann ich nur das tun, was in meiner Macht steht: mich im Gebet immer wieder an Jesus wenden. So wie ich bin. Mit allem, was ich fühle und** eigentlich nicht fühlen will. Mit allem, was ich glauben will, aber eigentlich nicht immer glauben kann. Mit meiner Angst, meinem Kleinglauben und mit meiner unbändigen Hoffnung.

Dann liegt es an Gott, was er daraus macht, wenn ich bete: Heiliger Geist in mir, nimm meine Angst an die Hand und führe sie zum Kreuz von Golgatha. Dorthin, wo ich meinen Kleinglauben ablegen und deinen Wunderglauben empfangen kann. Dorthin, wo mein Glaube überleben kann, selbst wenn die Wunder, für die ich bete, ausbleiben – weil dort am Kreuz das größte Wunder der Menschheitsgeschichte bereits geschehen ist. Dorthin, wohin ich immer kommen kann, wenn sichtbare und unsichtbare Gefahren drohen und ich wieder neu daran erinnert werden muss, dass wir es nicht mit einem unsichtbaren Fantasiegott zu tun haben, sondern mit einem realen, der in derselben Spannung zwischen Himmel und Erde, Leben und Tod, Angst und Hoffnung am Kreuz hing. Ja, mit einem Gott, der im Garten Gethsemane selbst voller Angst war *und* voller Hoffnung und Vorfreude auf das Wiedersehen mit seinem Vater im Himmel. Mit einem Gott, der diese Spannungen des Lebens und des Leidens aushält. Mit einem Gott, der *mich* aushält. Und hält. Gerade jetzt. Und der mir meine Angst nehmen kann und wird. Schritt für Schritt.

Deshalb kann ich nun voller Überzeugung sagen: Ich habe (noch) Angst *und* ich habe Jesus. Und er allein macht den Unterschied.

DOWN TO EARTH

Wenn du das nächste Mal Angst verspürst – gleichgültig, wovor –, dann versuche doch einmal, diese nicht krampfhaft zu unterdrücken. Hab auch keine Angst vor der Angst, denn damit „fütterst" du sie nur noch. Nimm sie stattdessen liebevoll an die Hand und bringe sie zu Jesus. Und dann sprich mit ihm über das, was dir Angst macht, und bitte ihn, deinen Blickwinkel zu ändern und dir zu zeigen, wie *er* die Situation sieht.

HIMMLISCHE CHEERLEADER ODER: YOU ARE NOT ALONE

Weil wir eine solche Wolke von Zeugen um uns haben, lasst uns ablegen alles, was uns beschwert, und die Sünde, die uns umstrickt. Lasst uns laufen mit Geduld in dem Kampf, der uns bestimmt ist, und aufsehen zu Jesus, dem Anfänger und Vollender des Glaubens.
Hebräer 12,1–2 (Luther)

Was gehört zu jedem guten (Wett-)Kampf? Richtig: Zuschauer. Die Fans, die ihre Favoriten anfeuern, die mitfiebern und mitfühlen. Die Coronakrise hat uns schmerzlich vor Augen geführt, dass es einen Unterschied macht, wenn diese Menschen nicht da sind. Bei den sogenannten „Geisterspielen" in leeren Fußballstadien fehlte dieses beflügelnde Gefühl einer tobenden Masse, die buchstäblich hinter einem Team steht. Und es gab auch keinen „Heimvorteil" … Aber wie bedeutungsvoll ist ein Sieg, wenn sich niemand mit einem freut? Woher nimmt man die Kraft, weiterzumachen, weiterzukämpfen, wenn keiner da ist, der einen sieht und anfeuert?

Nun wussten die Jungs auf dem Platz ja wenigstens noch, dass es diese Menschen trotzdem gab, wenn auch nur zu Hause vor den Bildschirmen. Aber ich frage mich, ob sie dies in dem einen oder anderen harten Zweikampf nicht doch auch mal vergessen haben. Dann, wenn der Kampf zu herausfordernd wurde und die Vorstellungskraft versagte, dass da trotzdem Tausende mit ihnen fieberten – nur eben „unsichtbar".

Ich will den Vergleich mit den Geisterspielen nicht überstrapazieren und doch hat er mir diese kurze Erwähnung von „der Wolke der Zeugen" noch einmal ganz neu vor Augen gemalt und greifbar gemacht.

Ich weiß nicht, wie es dir gerade während deiner „Kampfphase" geht, aber ich selbst habe mich schon häufig bei dem Gefühl ertappt, mit und in meinen Kämpfen irgendwie allein zu sein. Vor allem, wenn es sich dabei um Glaubenskämpfe handelte und ich mich auch von Gott alleingelassen fühlte. Natürlich gab es Menschen, denen ich mich anvertrauen konnte, aber so manche Kämpfe kamen mir zu groß, zu schwer vor, als dass ich sie auf den Schultern anderer Menschen austragen wollte. Manchmal hielten mich auch Scham und Angst zurück, anderen zu erzählen, wogegen ich tief in mir gerade wirklich kämpfte. Dass Gott immer noch da ist, dass er alles sieht und weiß und mich trotzdem liebt, hatte ich damals zwar im Kopf, mein Herz konnte es dennoch nicht begreifen. Und gerade in der Phase, in der ich so sehr gegen mich selbst kämpfte, war die Vorstellung, dass Jesus meine Schwächen am besten kennt, zudem eher herausfordernd als tröstlich.

Wie unfassbar heilsam war es dann, als ich in der Klinik Gemeinschaft mit anderen Leidensgenossen haben und erkennen durfte: Du bist mit deinen Kämpfen nicht allein – und erst recht nicht der einzige Mensch auf diesem Planeten, der mit diesen oder jenen Dingen zu kämpfen hat. Ich war umgeben von Personen, die bezeugen konnten, dass sie ebenfalls gerade einen Kampf ausfochten oder diesen gefühlt schon verloren hatten, weil ihnen einfach die Kraft ausgegangen war.

Nun waren das Menschen aus Fleisch und Blut, die folglich nicht immer um mich sein konnten und die außerdem selbst noch kämpften, und doch hatten diese Gemeinschaft und dieses gegenseitige Bezeugen und Anspornen schon eine heilsame und ermutigende Wirkung auf mich. **Wie viel heilsamer und ermutigender ist es da, wenn man sich bewusst macht, dass man _immer_ von Zeugen umgeben ist, die die eigenen Kämpfe nicht nur kennen, sondern sie schon**

gewonnen haben? Die bereits an der großen himmlischen Sieger-
ehrung teilnehmen und uns zurufen: „Es lohnt sich! Gib nicht auf!
Du schaffst das!"

Mich bewegt dieses Bild tief: Ich werde in meinen Kämpfen gesehen. Du wirst in deinen Kämpfen gesehen. In jedem Augenblick.
Nicht nur vom höchsten König und größten Sieger des gesamten Universums, sondern auch von einst genauso unvollkommenen, schwachen Menschen, die dasselbe durchgemacht haben – und nun den von
Angesicht zu Angesicht sehen, der sie vollendet und ihnen geholfen
hat, den Sieg zu erringen und das Ziel zu erreichen. Die sehen und
bezeugen können, wie gut, treu und mächtig ihr, dein und mein Gott
doch ist. Und die vielleicht sogar sehen dürfen, wie göttliche Verheißungen, für die sie zu Lebzeiten gekämpft haben, sich nun Generatio-
nen später erfüllen. In deinem und in meinem Leben. Denn auch das
kennen sie: die langen Wartezeiten von so manchem Wunder.

Was für eine überwältigende Vorstellung, dass die großen biblischen Glaubenshelden uns zujubeln! Und genauso wie echte Fußball-
fans „ihre" Mannschaft nicht plötzlich aufgeben, wenn diese mal keine
Glanzleistung bringt oder vielleicht sogar ein Spiel verliert, sondern
sie beim nächsten Spiel umso lauter anfeuern, dürfen wir uns sicher
sein, dass so auch unsere „himmlischen Cheerleader" reagieren. Einen
großen Unterschied zum Fußballvergleich gibt es jedoch: Wenn wir
zum „Team Jesus" gehören, haben wir immer einen „Heimvorteil",
denn die Stadien, in denen wir kämpfen, stehen im bereits eingenom-
menen Land, im „Sieger-Land".

DOWN TO EARTH

Wenn du in deinen Alltagskämpfen die „unsichtbaren" Zuschauer aus
den geistlichen Augen und dem Sinn verlieren und dich wieder einmal allein fühlen solltest, dann schau einfach in den Himmel. Gerade
wenn du Gott nicht mehr verstehst und „sehen" kannst, da der Himmel düster und wolkenbehangen ist: Lass dich von diesen sichtbaren

Wolken an die unsichtbare Wolke der Zeugen erinnern, die dich umgeben, die dich anfeuern, bis du den Sieg errungen hast – und irgendwann gemeinsam mit ihnen feiern kannst.

I CHOOSE JOY. ODER: FREUDE, DARF ICH BITTEN?

Freut euch zu jeder Zeit, dass ihr zum Herrn gehört.
Und noch einmal will ich es sagen: Freut euch!
Philipper 4,4

„Machen Sie doch einfach mal wieder etwas, das Ihnen Freude bereitet", meinte eine Vertretungsärztin, nachdem ich mich endlich dazu überwunden hatte, mir Hilfe zu suchen, und ihr mein Befinden erklärt hatte. Offensichtlich hatte sie jedoch nichts verstanden, denn genau das war ja seit Monaten mein Problem: dass mir eben überhaupt nichts mehr Freude bereitete und ich mich nur noch leer und innerlich wie abgestorben fühlte. Eine ähnliche Reaktion wie dieser Ratschlag lösten in dieser Zeit Bibelverse wie „Die Freude am Herrn ist meine Stärke" (Nehemia 8,10; Luther) oder eben „Freut euch zu jeder Zeit, dass ihr zum Herrn gehört" in mir aus. Wie soll das gehen, wenn man schlicht und ergreifend nicht mehr dazu in der Lage ist, irgendetwas Positives zu empfinden, geschweige denn Freude?

Man muss nicht erst eine handfeste Depression gehabt haben, um Phasen zu kennen, in denen einem – warum auch immer – die Freude abhandenkommt. Und auch wenn Paulus hier schreibt „Freut euch zu jeder Zeit ...", muss er diese Phasen sicherlich ebenfalls gekannt haben. Wie bei allen anderen Aufforderungen, die wir in der Bibel finden, dürfen wir jedoch auch bei dieser davon ausgehen, dass wir ihr prinzipiell nachkommen *können*; dass wir zu nichts aufgefordert werden, das ohnehin nicht machbar ist. Aber ist Freude wirklich etwas, wofür ich mich aktiv entscheiden kann? Kann ich Freude etwa selbst „produzieren"?

Aus eigener Erfahrung würde ich sagen: Nein, kann man nicht, erst recht nicht, wenn man gerade eine Depression hat und das eigene Gehirn rein biochemisch nicht dazu in der Lage ist. Und trotzdem durfte ich in meinem persönlichen „Rückgewinnungskampf" um meine Freude erkennen: Freude setzt dennoch eine klare Entscheidung voraus.

Zwar können wir sie nicht selbst produzieren, aber wir können uns aktiv dafür entscheiden, unsere „innere Bühne" für die Freude freizugeben. Ihr bewusst einen möglichst guten „Landeplatz" zu bereiten. Das ist zum Beispiel möglich, indem wir uns dazu entschließen, gedanklich nicht permanent um unser Leid herumzutanzen, sondern es aus dem Rampenlicht in die letzte Reihe des Zuschauerraumes zu verweisen. Genauso wenig, wie wir Freude produzieren können, können wir auch negative Gefühle einfach auflösen und gänzlich „nach draußen schicken". Aber wir können ihnen weniger Aufmerksamkeit schenken.

In einer englischen Predigt schnappte ich einmal den Satz auf: „Devil, sit down and watch, while I worship my king!" Und ich denke, du kannst hier auch alles andere einsetzen: „Depressionen, Sorgen, Ängste, setzt euch hin und seht zu, während ich meinen König anbete." Ich wende die Augen meines Herzens bewusst von dem ab, was mich herunterziehen will, und blicke auf den, der mir Freude schenken kann, auch wenn ich sie vielleicht nicht sofort empfinde.

Ich spürte damals jedoch, dass meine reine Gedankenkraft nicht ausreichen würde. Dazu erschien mir das Negative zu übermächtig. Irgendwann schenkte Gott mir dann einen wertvollen Impuls: Ich könnte mich einfach in seine Nähe und in die Freude *hineintanzen*! So begann ich, in meinem Zimmer oder auch draußen in der Natur mit fröhlichen Lobpreisliedern auf den Ohren Gott mit meinem

Körper zu loben, auch wenn Herz und Kopf noch nicht dazu in der Lage waren.

Ich durfte dabei erkennen, dass wir Menschen selbst eine wunderbare „Dreieinigkeit" in uns tragen, bestehend aus Körper, Geist und Seele. Und wenn es einem Teil davon gut geht, hat das auch positive Auswirkungen auf die anderen beiden. Ja, so mancher Tanz, den ich aus purer Selbstdisziplin mit trüben Gedanken begonnen hatte, half mir, aus meinen Grübeleien auszubrechen, und verwandelte sich tatsächlich nach und nach in einen echten Freudentanz.

Seit dieser Erfahrung ist das Tanzen vor und mit Gott zu einem neuen Bestandteil meiner nicht mehr ganz so Stillen Zeit mit Gott geworden. Das Tanzen vor Gott ist übrigens etwas zutiefst Biblisches, schließlich tat es schon David, der bekanntlich ein Mann nach dem Herzen Gottes war (vgl. 1. Samuel 13,14). Und ich bin mir sicher, dass auch Jesus selbst tanzte, als er auf dieser Erde lebte.

In der Erfolgsserie „The Chosen" tanzte der Jesus-Darsteller ausgelassen mit seinen Jüngern auf der Hochzeit zu Kana – eine der Szenen, die mich am meisten berührten. Selbst wenn sie so nicht in der Bibel und nur im Drehbuch der Serie steht, glaube ich fest daran, dass ein Mann, der auf derselben Hochzeit Wasser zu Wein gemacht hat, auch sonst kein „Stimmungskiller" war. Ich kann mir einfach nicht vorstellen, dass Jesus die ganze Zeit nur still auf seinem Platz saß oder predigte. Nein, ich glaube, dass er richtig mitgefeiert hat – das Leben und die Liebe! Warum ich mir da so sicher bin? Gott hat sich die Sache mit dem Feiern und dem Tanzen doch selbst ausgedacht – und was wird es erst für ein rauschendes Fest bei der „Hochzeit des Lammes" geben, wenn wir unsere ewige Vermählung mit Gott im Himmel feiern?

Je länger ich darüber nachdachte, desto klarer wurde mir, warum Paulus die Sache mit der Freude so wichtig war. Ich begann zu ahnen, dass wahre Freude die Antwort auf viele offene Fragen ist beziehungsweise so manche Frage überflüssig macht. Ja, vielleicht führt wahre Freude auch „automatisch" in ein heiliges Leben, denn wenn wir freudig sind, sind wir weniger anfällig für Sünde. Schließlich kommen wir meist erst dann auf dumme Gedanken, wenn es uns schlecht geht …

Mittlerweile glaube ich tatsächlich, dass die „Freude am Herrn" eine der stärksten Waffen im Kampf gegen das Böse ist. Denn gerade sie macht das Evangelium wirklich zu einer *Frohen* Botschaft und zu einer unwiderstehlichen Einladung. Schließlich sehnt sich jeder Mensch nach Freude, und wenn ich sehe, dass jemand in allen Umständen eine übernatürliche Freude ausstrahlt, dann bringt mich das zum Nachdenken und weckt in mir den Wunsch, diese Freude ebenfalls zu erleben.

Für mich sind die lateinamerikanischen Geschwister diesbezüglich ein großes Vorbild. So habe ich mit ihrer Lobpreismusik etwas entdeckt, das mein Kopf zwar nicht versteht, aber sehr wohl mein Herz: Bei Jesus geht es immer um Freude. Die Menschen singen und tanzen sich die Liebe Gottes regelrecht ins Herz! Nein, eine „heilige Stimmung" muss nicht immer durch getragene Mollklänge erzeugt werden. Vielleicht ist es sogar das Heiligste, was wir tun können, uns am Leben zu freuen. Und wenn wir das gerade (noch) nicht können, dann lasst uns zumindest den perfekten Landeplatz für die Freude vorbereiten!

Und noch etwas: Wenn ich mich in meinem (Glaubens-)Leben mehr nach Freude ausstrecke, wird mein Glaube dadurch nicht oberflächlich. Im Gegenteil: Ich drücke damit aus, dass ich bis in die Tiefe verstanden habe, dass Jesus der Sieger ist, auch wenn meine Umstände gerade nicht danach aussehen und ich mich noch nicht danach fühle.

Und deshalb schließe ich mich Paulus an und sage abermals: „Freut euch!!!"

DOWN TO EARTH

Wie wäre es, wenn du dir in deiner nächsten „Stillen" Zeit fröhliche Worshipmusik anstellst und betend durch deine Wohnung tanzt? Kleiner Tipp: Das Lied „Joy" von *For King and Country* oder sämtliche lateinamerikanischen Lobpreislieder zum Beispiel von Evan Craft eigenen sich hervorragend dafür.

HALLO FREUDE!

Gott ist das fröhlichste und gelassenste Wesen im gesamten Universum. Und ich will „ganz der Papa" sein!

DIE FREUDE AM HERRN IST …
NICHT VORHANDEN

**Sammle meine Tränen in einem Krug;
ohne Zweifel, du zählst sie.**
Psalm 56,9 (Luther)

„Freu dich doch, du hast doch Jesus!" Für die Freude entscheiden,
wozu ich in der letzten Andacht eingeladen habe, ist immer gut, aber
vielleicht nicht immer möglich. Manchmal sitzt der Schmerz zu tief,
ist die Verletzung zu groß, die Trauer zu überwältigend. Da bringt
auch jede Landebahn für die Freude nichts, stattdessen wird sie nur
mit Tränen geflutet. Und dann ist es nicht gerade hilfreich, wenn wir
selbst oder andere uns unter Druck setzen und uns auffordern, uns
aber doch jetzt gefälligst mal wieder an unserem Herrn zu erfreuen.
Manchmal geht es wirklich nicht. Und das ist völlig in Ordnung für
Gott. Er ist der Letzte, der dich dazu zwingen würde, ein Lächeln auf-
zusetzen, wenn dir eigentlich nach Weinen zumute ist. Und du kannst
dich bestimmt nicht besser über oder an ihm freuen, wenn du dich
auch noch schuldig fühlst, weil du es gerade einfach nicht kannst.
Manchmal müssen wir unseren Tränen einfach freien Lauf lassen.

Das hat Jesus selbst übrigens auch getan, als er auf der Erde lebte.
Mehrfach lesen wir davon, dass er über etwas sehr traurig war und
weinte (vgl. z. B. Matthäus 9,35). Dass es ihm, so der biblische Urtext,
die Eingeweide umdrehte vor Mitleid und Ergriffenheit. Mir sind
diese Bibelstellen über einen weinenden, mitfühlenden Jesus bekannt,

aber ich konnte mir lange Zeit nicht vorstellen, dass er mit demselben herzzerreißenden Mitleid auf mich schaut, wenn ich leide. Vielleicht sind daran auch die weitverbreiteten Jesus-Darstellungen schuld, die uns Jesus entweder majestätisch erhaben oder milde und überlegen lächelnd präsentieren und damit unser Bild von ihm prägen. Beide Vorstellungen zeugen jedoch von einer distanzierten Haltung uns gegenüber, wie es sich für einen Heiligen beziehungsweise *den* Heiligen nun einmal ziemt, oder etwa nicht?

Ein Gott, der nicht nur oben in seiner Herrlichkeit thront und alles sieht, sondern von deinem und meinem Leid wirklich zutiefst ergriffen, ja, persönlich betroffen ist, das wollte mir nicht so recht ins Herz hinein. Das war mir zu menschlich …

Und doch ist es eine biblische Tatsache. Jesus weint. Gemeinsam mit dir. Und er sammelt deine Tränen. Auch und gerade dann, wenn dir die Worte zum Beten fehlen beziehungsweise im Hals stecken bleiben, weil der Kloß zu groß ist.

Ich finde dieses Bild so unfassbar berührend, weil es ausdrückt, dass er uns gerade dann, wenn wir uns wertlos und verletzt fühlen und der Schmerz darüber in Tränen aus uns herausquillt, zuspricht: „Du bist mir so kostbar, dass ich deine Tränen sammle und nicht achtlos im Boden versickern lasse." **Den Tränen über die Sinnlosigkeit gibt er einen Sinn. Den Tränen, ausgelöst durch überwältigende Traumata, nimmt er die Macht, indem er sie behutsam sammelt. Ja, er fängt unsere Tränen auf. Aber mehr noch uns selbst. Er sammelt die Tränen in einem Krug, aber mehr noch die Bruchstücke unseres Herzens.** Er geht behutsam mit unseren Tränen um. Und er kennt den Grund und Ursprung jeder einzelnen.

Als ich, lange bevor ich meinen jetzigen Mann kennenlernte, in einer ungesunden Beziehung steckte, erlebte ich einmal eine Situation, in der mich mein damaliger Partner in einem heftigen Streit tief verletzte. Ich konnte nicht aufhören zu weinen, aber meine Tränen ließen ihn kalt. Anstatt mich zu trösten, knallte er die Tür zu und verließ das Zimmer. Und ich glaube, es gibt kaum ein schlimmeres Gefühl, als wenn uns der tiefste Schmerz in Tränen über die Wangen läuft und unser Gegenüber uns mit Gleichgültigkeit straft. Wie heilsam und wunderschön ist da das Bild, das die Bibel von Gott zeichnet: Dem Schöpfer des gesamten Universums sind unsere Tränen nicht gleichgültig. Er sieht und zählt jede einzelne. Sogar die ungeweinten.

Sie sind kostbar für ihn, weil sie ein Teil von dir sind. Weil dein Schmerz in sie hineingegossen wurde. Dein Schmerz, für den Jesus am Kreuz gestorben ist und den er heilen möchte. **Sie sind wertvoll für ihn, weil er sie selbst kennt, er, der Mann der Schmerzen. Er, die menschgewordene Träne Gottes über diese erlösungsbedürftige Welt.**

Vor ein paar Monaten hörte ich eine Predigt, in der der Wert unserer Tränen noch einmal buchstäblich ins Unendliche erhoben wurde. So wies der Prediger darauf hin, dass möglicherweise auch an der Schwelle zur Ewigkeit noch Tränen in unseren Augen stehen werden, warum sonst sollte Gott sie uns höchstpersönlich noch abwischen können (nachzulesen in Offenbarung 21,4)? Ja, vielleicht werden wir manchen Schmerz unser Leben lang nicht los, und wir werden ihn mit nach Hause zu unserem himmlischen Vater bringen, wenn wir ihm das erste Mal von Angesicht zu Angesicht gegenüberstehen. Er lässt uns mit diesem Schmerz zu ihm kommen. So ernst nimmt er ihn. Und er wird auch dann bis in die Eingeweide davon bewegt sein. Vielleicht weinen wir sogar ein letztes Mal gemeinsam über unsere tiefsten Lebenswunden, bevor Gott unsere Tränen für immer abwischt, wie er es versprochen hat. Und dann nimmt er uns an der Hand, um uns zu zeigen, wo er alle unsere Tränen gesammelt hat … und wir machen eine Wasserschlacht in unserem Tränenmeer!

DOWN TO EARTH

Schreibe in jede Träne etwas, worüber du schon geweint hast, und erinnere dich daran, dass sie nicht ungesehen geblieben ist, sondern dass
Jesus selbst sie in einem Krug aufbewahrt.

WENN DIE WORTE FEHLEN

Dein Wort
ist ein Licht auf unserem Weg.
Dein Wort
hat Macht und bleibt in Ewigkeit.
Dein Wort
ist wahrhaftig und hält, was es verspricht.
Dein Wort
kommt niemals leer zurück.

Danke, dass wir dich beim Wort nehmen dürfen,
wenn uns die Worte fehlen,
weil uns das Leben die Sprache verschlägt.

ZWISCHEN ALLMACHT UND OHNMACHT: WER MACHT WAS?

Da ging Jesus auf seine Jünger zu und sprach: „Ich habe von Gott alle Macht im Himmel und auf der Erde erhalten. Deshalb geht hinaus in die ganze Welt und ruft alle Menschen dazu auf, meine Jünger zu werden.“
Matthäus 28,18–19

Ich habe euch die Vollmacht gegeben, auf Schlangen und Skorpione zu treten und die Gewalt des Feindes zu brechen. Nichts wird euch schaden.
Lukas 10,19

Textaufgaben. Erinnerst du dich noch? Ich habe sie im Matheunterricht gehasst. Entweder geht es um Zahlen oder um Worte, aber bitte nicht so ein komisches Zwischen-den-Zeilen-Rechnen.

Trotzdem will ich dir mal eine Textaufgabe stellen und die ist auch ganz einfach – versprochen:

Wenn Jesus Christus alle Macht im Himmel und auf der Erde hat, wie viel Macht bleibt dann noch für den Feind übrig?

Richtig: null Macht. Oder auch „Ohnmacht“. Die Gleichung lautet also:

Jesus = Allmacht, Teufel = Ohnmacht

Jetzt wird es ein bisschen schwerer: Welche Variable braucht es, damit die Rechnung nicht mehr so einfach aufgeht und etwas von der

Macht von Jesus subtrahiert – also weggenommen – und beim Feind (scheinbar) addiert – hinzugefügt – wird?

Ich verrate es dir: Die Variable bist du, bin ich selbst. Ist mein und dein freier Wille.

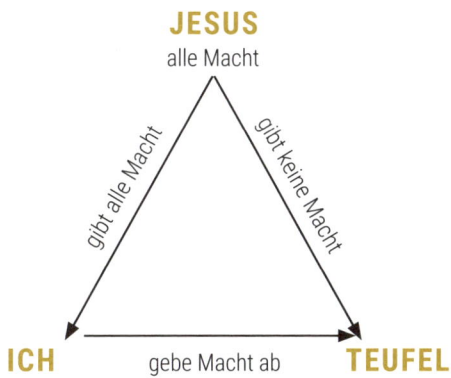

Jesus hat alle Macht über Himmel und Erde. Das steht außer Frage. Aber er hat sich dazu entschieden, uns unvollkommenen Menschen durch seinen Heiligen Geist in uns dieselbe Macht anzuvertrauen. „Dieselbe Macht, die den Tod überwunden hat, lebt in mir", heißt es frei übersetzt in dem Lied „Same Power" von *Hillsong*. Allein über diesen Vers könnte man ganze Bücher schreiben, aber ich bin mir sicher, wir hätten seine Bedeutung auch dann in seiner ganzen Bedeutung und Konsequenz noch nicht ganz verstanden. Jesus Christus, der Lebendige, Ewige und Allmächtige, lebt in dir und er lebt in mir. Obwohl wir dies vermutlich alle schon tausendmal gehört haben, verdient diese Aussage dennoch einen Moment des ehrfürchtigen Schweigens und Sackenlassens …

Was empfindest du bei der Vorstellung, dass dir diese Vollmacht gegeben wurde? Ich kann dir sagen, was ich dabei empfinde: Mich persönlich macht dieser Gedanke ehrfürchtig, wagemutig, hoffnungsvoll, neugierig, zuversichtlich – und manchmal fast krank. Weil ich es nicht verstehe. Weil ich davon so wenig sehe. Weil ich mit meinem ganzen Sein an den Namen Jesus Christus glaube und an die Macht, die in ihm liegt, und gleichzeitig nicht nur einmal erlebt habe, dass trotz leidenschaftlicher und inbrünstiger Gebete im Namen Jesu Christi Kranke nicht geheilt und Gefangene nicht befreit wurden (zumindest nicht diesseits der Ewigkeit) und Menschen sehr wohl Schaden genommen haben, und zwar keinen geringen – wenn auch (mit Blick auf die Ewigkeit) keinen unwiederbringlichen, irreparablen.

Während ich diese Worte schreibe, liegt der Tod des Youtubers und „Real Life Guys" Philipp Mickenbecker erst wenige Tage zurück. Er ist am Ende an seinem Krebs gestorben, obwohl er bis zuletzt einen unfassbar großen Heilungsglauben hatte und gefühlt die gesamte deutsche Christenheit für ihn gebetet hat. Und schon seit fast zwei Jahren kämpfe ich selbst um das Leben einer lieben Freundin, die an einer potenziell genauso tödlichen Krankheit leidet: Depressionen mit ausgeprägten Selbstmordgedanken. „Seelenkrebs im Endstadium" könnte man sagen. Auch sie eine wiedergeborene Christin. Wir haben zusammen gebetet, gefastet, proklamiert, im Namen Jesu Befreiung geboten, ich habe ihr stundenlang zugehört und gut zugeredet – und trotzdem ist sie immer noch in der Dunkelheit gefangen, scheinbar ohnmächtig gegenüber den Mächten der Finsternis.

Wie kann das sein? „Jesus, wir haben alles in unserer oder deiner – wessen auch immer – Macht Stehende getan. Jetzt du! Jetzt du!", betete ich kürzlich und sang danach mit allem, was in mir war, die Zeile „Do what you are famous for" („Tu, wofür du bekannt bist") aus dem Worshipsong „Famous for" mit. Doch es passierte – nichts!

Ja, in Anbetracht so manchen Leides stehen wir gefühlt ohnmächtig vor schrecklichen Situationen, in denen der, der alle Macht hat, scheinbar nichts macht. Das ist schwer auszuhalten, und ich kann dir hier keine theologische Abhandlung darüber bieten, warum das so ist. Aber was ich machen kann, ist, mich zu entscheiden, denn die Macht über unseren Willen hat Gott uns definitiv gegeben.

So habe ich die (Voll-)Macht, zu entscheiden, ob ich bitter werde und kapituliere und mein Herz vor Gott verschließe – und ihm damit gewissermaßen die Macht nehme, zu mir durchzudringen und mich zu berühren. Ich würde nämlich wagen zu behaupten: Da, wo unser freier Wille anfängt, hat Gottes Vollmacht eine selbstgewählte Grenze, denn er zwingt uns zu nichts, auch wenn er es theoretisch könnte.

Oder aber ich sage: „Du sitzt trotzdem noch auf dem Thron. Und ich glaube trotzdem noch, dass du alle Macht im Himmel und auf der Erde hast. Ich glaube trotzdem noch, dass es stimmt, was du versprochen hast: dass denen, die dich lieben, alles zum Besten dienen *muss* – auch wenn das hier für mein menschliches Empfinden alles andere als wie das Beste aussieht."

Und ich glaube, der Ort, an dem diese Entscheidung getroffen wird, ist das am meisten umkämpfte Gebiet im Himmel und auf der Erde: unser Innerstes, unser Herz.

Denn dort können wir tatsächlich „voll-mächtig" sein. Das heißt, voll von dem Allmächtigen sein. Aber es liegt eben in unserer Hand beziehungsweise in unserem Herzen. Hier bin tatsächlich ich selbst die Variable. Denn in dem Moment, in dem ich aus Schmerz, Enttäuschung und Bitterkeit mein Herz vor Gott verschließe und nicht mehr seine Liebesmacht in mir walten lasse, gebe ich automatisch dem Feind etwas von der mir anvertrauten Vollmacht ab. Mein Herz ist nämlich kein Niemandsland, bleibt kein Vakuum oder neutraler Raum. Entweder stehe ich in Gottes Herrschaftsbereich oder in dem der Finsternis. Ich kann nicht verhindern, dass mich Leid trifft, aber ich habe Einfluss darauf, wie ich damit umgehe. Es ist meine Entscheidung, ob ich dem Leid die Macht gebe, mein Leben und meine Hoffnung und meinen Glauben zu zerstören, oder ob ich mich ganz bewusst auf Jesu Worte berufe und sage: „Nice try, Devil, aber jetzt erst recht!"

Ich kann mir die Machtverhältnisse wieder klar vor Augen malen und laut aussprechen: „Ich bin eine Königstochter des Höchsten und des Allmächtigen. In mir lebt der Geist des Überwinders, des Löwen von Juda. Der Tod – und damit alles Zerstörerische und im Letzten Todbringende – ist überwunden. Du hast kein Anrecht auf mein Leben, meinen Körper und erst recht nicht auf meine Seele, Teufel. Du kannst toben, randalieren und noch so viel Unheil anrichten, aber nichts davon hat die Macht, mein Seelenheil zu gefährden. Denn der Sieg ist errungen. Check es endlich!"

Ja, ich glaube, manchmal braucht es wirklich dieses „Machtwort" von uns, um den Teufel in seine Schranken zu verweisen. Und die stärksten „Machtworte" sind die Worte des Allmächtigen aus der Bibel. Ich glaube, wenn wir diese wiederholt aussprechen und uns selbst ins Gedächtnis rufen, wird die Wahrheit immer mehr in unser Herz sacken, werden wir immer mehr von dem Geist des Allmächtigen erfüllt und stehen mit ihm und durch ihn dem Leid nicht mehr so ohnmächtig gegenüber. Und verankert in seiner Wahrheit, mit dem Blick auf den Thron, dem Bewusstsein unserer Siegerposition und randvoll gefüllt mit seinem Überwindergeist, werden wir vollmächtig weiterbeten und darauf vertrauen, dass etwas passiert – egal, ob wir es jetzt schon sehen oder erst in der Ewigkeit.

DOWN TO EARTH

Check doch mal die aktuellen „Machtverhältnisse" in deinem Leben – vor allem in den Bereichen, in denen du dich vielleicht „ohnmächtig" fühlst. Überlege gemeinsam mit Gott, wo etwas „in deiner Macht steht" – wo du etwas tun kannst, um die Situation zu verändern, und wo du selbst nichts machen kannst und eingeladen bist, darauf zu vertrauen, dass Gott „das schon macht" – und dich und dein Leben in seiner liebevollen Hand hält.

Höllisch heiße Eisen

My Savior's Heart

When my doubts come like waves
And it feels like losing ground
When I think of all my failures
I wonder whether I'm still found
Many things have pushed my faith away
Many fears obscured my sight
But still, I know that you are here with me
And you'll never leave my side
But then I hear this, then I read that
And again, my heart is full of doubt
When my feelings fight my faith
It still seems like I am losing ground
But then I hear your voice say:
„You can trust my savior's heart
You can trust my savior's heart
Your will and mine they are the same:
I want your people to be saved!"

Now hope is running through my veins
None of my prayers were in vain
Cos I can trust your savior's heart
I can trust the savior's heart.

THE STRUGGLE IS REAL ODER: „DER TEUFEL STECKT IM DETAIL"

Doch ihr, meine geliebten Kinder, gehört zu Gott. Ihr habt diese Lügenpropheten durchschaut und überwunden. Denn Gott, der in euch wirkt, ist stärker als der Teufel, von dem die Welt beherrscht wird.

1. Johannes 4,4

„Seid besonnen und wachsam! Denn der Teufel, euer Todfeind, läuft wie ein brüllender Löwe um euch herum. Er wartet nur darauf, dass er einen von euch verschlingen kann", heißt es in 1. Petrus 5,8. Wenn das mal kein ermutigender Einstiegsvers für eine Andacht ist … Nein, Verse wie diesen liest man nicht gern und deshalb auch so selten. Und ich glaube, das ist prinzipiell auch richtig so, denn ich möchte einen Glauben leben und weitergeben, der von Himmelsfreude statt von Höllenangst geprägt ist. Der die Macht der Liebe Gottes groß macht und nicht die zerstörerische Macht des Teufels. Und doch wäre ich rückblickend froh gewesen, hätte ich in meiner Jugend zumindest hin und wieder Verse wie diesen gelesen. Vielleicht wäre ich dann besser auf die Angriffe der dunklen Mächte vorbereitet gewesen. Hätte sie womöglich sogar gänzlich abwehren können, in dem festen Bewusstsein, dass Jesus, der Löwe von Juda, immer lauter brüllt und das letzte Wort hat, wenn, ja, wenn wir sein Wort kennen und ihn nicht nur, aber besonders in brenzligen Situationen dann auch „beim Wort nehmen".

Ich kannte die Bibel früher nicht wirklich gut. Und auch sonst hörte ich viel von der Liebe und Gnade Gottes (es gibt ja auch nichts Wichtigeres!), aber von Sünde und deren Konsequenzen, von Hölle und Satan erfuhr ich so gut wie gar nichts. Ich machte mir folglich überhaupt keine Gedanken über die Hölle – bis ich einen Vorgeschmack darauf bekam und mit der realen Existenz der Mächte der Finsternis konfrontiert wurde. Völlig verblendet und in eine emotionale Abhängigkeit zu einem Mann geraten, erlebte ich, wie perfide der Teufel arbeitet – mit seinen gefährlichen Halbwahrheiten und unseren ungestillten Sehnsüchten und wunden Punkten. So gelang es ihm, mich innerlich und äußerlich von meinem Weg abzubringen. Und das, obwohl ich Jesus schon kannte und von ganzem Herzen liebte. Ich erlebte Höllenszenarien um mich herum und vor allem in mir drin: Ich war gefangen in einem Gefühl von tiefer Finsternis und der Trennung von allem Göttlichen. Auf alles, was mit Gott zu tun hatte, reagierte ich aggressiv. Als ich später versuchte, wieder zum Gott der Bibel zu beten, wehrte sich alles in mir dagegen, und ich bekam Schweißausbrüche. Seit dieser Erfahrung weiß ich: „The struggle is real" – nicht, weil mir irgendwelche Dogmen übergestülpt wurden, sondern weil ich es am eigenen Leib beziehungsweise an der eigenen Seele erfahren habe.

Gott sei Dank hat Gott mich äußerlich und innerlich wieder befreit und aus lauter Gnade und Liebe zurück an sein Vaterherz gezogen. Deshalb wird mein Glaube auch heute nicht von Höllenangst dominiert, sondern von einer umso größeren Liebe und einem umso größeren Vertrauen in meinen Erlöser Jesus Christus. Und ich bin auch nicht gesetzlich oder eng geworden – im Gegenteil: Ich bin überzeugter denn je von Gottes unermesslicher Gnade, denn auch diese durfte ich am eigenen Leib erfahren. Außerdem ist mein Herz nach dieser Erfahrung umso weiter für alle Menschen, die Gott noch nicht kennen, und vor allem für solche, die die Hölle schon auf Erden erleben. Und ich verurteile niemanden, wenn cr auf seiner Lebens- und

Glaubensreise mal eine falsche Abzweigung genommen hat, weil ich selbst weiß, wie schnell es passieren kann, dass man in die Falle des Widersachers tappt.

Aber in einer Hinsicht bin ich *doch* enger geworden: Ich bin enger dran an Jesus. Weil ich verstanden habe: Es geht hier um etwas. Es geht hier um *alles*. Deshalb brauche ich ihn nicht nur als meinen Kummerkasten und Segensspender, der mir mein Leben ein bisschen netter macht, sondern tatsächlich als meinen Retter und Erlöser. Und ich habe verstanden, dass es die gefährlichste Waffe des Feindes ist, uns an seiner eigenen Existenz zweifeln zu lassen beziehungsweise Christen die Lüge einzuflüstern, dass ihr Glaube nicht mehr zeitgemäß sei, dass sie das mit Sünde, Teufel und Hölle nicht mehr so eng sehen müssten.

Ich habe selbst erfahren, dass eine zu liberale Theologie, die diese geistlichen Realitäten ausblendet, mich nicht in die verheißene Freiheit und Weite geführt, sondern dazu beigetragen hat, dass ich letztendlich in Enge, Finsternis und Gefangenschaft landete (auch wenn die Verantwortung für meine Irrwege natürlich bei mir selbst liegt).

Heute kann ich jedenfalls sagen, dass ich eine „geheilte Liberalistin" bin, die jeden Tag mehr erleben darf, wie viel weiter ihr Herz und ihr Leben werden, je enger sie mit Jesus verbunden ist und je mehr sie versucht, ihn beim Wort zu nehmen – und nicht nur *an* ihn zu glauben, sondern vor allem auch *ihm* zu glauben. Und das heißt eben auch, um die Existenz des Feindes zu wissen und wachsam zu sein – aber es bedeutet nicht, sich gedanklich nur noch mit ihm zu befassen. Denn es wäre ebenfalls fatal, in Bezug auf den Umgang mit dem Bösen auf der anderen Seite vom Pferd zu fallen und fortan hinter allem den Teufel höchstpersönlich zu vermuten. Schließlich ist es auch kein Leben in Freiheit und Freude, wie Jesus es uns verheißen hat, wenn wir bei jedem „weltlichen" Film, den wir uns anschauen, Angst um unser Seelenheil haben oder aber Sorge tragen müssten, dass unser Kind sofort schutzlos dunklen Mächten ausgeliefert wird, wenn wir ihm erlauben, *Harry Potter* zu lesen. (Aber natürlich ist es immer ratsam, darauf zu achten, welchen Eindrücken und Einflüssen wir uns aussetzen, und genau hinzuspüren, was sie mit uns machen!)

Ich glaube, manchmal überschätzen wir die Macht des Teufels maßlos. De facto hat er nämlich gar keine beziehungsweise nur die Macht, die wir Menschen ihm geben. Das Einzige, was er wirklich machen kann, ist, uns Angst einzuflößen. Und wenn wir Angst haben und in jedem Detail das Böse in Person wittern, dann passiert genau das, was er erreichen will: Wir drehen uns gedanklich nur noch um das Böse und verlieren dabei den aus dem Blick, der es längst überwunden hat.

Und das, so glaube ich, macht uns dann tatsächlich anfälliger für sündhaftes Verhalten – weil es unser Vertrauen in Gott schwächt und wir den Teufel gerade durch das Schenken unserer Aufmerksamkeit größer machen, als er ist – und wir schlimmstenfalls noch eine heimliche Faszination für „die dunkle Seite der Macht" entwickeln.

Mittlerweile verspüre ich eine Art heiligen Zorn gegen den Teufel. Ich sehe es gar nicht mehr ein, ihm so viel Aufmerksamkeit zu schenken. Ja, ich weiß, dass es ihn gibt, und ich will nicht leichtfertig mit seinen Versuchungen umgehen, aber ich muss ihn auch nicht hinter jeder Ecke vermuten. Das macht mich nur unfrei und ängstlich. Und Angst ist kein göttliches Lebensgefühl. Ganz abgesehen davon ist es vermutlich dasselbe wie bei uns belästigenden bösartigen Menschen: Wenn wir sie einfach ignorieren, ärgert sie das am meisten – weil wir ihnen gar nicht erst eine „Angriffsfläche" bieten. Konkret: Wenn wir uns keine Angst von ihm machen lassen und stattdessen fröhlich und voller Gottvertrauen unbeirrt unseren Weg mit Jesus weitergehen.

In einer Predigt wurde einmal auf das kleine, aber bedeutsame Wörtchen „wie" hingewiesen, das sich in dem eingangs genannten Vers befindet. Der Widersacher brüllt nur *wie* ein Löwe, aber er *ist* kein Löwe. Der wahre Löwe ist Jesus Christus, der „Löwe von Juda", der ihn überwunden hat – und mit ihm auch wir. Auf *sein* triumphierendes Brüllen dürfen wir hören! Und dann können wir mit offenen Augen durchs Leben gehen und brauchen nicht den Teufel in jedem Detail zu erkennen, sondern den wunderbaren Schöpfer, der unser Leben geschaffen hat und bewahren will und wird bis in alle Ewigkeit.

DOWN TO EARTH

Versuche, nicht überall den Teufel zu wittern, sondern dir bewusst zu machen, dass du immer und überall von Gott umgeben bist. Ein Lied, bei dem mir das am besten gelingt, ist „Surrounded (fight my battles)", in dem (frei übersetzt) immer wieder gesungen wird: „Es sieht aus, als sei ich (vom Bösen) umzingelt, doch ich bin umgeben von dir." Welche Liedzeile oder welcher Bibelvers können dir dabei helfen, dir das bewusst zu machen? Finde deine persönliche Kampfansage, die du dir immer wieder ins Gedächtnis rufen kannst, wenn dich die Angst vor dem Bösen überkommen will ...

GOTT IST LIEBE – PUNKT, KOMMA, ABER ODER DOPPELPUNKT?

Gott ist Liebe.
1. Johannes 4,16

Meine härtesten Glaubenskämpfe hatte ich, weil ich mit dieser „zornigen Seite" Gottes einfach nicht klarkam. Mit diesem Gott, der die Liebe ist und trotzdem Menschen „in die Hölle schickt". Diese elende Hölle, warum musste es die überhaupt geben?

Ich kannte die theologisch korrekte Antwort: weil Gott unseren freien Willen respektiert und keinen Menschen, der schon zu Lebzeiten nichts mit ihm zu tun haben will, dazu zwingt, die Ewigkeit mit ihm zu verbringen. Aber so richtig ins Herz wollte mir diese Wahrheit nicht rutschen.

Ähnlich herausfordernd waren für mich auch die „Zornesausbrüche" Gottes im Alten Testament, genau wie die teilweise durchaus auch scharfen Worte von Jesus, die wir im Neuen Testament nachlesen können.

Überraschenderweise hat Jesus mir genau dann eine Antwort auf meine drängendste Frage gegeben, als ich es am wenigsten erwartete: nämlich als ich mich in der Therapie mit meinen eigenen negativen Glaubenssätzen auseinandersetzte. Einer davon lautete: „Ich darf andere nicht enttäuschen!" beziehungsweise: „Ich darf niemanden verletzen!"

Bei mir hat dieser Glaubenssatz, den ich unterbewusst auch lange

Zeit mit meinem damaligen Verständnis von Christsein gleichsetzte, letztlich dazu geführt, dass ich Menschen regelmäßig „um des lieben Friedens willen" über meine persönlichen Grenzen trampeln ließ, mich nie wehrte und schließlich die teilweise tatsächlich angebrachte Aggression (damit meine ich natürlich keine physische) gegen mich selbst richtete – womit ich den perfekten Nährboden für meine Depressionen legte. Denn jede unterdrückte Aggression kann irgendwann zur Depression werden. Ich fühlte mich schwach. Und nicht ernst genommen. Das hatte die fatale Folge, dass ein Teil von mir unbewusst Jesus dafür verantwortlich machte, dass ich so schwach und einfach „zu gutmütig" war.

Dabei war und ist Jesus alles andere als immer nur gutmütig. Im Gegenteil! Jesus setzte Grenzen. Manchmal sogar ziemlich deutlich. Er konnte Nein sagen, wusste, wann er auch mal an sich denken und sich zurückziehen musste. Das hat seine selbstlose Liebe zu den Menschen jedoch nicht geschmälert – im Gegenteil: **Als voll und ganz Mensch gewordener Gott spürte er lediglich am eigenen Leib, dass selbst die grenzenloseste Liebe Grenzen setzen muss, damit man innerlich nicht leerläuft. Dass man immer wieder empfangen muss, bevor man geben kann.**

Manche Christen (mich eingeschlossen) hegen vielleicht die Befürchtung, Grenzen zu setzen sei egoistisch. Dabei ist es manchmal der größte Akt der Nächstenliebe. Wenn wir nicht hin und wieder an uns selbst denken, sind wir irgendwann so leer und erschöpft, dass wir uns überhaupt nicht mehr um die anderen kümmern *können*. Deshalb dürfen und sollen wir uns selbst ernst nehmen, und manchmal dürfen wir auch auf den Tisch hauen und ihn notfalls in alter Jesus-Manier umwerfen, wenn Grenzen eindeutig überschritten werden – damit wir in Zukunft auch von anderen ernst(er) genommen werden. **Sich selbst und den anderen ernst zu nehmen, ist die Grundvoraussetzung für wahre Liebe.** Das wurde mir schlagartig bewusst. Und mit dieser Erkenntnis löste sich bei mir auch der scheinbare Widerspruch zwischen dem Gott auf, der die Liebe in Person ist, und dem Gott, der zornig werden kann und auch mal klare Worte spricht.

Wie oft hatte ich vorher schon den Vers „Gott ist Liebe" als Totschlagargument dafür gehört, dass die Sünde letzten Endes keine Konsequenzen mehr nach sich ziehen und dass es keine Hölle geben kann – oder wenn schon, dann nur eine leere. Und falls jemand anderer dann gewagt hat einzuwenden: „Aber Gott ist auch heilig und gerecht!", wurde er manchmal bereits beim Aber mit den Worten unterbrochen: „Nein, nein. Kein Aber. Gott ist Liebe – PUNKT!"

Ich selbst habe lange mit diesem Aber gerungen, denn ich glaube zutiefst daran, dass Gott Liebe ist. Dass es daran nichts zu rütteln gibt, dass diese Liebe bedingungslos und dass Liebe Gottes erstes und wichtigstes Wesensmerkmal ist. Aber irgendwann stellte ich mir die Frage, ob Gottes „heiliger Zorn" und seine Gerechtigkeit nicht in dieser Aussage inbegriffen sind? Dass es sich dabei nicht um das „Kleingedruckte" handelt, das seine bedingungslose Liebe „weniger bedingungslos" macht, sondern vielmehr, dass diese Eigenschaften als Qualitätsmerkmal der göttlichen Liebe zu verstehen sind? Oder anders gefragt: **Könnte es nicht sein, dass Gott uns bedingungslos liebt, *aber* uns trotzdem Rahmenbedingungen an die Hand geben möchte, damit wir ein gutes Leben führen können?** Warum fällt man in Bezug auf Gott direkt unter den Verdacht der Gesetzlichkeit, wenn man auf etwas hinweist, woran sich bei einem irdischen Eltern-Kind-Verhältnis niemand stoßen würde?

Denn wie ist das bei einem irdischen Vater und seinem Kind, das er seit dessen erstem Atemzug über alles liebt? Würden wir auf die Idee kommen, an der Liebe zu seinem Kind zu zweifeln, wenn er diesem später auch Grenzen aufzeigt und es bittet, sich an gewisse Regeln zu halten? Nein, das eine hat mit dem anderen gar nichts zu tun. Oder vielmehr: Es steht in keinem Widerspruch, sondern bedingt sich gegenseitig. Denn ist es wirklich ein Zeichen für Liebe, wenn ein Vater seinem Kind alles erlaubt und alles durchgehen lässt, oder zeugt es nicht vielmehr von liebloser Gleichgültigkeit? Setzt ein Vater jedoch auch klare Grenzen und droht mit Konsequenzen, mag das im ersten Moment zwar „streng und lieblos" erscheinen, aber es zeugt dennoch von wahrer Liebe. Von bedingungsloser Liebe, die alles daransetzt, damit es dem Kind gut geht und es vor Gefahren geschützt wird, die es ohne Grenzen und Regeln erwarten würde. Genau dafür sind sie da: um zu schützen und nicht, um uns den Spaß zu verderben.

Wenn das Kind gefährliche oder schädliche Dinge dann trotzdem tut, ändert das gewöhnlich nichts an der Liebe des Vaters. Diese ist und bleibt bedingungslos, auch wenn es Konsequenzen gibt. Doch bei dem Kind wird sich etwas ändern: Es wird in Zukunft seinen Vater ernst nehmen – vor allem, wenn es erkannt hat, dass dieser es mit seinen Regeln nur schützen wollte. Aber wenn das Kind sich irgendwann dazu entschließen sollte, nichts mehr mit dem Vater zu tun haben zu wollen, weil es die Liebe hinter den klaren Grenzen nicht erkennen kann und außerhalb von ihnen das wahre Leben und die wahre Freiheit wähnt, dann geht der Vater ihm nach – wird aber wahrscheinlich irgendwann die Entscheidung des Sohnes oder der Tochter respektieren und ihn oder sie ziehen lassen: weil er sein Kind liebt und ernst nimmt.

Ja, wahre Liebe nimmt den anderen ernst. Denn wer liebt, weiß, dass Liebe sich nicht erzwingen lässt. Genauso ist es bei Gott und uns Menschen. Er nimmt uns sogar so ernst, dass er auch respektiert, wenn wir eine Entscheidung gegen ihn fällen, die eine ewige Trennung von ihm nach sich zieht.

Ich habe lange mit dem Höllenthema gerungen, aber ich begriff: **Wenn es bei Gott keine Grenzen und Konsequenzen gäbe, dann wäre er tatsächlich nur ein gutmütiger alter Opa, den man nicht so richtig ernst nehmen kann. Und wen ich nicht ernst nehme, dem kann ich auch nicht vertrauen. Es braucht einen Gott, der klare Grenzen zieht, damit wir ihm grenzenlos vertrauen können.** Und in diesem grenzenlosen Vertrauen traue ich ihm zu, dass er selbst am wenigsten Interesse daran hat, dass irgendjemand sich selbst (!) von seiner Liebe und Gegenwart ausschließt und stattdessen jedem Menschen die Chance gibt, sich „nach Hause lieben" zu lassen.

Aber er wird niemanden dazu zwingen, diesen Weg einzuschlagen, genauso wenig, wie er Menschen „in die Hölle schickt". Im Ringen mit diesem Thema durfte ich immer mehr verstehen, dass die Existenz der Hölle nicht bedeutet, dass Gott doch irgendwie eine „böse" Seite und Freude daran hat, Menschen dorthin zu verbannen. Vielmehr ist er tatsächlich die reinste und heiligste Form der Liebe – und wenn wir mit dieser Liebe konfrontiert werden, zerbrechen wir selbst an unserer eigenen Schlechtigkeit. Gott muss uns da gar nicht in die Hölle schicken.

Du kennst das vielleicht schon im Kleinen: dieses Gefühl, wenn du gerade schlecht über jemanden geredet hast, und dann triffst du diese Person kurze Zeit später, und sie macht dir ein aufrichtiges Kompliment. Oder du warst bei *Primark* shoppen und hast dir anschließend ein Menü bei *Burger King* geholt – und dann begegnest du deiner Freundin mit ihren Bio-Einkäufen in der Hand und von Kopf bis Fuß in Fair-Trade-Klamotten gekleidet. Sie belehrt dich nicht und macht dir wegen deiner Lebensweise auch kein schlechtes Gewissen, aber wetten, dass du dich in ihrer Gegenwart trotzdem etwas unwohl fühlst und der letzte Biss in den Burger nicht mehr ganz so gut schmeckt? Oder nehmen wir ein Extrembeispiel: Ein Mörder trifft auf die Mutter seines jungen Opfers und diese sagt zu ihm: „Ich habe dir vergeben. Ich will dich einfach nur umarmen!" Er könnte es nicht ertragen. Die eigene Schuld würde ihn zerfressen.

Worauf ich hinauswill: Je heiliger und reiner unser Gegenüber, desto schmerzlicher wird uns doch unsere eigene Fehlerhaftigkeit bewusst. Und wenn wir einmal vor Gott stehen und gleichzeitig mit seiner heiligen, vollkommenen Liebe und unserer gesamten Lebensschuld konfrontiert werden, dann kann es nur eine Lösung geben, damit wir ohne Scham diese überwältigende Liebe annehmen und in seine Arme rennen können: die *Er*lösung von unserer Schuld. **Und genau dafür ist Jesus ans Kreuz gegangen. Weil Gott sich nichts sehnlicher als unsere Rettung wünscht. Dafür steht er mit seinem Namen. Denn „Jesus" heißt „Gott rettet". Nicht „Gott richtet". Weil es seine DNA ist, Menschen zu retten.** Weil er es liebt, Menschen von den Dingen zu erlösen, die sie sich selbst nicht vergeben können, und von all den berechtigten und unberechtigten Schuldgefühlen, die wir im Laufe unseres Lebens anhäufen – wir alle.

Und ich liebe es, dass Jesus in den Berichten der Evangelien die Menschen nie zuerst mit ihren Sünden konfrontiert, sondern mit seiner Liebe. Denn er weiß: Im Licht dieser Liebe erkennen wir diese schon selbst, und wenn wir die offenen Arme Jesu vor uns sehen, *wollen* wir danach gar nichts mehr tun, was zwischen uns stehen könnte.

Ich halte deshalb nichts davon, Menschen, die Jesus noch nicht kennen, buchstäblich „die Hölle heiß zu machen". Ich will stattdessen Herzen für Jesus in Brand setzen – und das geht nicht durch Drohungen oder Überredungskünste, sondern nur durch radikale Liebe. Weil Gott selbst Liebe ist. PUNKT.

DOWN TO EARTH

Welche Aspekte dieses Textes möchtest du besonders im Gedächtnis behalten oder noch mal im Gebet bewegen? Du kannst dir hier Notizen machen.

....

....

....

....

(K)EIN TANZ AUF DER ROTEN LINIE

Du stellst meine Füße auf weiten Raum.
Psalm 31,9 (Luther)

Je ernster man es mit Jesus meint, desto schneller gerät man heutzutage in den Verdacht, „eng" zu sein – in den eigenen Ansichten, Meinungen und schlimmstenfalls im Herzen. Das wollte ich nie. Denn meine Eltern hatten mir vorgelebt, wie herrlich und einladend ein weites Herz ist – „obwohl" man eng mit Jesus verbunden ist. Hierin besteht auch überhaupt kein Widerspruch, denn eigentlich sollte es der Normalfall und die logische Konsequenz sein, dass das eigene Herz immer weiter wird, je enger man mit Jesus verbunden ist.

In der Theorie stimmte ich dieser Erkenntnis schon lange zu. Und in Bezug auf meine Mitmenschen konnte ich sie auch leben – diese Weitherzigkeit. Doch in Bezug auf mich selbst fiel mir das zunehmend schwerer. Rein verstandesmäßig wusste ich, dass Jesus mir mit Liebe und Gnade begegnet und ich diese so schnell nicht verlieren kann, aber meinen beklemmenden Gefühlen zufolge war mein Leben während meiner Depressionen dennoch eine tägliche Gratwanderung. Ich hatte den Eindruck, als würde ich mit jeder winzigen Sünde den entscheidenden Schritt über die rote Linie tun, die den Bereich der Gnade von dem der Ungnade trennte.

Bin ich damals zu weit gegangen? Gibt es wirklich noch Vergebung für mich, oder habe ich vielleicht sogar die eine Sünde begangen, die nicht vergeben werden kann? In der Phase meiner letzten Depression waren es Fragen wie diese, die mich am meisten quälten.

Ich hoffe, du selbst hast dir diese Fragen noch nie stellen müssen, denn sie sind für einen gläubigen Menschen das Quälendste, was man sich vorstellen kann. Doch vielleicht kennst du zumindest den Gedanken oder das Gefühl, gerade zu unwürdig zu sein, zu sündhaft, um dich Gott zu nähern, obwohl er dir genau in diesen Momenten nahekommen will. Wenn es dir so geht, ist diese Andacht für dich gedacht, und ich hoffe, du liest sie dir immer wieder durch, wenn diese Gedanken wieder einmal in dir hochkommen sollten.

Tatsächlich gibt es heiße theologische Diskussionen darüber, wie es um unseren Status bei Gott steht, wenn wir gesündigt, unsere Schuld aber (noch) nicht bekannt und Gott um Vergebung gebeten haben. Und darüber, ob man es tatsächlich „zu bunt" treiben kann, etwa, wenn man eine Zeitlang dem Glauben bewusst den Rücken kehrt, obwohl man schon einmal fest an Jesus geglaubt hat. Eine Bibelstelle zu diesem Thema aus Hebräer 6 katapultierte mich in meiner Jugend in die schwärzeste Glaubenskrise meines Lebens. Ich las sie zu einer Zeit, in der ich tatsächlich noch einmal so weit von meinem Weg mit Jesus abgekommen war, wie ich es niemals für möglich gehalten hätte. Gott sei Dank zeigte Gott mir später auf beeindruckende Art und Weise immer wieder, dass er mir vergeben hatte und mich liebte. Immer noch. Und ununterbrochen.

Doch etwas blieb von dieser Erfahrung übrig: eine Versündigungsangst, die vor allem in depressiven Phasen weit über das gesunde Maß an Ehrfurcht vor Gott und einen angebrachten Sündenvermeidungswillen hinausging. In meiner längsten und schwersten depressiven Episode gipfelte diese Versündigungsangst dann in gotteslästerlichen Zwangsgedanken. Nachts ließen sie mich nicht mehr schlafen, weil ich gefühlt permanent um mein Seelenheil kämpfen musste, indem ich sie betend widerrief, und tagsüber tauchten sie jedes Mal auf, wenn ich sündigte – nach meinen selbst aufgestellten Regeln wohlgemerkt. Wenn ich einen Teller zu viel aß (Völlerei!), mal keine Stille Zeit machte (Lauwarm!) oder mich zur Entspannung durchs

Trash-TV gezappt hatte (Verunreinigung!). Selbst auf die Gefahr hin, als „Psycho" abgestempelt zu werden, möchte ich diese Einblicke in meine Seele gewähren und damit auch das Thema „Zwänge" enttabuisieren, die – genau wie andere psychische Erkrankungen – eben leider auch vor Christinnen und Christen keinen Halt machen …

Nach langen Monaten, in denen ich in vielerlei Hinsicht über meine Grenzen gelebt hatte, waren meine psychischen Widerstandskräfte irgendwann erschöpft.

Eines Nachts, als es wieder besonders schlimm war und ich es einfach nicht mehr aushielt, schenkte Gott mir dann eine Offenbarung, die gewissermaßen den Schalter umlegte und mir endlich eine Antwort auf meine eingangs genannten quälenden Fragen gab. Gott zeigte mir in einer Art innerer Schau, dass es keine Linie zwischen Gnade und Ungnade gab, die ich so einfach oder gar unbewusst übertreten konnte. **Vielmehr musste ich mir seine Gnade wie einen Raum vorstellen, den ich betreten habe, als ich mein Leben Jesus anvertraute und mit meiner Entscheidung für ihn und meiner Taufe den Raum der Finsternis und des Todes bewusst verließ. Und in diesem Raum war so viel mehr Freiheit und Weite, als ich zu hoffen gewagt hatte.**

Ich erinnerte mich auch an ein Bild, das mir eine liebe Schwester während meiner Einkehrtage in einem Kloster einmal weitergegeben hatte: „Oft sind wir wie Schafe, die nur vor dem Zaun stehen und bloß die Grenzen in Form von Gottes Geboten sehen. Dabei bräuchte es oft nur einen anderen Blickwinkel. Wenn wir uns umdrehen würden, würden wir nicht länger den Zaun, sondern den riesigen Lebensraum sehen, die ,grüne Aue', auf der Jesus uns weidet und wo gutes Leben möglich ist. Wir würden verstehen, dass der Zaun uns nicht begrenzen, sondern beschützen soll. Denn Gott stellt unsere Füße auf weiten Raum."

Ja, gutes Leben ist möglich im Schutzraum der Gnade. Und doch gibt es den Zaun, gibt es die Begrenzung. Aber anders als ein Schaf sind wir freiwillig in den göttlichen Lebensraum eingetreten und können ihn auch freiwillig wieder verlassen. Aber das passiert nicht aus Versehen oder sobald wir sündigen, sondern es braucht den bewussten Schritt nach draußen, das bewusste Türzuknallen unsererseits. Ein bewusstes „Ich will nichts mehr mit dir zu tun haben: Gott, du bist für mich gestorben!". Im Prinzip genau das, was der verlorene Sohn tat, als er seinen Vater schon zu Lebzeiten um die Auszahlung seines Erbes bat und damit in die weite Welt aufbrach. Der Vater ließ ihn ziehen – aus lauter Liebe und Respekt vor seinem freien Willen (vgl. Lukas 11).

Wir können den Raum der Gnade verlassen und wieder in den Raum der Sünde und Ungnade treten. Aber wie uns das Gleichnis vom verlorenen Sohn zeigt, bleibt die Tür zum Raum der Gnade – zum Haus des Vaters – immer offen. Und wir können jederzeit umkehren und nach Hause gehen, solange wir leben.

Heißt das nun, dass wir uns überhaupt keine Gedanken zu machen brauchen, wenn wir sündigen, weil wir ohnehin im Raum der Gnade bleiben, wenn wir ihn beziehungsweise Jesus nicht bewusst verlassen? Keinesfalls! Allein schon deshalb nicht, weil unser Herz dann nicht verstanden hätte, was es Jesus gekostet hat, dass wir darin leben dürfen.

Außerdem hat Sünde immer negative Auswirkungen. Sie ändert nichts an unserem Status als Begnadigte Gottes, aber sie beeinträchtigt unsere Beziehung zu Gott. Und wenn wir an unserer Sünde festhalten, verpestet und vergiftet sie zunehmend die geistliche Atmosphäre, in der wir leben. Unsere Sinne werden getrübt und verwirrt und unsere Sicht auf Gott verzerrt – genau das, was der Feind, der große Lügner und Durcheinanderbringer, immer macht. Schlimmstenfalls kann er uns dann irgendwann glaubhaft einreden, das wahre Leben würde nicht hier, im Raum der Gnade, sondern „da draußen" stattfinden. Und das macht er am liebsten, indem er uns immer wieder an die Grenzen erinnert und sie uns als den Spaß verderbende Verbote verkauft. Irgendwann gehen wir vielleicht wirklich nach draußen in diese vermeintliche Freiheit, die letztendlich nur in die Enge und ins Verderben führt. Je nachdem wie lange wir dort „draußen" bleiben und wie weit wir uns vom Raum der Gnade entfernt haben, kann es dann passieren, dass die Erinnerungen an das gute Leben darin verblassen, wir uns vielleicht so sehr in Schuld und Scham verstrickt haben, dass wir unser Herz verhärten und unser Gewissen abtöten und schließlich der Lüge des Feindes glauben, dass es kein Zurück mehr für uns gibt – oder aber dass wir gar nicht mehr zurück*wollen*. Dann bleiben wir tatsächlich im Raum der Ungnade.

Aber bis dahin muss einiges passieren, weil es eben nicht „einfach so" passiert. Deshalb sollten wir zwar keineswegs leichtfertig drauflossündigen, aber wir dürfen tief durchatmen und dann fröhlich und unbeschwert den weiten Raum erkunden, in dem wir leben dürfen. In dem *ich* leben darf. Diesen Lebensraum, aus dem mein Vater mich niemals hinausjagen würde und in dem er sehnsüchtig auf mich warten würde, wenn ich doch (noch einmal) zur verlorenen Tochter werden sollte.

Zum ersten Mal seit Monaten konnte ich nach diesen geschenkten Erkenntnissen gut einschlafen und empfand einen tiefen Frieden. Die Zwangsgedanken verschwanden danach nicht gleich, aber sie versetzten mich nicht länger in Panik. Ich wusste, ich bin sicher und geborgen im Raum der Gnade, egal, was meine Gedanken und Gefühle mir gerade einreden wollen. Heute bin ich sogar dankbar für diesen härtesten aller Kämpfe, und ich kann selbst in meinen quälenden Zwangsgedanken die Gnade Gottes erkennen, da sie mich „zwangen", mich noch einmal mit meiner tiefsten „Gotteswunde" auseinanderzusetzen. Damit Gott sie heilen konnte. Nun balanciere ich nicht länger ängstlich auf der roten Linie, sondern tanze durch den Raum der Gnade. Tanzt du mit?

DOWN TO EARTH

Wie sieht dein persönlicher Raum der Gnade aus? Versuch doch mal, ihn zu malen, und mach es dir darin gemütlich! Lass ihn zu deinem inneren Zufluchtsort werden, wenn Selbstanklage und Scham dich wieder einmal angreifen sollten.

VON SPLITTERN, BALKEN UND DEM KREUZ – LASS UNS MAL ÜBER SÜNDEN REDEN!

Warum siehst du jeden kleinen Splitter im Auge deines Mitmenschen, aber den Balken in deinem eigenen Auge bemerkst du nicht? Wie kannst du zu ihm sagen: „Komm her! Ich will dir den Splitter aus dem Auge ziehen!", und dabei hast du selbst einen Balken im Auge! Du Heuchler! Entferne zuerst den Balken aus deinem Auge, dann kannst du klar sehen, um auch den Splitter aus dem Auge deines Mitmenschen zu ziehen.
Matthäus 7,3–5

Bekennt einander eure Schuld und betet füreinander.
Jakobus 5,16

Ich werde die Situation nie vergessen: Wir saßen gerade in der Gruppentherapie, und eine Mitpatientin wurde gefragt, warum sie, alleinstehend und kinderlos, nach dem Besuch ihrer besten Freundin, die gerade ein Kind bekommen hatte, so schlecht drauf war. Der spontane Kommentar eines Mitpatienten, der sein Herz am rechten Fleck, aber vor allem auf der Zunge trug: „Ja, warum wohl? Ich kann Ihnen sagen, was ich da empfinden würde, wenn meine Freundin hier mit ihrem Baby reinspazieren würde, während ich depressiv in der Klapse sitze: *blanken Neid*!"

Ich hatte lange nicht mehr so herzlich gelacht. Genau wie die betroffene Patientin übrigens auch. Er hatte mit einer herrlichen Direktheit und Selbstverständlichkeit das ausgesprochen, was sie sich nicht einmal zu denken gewagt hatte beziehungsweise sich zu fühlen verbieten wollte. Sie hatte tatsächlich Neid verspürt – und sich selbst dafür gehasst: *Wie konnte sie nur so ein schrecklicher Mensch sein?*

Die Situation in der Gruppentherapie hatte für alle Anwesenden etwas wunderbar Befreiendes. Auch für mich, der das Gefühl von Neid und die anschließende Selbstverachtung ebenfalls sehr vertraut waren. Durch das radikal ehrliche „Geständnis" des Mitpatienten wurde mir schlagartig bewusst: Ich bin nicht der einzige „schreckliche" Mensch auf dieser Welt, der so etwas wie Neid empfindet, obwohl er es gar nicht möchte.

Offensichtlich gehören gewisse Abgründe einfach zum Menschsein dazu – oder sind zumindest jedem Menschen bekannt. Das heißt nicht, dass wir Gefühle wie Neid auch noch hegen und eine missgünstige Haltung fördern sollten, aber ich will auf Folgendes hinaus: Es ist heilsam und befreiend, auch über jene Dinge offen zu sprechen, für die wir uns am meisten schämen oder gar selbst verachten. Fromm ausgedrückt: Wir sollten öfter über unsere verborgenen Sünden sprechen.

Es entspricht ja dem Zeitgeist, authentisch zu sein und viel von sich preiszugeben, wofür die sozialen Medien die beste Plattform bieten. Auch von den eigenen Problemen, Schwächen und Komplexen wird da gern offen erzählt. **Ich habe jedoch das Gefühl, dass es Schwächen gibt, die – nicht nur im Internet – „salonfähig" sind, und andere, die man tatsächlich lieber verschweigt, obwohl es vielleicht wichtig wäre, *gerade* über diese Dinge einmal ehrlich zu sprechen.**

Dass man eine Schwäche für Schokolade hat oder morgens schlecht aus dem Bett kommt, gibt man gern zu. Doch dass man zum Beispiel immer wieder mit Neid oder gedanklicher Untreue kämpft, das erzählt man lieber nicht in einer *Instagram Story*… Und das ist ja auch völlig in Ordnung. Das Internet soll schließlich nicht zu einem digitalen

Beichtstuhl werden. Ganz abgesehen davon ist es ohnehin weise, nicht jedem alles von sich zu offenbaren. Aber ich frage mich, ob es generell einen Ort gibt, an dem wir wirklich ehrlich über diese Dinge sprechen.

In unseren sonntäglichen Abendandachten hat mein Pastor bei der „Zeugnisrunde" am Anfang kürzlich damit begonnen, neben den Kategorien „Was habe ich Schönes mit Gott erlebt" und „Was ist gerade schwer?" auch den Bereich „Wo habe ich mit Sünde/Versuchung gekämpft?" hinzuzufügen.

Das fand ich gleichermaßen herausfordernd wie wertvoll. Und ich hätte auch direkt etwas zu erzählen gehabt… Aber konnte ich das wirklich offen sagen? Selbst wenn ich nur in einer kleinen vertrauten Runde saß, wollte ich schließlich nicht, dass die anderen „etwas Falsches" über mich dachten… Oder sollte ich lieber sagen: „das Richtige" über mich dachten? Dass sie die Wahrheit über mich kennen? Die Wahrheit nämlich, dass auch ich meine Schattenseiten habe und manchmal selbst über das erschrecke, was ich in meinem Herzen entdecke.

Ich merkte, wie der Heilige Geist mich liebevoll anstupste, also fasste ich allen Mut zusammen und sagte schließlich: „Ich habe in der vergangenen Woche festgestellt, dass ich manchmal schnell über andere richte beziehungsweise schnell alles bewerte. Ich will das gar nicht, aber ich erwische mich trotzdem immer mal wieder dabei." Jetzt war es raus – und sofort fingen meine Gedanken an zu rasen: *Hilfe, am Ende denken die anderen jetzt, ich richte über SIE…* Ich wurde jedoch nur wohlwollend angeschaut. Sie schätzten meine Ehrlichkeit, und später konnten wir das Thema im Gebet vor Gott bringen – und noch andere trauten sich, über ihre Sünden und Versuchungen zu sprechen.

Tatsächlich war mir meine Sünde bei der Nutzung der sozialen Medien aufgefallen. Genauer gesagt: als ich durch meine *Instagram Storys* klickte. Da schossen mir plötzlich Gedanken durch den Kopf wie: *Muss diese Gemeinde immer so übertrieben auf cool machen?… Schon bisschen freizügig für eine Christin… Ganz schön selbstdarstel-*

lerisch … Ich wollte es nicht denken, aber die Stimmen waren trotzdem da.

Kennst du das auch? Ehrlich gesagt glaube ich, dass viele Menschen mit diesen verborgenen, automatisch ablaufenden Wertungen kämpfen. Es würde mich zumindest sehr wundern, wenn es nicht so wäre, verlangen die sozialen Medien doch geradezu von uns, alles und jeden zu bewerten: „Gefällt mir" – „Gefällt mir nicht". *Hot or not …*

Unser unbändiger Bewertungsdrang wird von der modernen Gesellschaft nicht nur gefördert, sondern womöglich auch erst in diesem Ausmaß hervorgebracht. Vielleicht ist dieses Vergleichen und Richten momentan die größte versteckte „Massensünde", die von den Massenmedien begünstigt wird. Dabei ist es eigentlich schrecklich, mit diesen permanenten Bewertungsmustern durch die Welt zu gehen: Entweder fühle ich mich schlecht, weil ich im Vergleich zu der Person, die ich gerade bewertet habe, schlechter abschneide, oder ich fühle mich gut, weil ich mich über sie erhebe und mich ihr überlegen fühle. Das ist jedoch ein vergiftetes Sich-gut-Fühlen und führt zu nichts anderem als zu Stolz und Selbstgerechtigkeit, jenen Eigenschaften, gegen die Jesus am härtesten vorging (man denke an seine Begegnungen mit den selbstgerechten Pharisäern).

Und manchmal ist diese „Sündenfalle" so perfide, dass sie einem selbst gar nicht auffällt, weil man sich im Vergleich zu diesem „selbstdarstellerischen Christfluencer" total demütig fühlt. Fakt ist jedoch: Du kennst das Herz des anderen nicht. Gott schon. Er allein weiß, was „real" ist und was nicht. Und er allein darf darüber richten. Du nicht. Ich nicht. Ich habe genug mit dem Balken in meinem eigenen Auge zu tun.

Aber was mache ich nun mit diesem sperrigen Teil? Und wie kann ich ganz konkret aus dieser Bewertungsspirale ausbrechen?

Ich glaube, der erste und wichtigste Schritt besteht immer darin, sich überhaupt erst einmal darüber bewusst zu werden, dass es diesen Balken gibt. Konkret: **Wenn uns etwas aufregt oder uns irgendetwas,** das irgendjemand auf *Instagram* oder anderswo sagt oder schreibt oder macht, anpiekt, dann sollten wir uns die Frage stellen: „Moment mal, hat das vielleicht was mit *meinem* Herzen zu tun? Sollte ich unter Umständen erst mal einen ehrlichen Blick auf mein eigenes Leben und meinen eigenen Glauben werfen, bevor ich über andere richte?"

Und kann es vielleicht sein, dass ich nur deshalb so empfindlich auf die „Selbstdarsteller" reagiere, weil ich mir insgeheim wünsche, genauso selbstsicher auftreten zu können? Oder empöre ich mich über die fromme Schwester im knappen Bikini, weil ich insgeheim auf ihren schlanken Körper neidisch bin beziehungsweise darauf, dass sie sich offensichtlich so wohl in ihrer Haut fühlt?

Ich könnte hier noch unzählige weitere Beispiele aufführen, und ich bin mich sicher, sie würden meine Überzeugung nur noch mehr bestätigen: Das, was uns an anderen stört, hat in den allermeisten Fällen viel mehr mit uns selbst zu tun, als uns lieb ist.

Aber was können wir tun, wenn uns der Balken so schmerzlich bewusst geworden ist?

Ich habe auf einer Frauenkonferenz einmal die sehr bewegende Predigt einer Frau gehört, die ähnliche Probleme schilderte. So sprach sie von einer unsichtbaren Messlatte, die sie immer an Personen anlegte – vor allem an ihren Ehemann. De facto waren ihre Ansprüche jedoch so hoch, dass er immer nur verlieren *konnte*. In einer Gebetszeit schenkte Gott ihr dann ein Bild, in dem er ihr zeigte, wie er ihre Messlatte zerbrach und ein Kreuz daraus machte. Dieses Bild hat sich mir tief eingeprägt. Prägnanter kann man wohl kaum aufzeigen, was den Kern des Evangeliums ausmacht: Jesus brach die unerreichbar hohe Messlatte eines durch und durch gottgefälligen Lebens und erwies uns damit unermessliche Gnade. Eine Gnade, die wir weitergeben dürfen, indem auch wir die Messlatte zerbrechen, die wir an andere und an uns selbst anlegen – und dadurch die hartnäckigste Form der inneren Gesetzlichkeit bewusst bekämpfen.

Jedes Mal, wenn ich mich jetzt wieder dabei erwische, dass ich jemanden beurteile oder gar verurteile, versuche ich, mir dieses Bild wieder in Erinnerung zu rufen. Es erinnert mich an beides: an den Balken in meinem eigenen Auge – und daran, dass ich an meiner Schulderkenntnis nicht zerbrechen muss. **Wenn ich nur auf meinen Balken schaue, verzweifle ich an mir selbst und verliere mich in Scham und Selbstverachtung. Ich brauche diesen zweiten Balken, der ihn zum Kreuz macht – damit ich gleichermaßen daran erinnert werde, dass Gott, der Einzige, der richten darf, die Messlatte zerbrochen hat. Weil er mich liebt – und zwar maßlos.**

Wenn ich aufs Kreuz schaue, werde ich also immer mit meinen eigenen Balken und blinden Flecken und gleichzeitig mit Gottes Gnade konfrontiert. Denn die Konfrontation mit unserer Sünde soll uns nicht demütigen, wohl aber demütig machen. Ja, **Gott wird „das geknickte Rohr" (vgl. Matthäus 12,20) genauso wenig zerbrechen wie den geknickten Menschen, der an seiner eigenen Schuld und Sünde zu zerbrechen droht. Er will ihn aufrichten und ihm Freiheit schenken. Und ich glaube, das geht nur, wenn uns keine verborgenen Sünden herunterdrücken, sondern wenn wir sie vor anderen in einem vertrauten Rahmen ans Licht bringen.**

Nur so nehmen wir ihnen nämlich die Macht, wenn sie uns wieder einmal allzu präsent vor Augen stehen sollten. Wenn wir sie nicht bekennen und mit unserer Schuld allein bleiben, führt das automatisch irgendwann zu Scham und Heuchelei. Wir verstecken uns hinter unserer frommen Fassade und verstricken uns dadurch womöglich noch mehr in Schuld, weil wir nicht mehr aufrichtig und ehrlich sind. Und schlimmstenfalls manifestieren sich in uns dann zerstörerische Überzeugungen wie: „Wenn die anderen wüssten, was für ein schrecklicher Mensch ich wirklich bin, würde mich niemand mehr mögen …" Bekennen wir unsere Sünden jedoch vor Gott und anderen, können wir wahre Freiheit erleben. Wir sind dann nicht länger allein im Kampf gegen unsere Sünde, können uns gegenseitig Rechenschaft

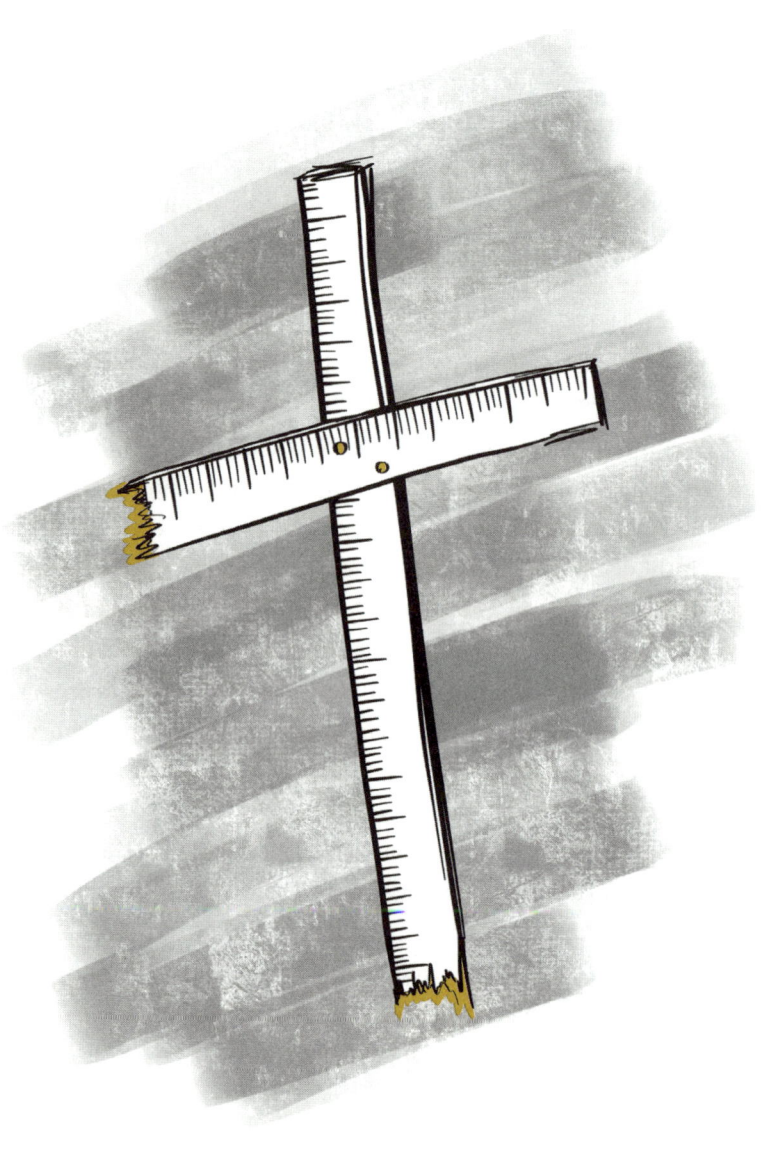

ablegen und auch immer wieder Gottes Vergebung zusprechen. Und genau das brauchen wir, wenn wir starke Überwinderinnen werden wollen: ehrliche Begegnungen und regelmäßige „Herzenschecks", die Entschlossenheit, der Macht der Sünde den Kampf anzusagen, und gleichzeitig die Bereitschaft, immer wieder „Gnade vor Recht" ergehen zu lassen – wenn wir selbst oder andere den eigenen Ansprüchen doch mal wieder nicht entsprechen sollten.

Also, lass uns mal mehr über Sünde sprechen: Womit kämpfst du gerade so?

DOWN TO EARTH

Gibt es jemanden in deinem Leben, mit dem du offen über das sprechen kannst, was dich belastet – deine Sünden und Versuchungen? Triff dich doch in der kommenden Woche einmal mit dieser Person, und frage sie, ob sie bereit ist, ganz offen mit dir über das zu sprechen, was dir – oder euch beiden – gerade zu schaffen macht.

Ich bin der Weg und die Wahrheit und das Leben – wirklich?

Vergeben(s)

Du bist der Weg, die Wahrheit und das Leben,
warum such ich dich vergebens?
Der Weg versperrt, die Wahrheit scheint verzerrt.
Ist mein Leben unvergeben?
Vielleicht bin ich schon viel zu weit gegangen
und in Sünde verfangen.
Als dein Kind war ich in dir geborgen,
doch bin jetzt im Nichts verloren.

Erst klopf, dann schlage ich laut an deine Tür.
Wann endlich öffnest du sie mir?
Oh Herr, ich schrei zu dir, bis meine Stimme bricht,
Warum antwortest du mir nicht?
Hat mein Herz dich nicht genug gesucht?
Vielleicht bin ich längst verflucht?
Mein Gott, ich fleh dich an in Jesu Namen,
halt mich einfach nur in deinen Armen.

Du hast gesagt, in dir ist Überfluss,
doch ist in mir nur Frust.

Und wenn du die Quelle allen Lebens bist,
frag ich, warum in mir Dürre ist?
Wenn du jeden Lebenshunger stillst,
die Leere füllen willst,
warum spür ich in mir nicht diesen Frieden?
Wie aus Eden vertrieben.

Erst klopf, dann schlage ich laut an deine Tür.
Ich steh schon neben dir!
Oh Herr, ich schrei zu dir, bis meine Stimme bricht.
Deshalb hörst du meine nicht!
Hat mein Herz dich nicht genug gesucht?
Niemals wird mein Kind verflucht!
Mein Gott, ich fleh dich an in Jesu Namen.
Ich halt dich längst in meinen Armen.
Amen.

DER WEG IST DAS ZIEL –
ABER SO WAS VON!

Ich bin der Weg ...
Johannes 14,6

„Das Leben ist eine Reise" ist wohl einer der simpelsten und gleichzeitig wahrsten Sprüche aus der Kategorie Küchenphilosophie, dicht gefolgt von der nicht weniger wahren Aussage „Der Weg ist das Ziel" – zumindest in einer bestimmten Bedeutung.

Fest steht, unser Dauerstatus als Menschen lautet: Wir sind unterwegs. Wir sind unterwegs und wir haben ein Ziel. Das kann ein tatsächlicher Ort oder eben auch ein übergeordnetes Lebensziel sein. Es ist ja auch schön, dieses Gefühl, sich vom Leben treiben zu lassen, immer weiterzugehen und auf der eigenen Lebensreise einem Abenteuer nach dem anderen nachzujagen. Darum scheint es heutzutage schließlich zu gehen: möglichst viel möglichst schnell zu erleben. Der moderne Mensch will alles außer Stillstand. Und doch wage ich zu behaupten, dass sich trotz aller Reise- und Abenteuerlust ganz tief drinnen jeder von uns danach sehnt, endlich anzukommen.

Wir wollen ankommen bei den Zielen und Träumen, denen wir nachjagen, bei unseren Mitmenschen, bei dem einen Menschen, zu dem wir sagen können: „Bei dir fühle ich mich angekommen. Du bist das Ziel meiner Suche und langen Reise." Wir wollen endlich ganz bei uns selbst ankommen. Wissen, wer wir tatsächlich sind, was wir wirklich wollen und wo unser Platz auf dieser Erde ist.

Und bei uns Christinnen und Christen gibt es noch diese andere, große Sehnsucht: die Sehnsucht, bei Gott anzukommen. Der sehnsüchtige Wunsch, ihm nah zu sein, ihn endlich so spürbar und am besten rund um die Uhr zu erleben wie diese scheinbar ganz besonders heiligen Menschen mit einem ganz besonders guten „Draht nach oben". Aber immer wieder müssen wir die Erfahrung machen, dass wir es einfach nicht schaffen, anzukommen – weder bei unseren Zielen noch bei uns selbst, geschweige denn bei Gott.

Wie schnell kann das positive Gefühl des ständigen Unterwegsseins dann zu einem bedrückenden Gefühl des ständigen Getrieben-seins werden und unser Leben zu einem ermüdenden, scheinbar endlosen inneren Marathonlauf – gerade wenn unser Ziel kein „Luxusproblem" ist, sondern etwas buchstäblich Not-Wendendes wie Heilung, Befreiung oder Versöhnung? Getrieben von dem unerfüllten Wunsch anzukommen, finden wir keine Ruhe, hetzen weiter durch unser Leben und fühlen uns rast- und heimatlos. Dann kann die Reise sehr anstrengend und schmerzlich werden und unser Ziel in scheinbar unerreichbare Ferne rücken. Und dann klingt der Satz „Der Weg ist das Ziel" wie Hohn in unseren Ohren …

Wohin bist du gerade unterwegs? An welchem Ziel möchtest du endlich, endlich ankommen, hast aber vielleicht die Kraft und Hoffnung verloren, es jemals zu erreichen?

Mein letztes großes not-wendendes Ziel war die Heilung meiner Depression. Nach knapp zwei langen Jahren, in denen ich immer wieder gegen die Dunkelheit in mir und gegen mich selbst angekämpft hatte, begab ich mich endlich auf den Weg der Heilung – und wollte am liebsten sofort an dessen Ziel ankommen: meiner vollständigen Genesung und der Wiederherstellung meines kindlichen, angstbefreiten Glaubens. Ich betete um ein Heilungswunder, doch es blieb aus. Stattdessen schickte Gott mich auf den langen Weg der Heilung.

Und das war auch die Zeit, als Jesus mir noch einmal ganz neu offenbarte, welche wundervollen Verheißungen in seiner kurzen Aussage „Ich bin der Weg" stecken.

Wie oft schleicht sich in unseren Glauben die Vorstellung ein, unser Leben sei auch eine Reise hin zu Gott, sprich: Wir sind hier, und Gott ist woanders, an einem heilig-himmlischen Ort, irgendwo weit weg. Sicher, wir wissen, dass das zwar stimmt und es diesen ewigen Ort gibt, zu dem wir unterwegs sind, aber dass Gott gleichzeitig jetzt schon immer da, immer bei und für uns ist. Dennoch stimmt das oft nicht mit unserer Wahrnehmung und unserer „gefühlten Realität" überein. Die schreit uns, besonders in Lebenskrisen, stattdessen ins Gesicht: „Gott ist weit weg – keine Ahnung, wo, jedenfalls nicht hier bei dir."

Unbewusst war genau das mein Empfinden: *Ich habe mich in der Dunkelheit verrannt und muss erst meinen Weg zurück zum Licht, zu Gott, finden.* **Es rührte mich zu Tränen, als ich verstand, dass die Wahrheit eine ganz andere ist: Wenn Jesus sagt, er *ist* der Weg, dann kann ich ihm doch niemals näher sein als „unterwegs". Dann erlebe ich ihn nicht erst am Ziel, sondern gerade auf diesem langen Weg dorthin.**

Wenn wir uns die Evangelien anschauen, wird deutlich, dass Jesus viele lange Wege ging. Man schätzt, dass er zehntausend Kilometer zu Fuß zurücklegte. Und ja, er hatte dabei immer sein großes Ziel vor Augen: die Erlösung der Welt. Aber *unterwegs* geschahen die Wunder, die Heilungen, die Befreiungen. *Unterwegs* begegnete er Menschen, die Gefahr liefen, das Ziel des Lebens zu verfehlen, die es schon aus den Augen verloren hatten oder von ihrer beschwerlichen Lebensreise erschöpft und verwundet am Wegesrand zusammengebrochen waren und kapituliert hatten. Und *unterwegs* rief er Menschen in die Nachfolge – womit nichts anderes gemeint ist als das Unterwegssein mit ihm, dem Weg und dem Ziel in einer Person.

In der Offenbarung, dem letzten Buch der Bibel, heißt es: **Er ist das Alpha und das Omega, der Anfang (unserer Reise) und das**

Ende. Aber er ist eben auch der lange Weg dazwischen. Er macht nicht nur den Weg zum Vater, zum ewigen Ziel, frei, er *ist* gleichzeitig der Weg und unser permanenter Wegbegleiter.

Und gerade das macht das Evangelium beziehungsweise den christlichen Glauben so einzigartig: Es gibt keine Wegstrecke ohne Gott. Wir müssen uns auf unserer Lebensreise nicht abmühen und darauf achten, möglichst niemals falsch abzubiegen, um am Ende unseres Lebens hoffentlich bei Gott anzukommen. Nein, in der Person von Jesus Christus kam Gott zu uns. Gott wurde vom Zielpunkt zum Ausgangspunkt unseres Glaubens. Und von diesem Ausgangspunkt aus geht er mit uns. Jeden Schritt. Bis ans Ziel – egal, ob wir den Weg in den Himmel tanzen, rennen, humpeln oder uns nur noch müde dazu zwingen können, einen wund gelaufenen Fuß vor den anderen zu setzen.

Erst kürzlich war ich wieder traurig darüber, dass ich an gewissen Punkten in meinem Glauben und meinen Persönlichkeitsmustern noch nicht weiter bin; dass ich gefühlt noch nicht so weit vorangekommen bin. Da sprach eine liebe Person in mein Leben: „Du und Jesus, ihr seid gemeinsam auf deinem Glaubensweg, auf deinem Heilungsweg, auf deinem Lebensweg unterwegs, und ihr arbeitet gemeinsam an deinen Baustellen. Schritt für Schritt."

Und heute kann ich sagen: Ich bin dankbar für diesen langen Weg der Heilung, denn *unterwegs* bin ich so viel reicher geworden: reicher an Erkenntnissen über Gott, mein Leben und mich selbst. Reicher an Dankbarkeit für alles, was ich habe und was nicht selbstverständlich ist. Reicher an Demut in der Auseinandersetzung mit meiner eigenen Unzulänglichkeit. Reicher an Verständnis und Mitgefühl für die Menschen, die Ähnliches durchlebt haben oder noch durchleben. Vor allem aber reicher an Liebe für meinen Heiland. Und an Vertrauen in ihn. Ich durfte lernen: Manchmal ereignen sich die Wunder, für die wir uns beinahe wund beten, nicht sofort und vielleicht auch nicht so spektakulär, wie wir es uns erhofft haben. Aber sie geschehen –

wenn auch nur in ganz kleinen Häppchen auf einem langen Weg der Wiederherstellung. Und auf diesem langen Weg dürfen wir Jesus so viel besser kennenlernen und tiefe Gemeinschaft mit ihm haben.

Genau darum geht es ihm doch auch: Er will Gemeinschaft mit uns haben. Noch bevor unser Glaube, unsere Persönlichkeitsreife, unsere Heilung das Ziel erreicht hat. Darum wird er sich unterwegs schon kümmern.

Ich werde ehrfürchtig, dankbar und zutiefst bewegt, wenn ich heute auf meinen bisherigen Lebensweg zurückschaue und erkenne, welche langen Wege Jesus bereits mit mir gegangen ist. Wege durch tiefste Täler, aber auch auf atemberaubende Höhen. Wege, auf denen ich mich einsam gefühlt habe, und Wege, auf denen ich viele liebe Wegbegleiter um mich hatte. Wege, auf denen ich mich Gott nahe fühlte, und Wege, auf denen ich mir der Gegenwart meines treuesten und ewigen Wegbegleiters nicht immer bewusst war. Doch auf all den Wegen gab es sie immer wieder, diese „Brannte-nicht-mein-Herz"-Momente (vgl. Lukas 24,32), in denen mein Herz ihn erkannt hat und die mir die Kraft gegeben haben, meinem Weg weiter zu folgen – auch wenn dieser lang war.

Ja, Jesus ist es gewohnt, lange Wege zu gehen. Und er wird nicht müde. Auch wenn der Weg noch so schmerzhaft ist – gerade dann geht er mit. Weil er auch den schmerzhaftesten Weg kennt, denn er ist ihn selbst gegangen, den „schmerzhaften Weg", die Via Dolorosa, wie sein Kreuzweg in Jerusalem heute heißt. Diesen schmerzhaften Weg, an dessen Ziel das Kreuz stand, wo seine Mission ihr Ziel erreichen sollte: dass wir alles ablegen können, was das Ziel verfehlt (genau das meint Sünde nämlich), weil er uns den Weg bereitet hat in ein neues Leben. Und auf diesem Weg dürfen wir jeden Tag gehen. Seite an Seite mit ihm, dem Weg und dem Ziel.

DOWN TO EARTH

Wie sieht deine momentane Wegetappe aus? Geht es gerade durch tiefe Täler oder über atemberaubende Bergketten? Was durftest du „unterwegs" schon lernen und mit Jesus erleben? Notiere dir hier doch mal alle deine „Wegerkenntnisse". Das kann deinen eventuellen Frust über lange Wege in Dankbarkeit verwandeln.

....

....

....

....

....

....

....

....

ALLES WAHRHEIT, ODER WAS?!

Ich bin [...] die Wahrheit.
Johannes 14,6

Ich habe schon immer nach Wahrheit gesucht. Und ich weiß, dass Jesus die Wahrheit ist. Der Blick aufs Kreuz beweist es mir. Er allein ist der Weg, die Wahrheit und das Leben. Darauf lässt er sich festnageln. Und obwohl ich schon an vielem gezweifelt habe, daran erstaunlicherweise noch nie. Trotzdem scheint es innerhalb der Christenheit unterschiedliche „Wege, Wahrheiten und Leben" zu geben. Und das machte mich in Phasen des Zweifelns immer wieder fertig: Woher soll ich wissen, wem oder was ich nun wirklich glauben kann?

Welcher christliche Glaube ist der wahre? Welche Konfession, welche Freikirche, welche Strömung hat verstanden, „wie Gott wirklich ist" und „was er wirklich (von uns) will"? Alle berufen sich auf die Bibel. Alle glauben an den einen, der von sich sagt, er sei der Weg, *die Wahrheit* und das Leben. Alle leben sie nach bestem Wissen und Gewissen ihren Glauben – und trotzdem unterscheiden sich ihre Lehre und ihr Verständnis davon, wie denn nun der „rechte Glaube" an Jesus wirklich aussehen sollte, massiv. Wie kann das sein?

Wie kann das sein, dass die einen behaupten, die Geistesgaben hätten längst aufgehört, während die anderen sie ausgiebig praktizieren? Wie können die einen sagen, die Erwachsenentaufe sei nötig, um gerettet und ein echter Nachfolger Jesu zu werden, und die anderen meinen, mit der Kindestaufe und einem anständig geführten Leben habe man sich schon das Ticket zum Himmel gesichert? Wie kann es sein, dass die einen glauben, wirklich *alles* sei möglich, wenn wir selbst nur fest genug daran glauben, und die anderen belächeln sie, weil sie in allem ausschließlich den souveränen Willen Gottes sehen – und überhaupt nicht mehr an sein wundersames Eingreifen glauben, wie wir es aus biblischen Berichten kennen? Wie können die einen sagen, am Ende aller Zeit werde die Hölle „leer geliebt" sein, während die anderen selbst leidenschaftlichen, reifen Christinnen und Christen ihr Seelenheil streitig machen wollen, sofern sie der Sünde noch nicht in jedem Bereich ihres Lebens „bis aufs Blut widerstanden haben"? Was ist noch „zulässiger Interpretationsspielraum", was schon gefährliche Irrlehre? Was ist die eine „wahre" Lehre und gibt es die überhaupt wirklich?

Seit ich in meiner Jugend durch die raffinierten esoterischen Lügen und Manipulationen eines Mannes noch einmal komplett von meinem Weg mit Gott abgekommen war – obwohl ich weiterhin glaubte, diese „neue Lehre" hätte etwas mit Jesus zu tun –, machen mich diese Fragen manchmal beinahe wahnsinnig.

Während meiner Depression, die mit zermürbendem Gedankenkreisen und übersteigerten Versündigungsängsten einherging, bekamen diese Fragen noch einmal eine besondere Dringlichkeit. Irgendwann musste ich kapitulieren – vor der Tatsache, dass ich die ganze Wahrheit in diesem Leben wohl nie herausfinden werde. Doch ich erkannte, dass es darum auch eigentlich gar nicht geht. **Plötzlich begriff ich, was es wirklich bedeutet, wenn Jesus sagt: „Ich *bin* die Wahrheit." Er sagt nicht: „Ich *kenne* die Wahrheit!" oder: „Ich *verrate euch* die Wahrheit." Nein, er sagt: Er *ist* die Wahrheit. Das heißt, wenn ich nach der Wahrheit suche, dann suche ich nicht nach irgendwelchen Fakten oder starren Antworten, sondern nach einer lebendigen, *wahrhaftigen* Person. Nach Jesus selbst!**

Wenn wir nach einer rein faktenbasierten Wahrheit und der einen „korrekten" Auslegung der Bibel suchen, wird das letztlich immer nur zu Streit und Rechthaberei führen und in ermüdenden Diskussionen enden, die aufgrund der mangelnden Beweislage ins Leere laufen müssen. Oder genauer gesagt: aufgrund *desselben* Beweismaterials, das offensichtlich auf vielfältige Weise interpretiert und verwendet werden kann.

Anstatt weiter verkrampft zu versuchen, herauszufinden, welche von den unterschiedlichen christlichen Strömungen nun „die Wahrheit" sagt, kann ich meine Zeit und Energie deshalb sinnvoller nutzen, wenn ich die Wahrheit in Person besser kennenlerne: Jesus Christus. Und wie jede Persönlichkeit ist auch diese göttlichste und zugleich menschlichste aller Persönlichkeiten nicht eindimensional, sondern unglaublich facettenreich. Irgendwann ahnte ich, dass womöglich genau das dazu führt, dass Menschen ihn so unterschiedlich erleben.

So ist das bei mir selbst schließlich auch: Die einen erleben mich laut, die anderen eher leise, die einen eher nachdenklich, die anderen eher verrückt und humorvoll. Und das nicht, weil ich mich verstelle, sondern weil ich ganz viele unterschiedliche Eigenschaften habe, die der eine mehr, der andere weniger aus mir „herauskitzelt". Und doch gibt es einige grundlegende Eigenschaften, die wahrscheinlich alle, die mich kennen, nennen würden. Wie wir andere wahrnehmen, hängt jedoch auch stark von der eigenen Persönlichkeitsstruktur ab.

Entsprechend können wir auch Jesus gar nicht anders als durch den Filter unserer eigenen Persönlichkeit und Prägung wahrnehmen. Ängstlichen Menschen mit einer „Gewissensüberfunktion" werden beim Bibellesen beispielsweise immer wieder die Verse ins Auge springen, in denen es um Gottes Zorn geht, während sehr emphatischen Personen vielleicht besonders auffällt, wie sanftmütig und mitfühlend Jesus mit den Menschen umgeht, und so weiter. Du kannst ja mal darüber nachdenken, durch welchen „Filter" du möglicherweise die Bibel liest.

Weil wir Jesus aufgrund unserer Persönlichkeitsstruktur unterschiedlich erleben und seine Worte unterschiedlich lesen, kann es

durchaus passieren, dass wir auch zu unterschiedlichen Schlussfolgerungen kommen, obwohl wir uns alle auf denselben Gott und dasselbe Buch beziehen. Damit meine ich selbstverständlich nicht, dass das, was als Wahrheit gilt, in die Beliebigkeit abgleiten darf – Gottes Charakter passt sich schließlich nicht unseren persönlichen Vorstellungen an. Falls du dich jetzt fragst: „Aber wie finde ich dann die Wahrheit über die Wahrheit in Person heraus?" Durch niemand Geringeren als den Heiligen Geist. So heißt es über ihn in Johannes 16,13 (Hervorhebung der Autorin): „Wenn aber der *Geist der Wahrheit* kommt, hilft er euch dabei, *die Wahrheit* vollständig zu erfassen. Denn er redet nicht in seinem eigenen Auftrag, sondern wird nur das sagen, was er hört. Auch was in der Zukunft geschieht, wird er euch verkünden".

Der Heilige Geist, der „Geist der Wahrheit", wird uns also dabei helfen, die ganze Wahrheit über Gott zu erfassen. Wenn wir uns jedoch seinem Wirken gänzlich verschließen, könnte es schwierig werden mit dem Finden der Wahrheit.

Dennoch lesen wir unter anderem in 1. Korinther 13, in den Versen 9 und 12 auch, dass unsere Erkenntnis immer bruchstückhaft bleiben wird, dass wir die Wahrheit nur wie ein undeutliches Bild in einem trüben Spiegel sehen. Ein Rest Mysterium, ein Rest Geheimnis bleibt also. Aber warum? Abgesehen von den Dingen, die wir mit unserem begrenzten Verstand schlichtweg nicht erfassen können, hätte Gott doch an manchen Punkten deutlicher sprechen können, damit es gar nicht erst eine so große „Verhandlungsbasis" im Ringen um die Wahrheit und so viele hitzige Diskussionen innerhalb der Christenheit geben würde.

Aber könnte es sein, dass es ihm genau darum geht: dass wir in positiver Hinsicht um die Wahrheit und die Erkenntnis seines Charakters ringen? Weil wir ihn genau dadurch am besten kennenlernen? Weil wir uns dafür unweigerlich intensiv mit ihm und seinem Wort auseinandersetzen müssen? Wenn alles glasklar wäre und es keinerlei Interpretationsspielräume mehr gäbe, bestünde unter

Umständen die Gefahr, dass wir einfach schnell über seine Worte hinweglesen. Wir würden vielleicht nicht immer wieder ins Gespräch mit ihm und anderen Christen kommen, was seinen Willen, seine Wege und sein Wesen betrifft – und womöglich Gefahr laufen, hochmütig zu werden und zu meinen, die Wahrheit gepachtet zu haben.

Dass viel um das richtige Schriftverständnis und den wahren Charakter Gottes gerungen wird, ist übrigens kein neuzeitliches Phänomen. Es gab schon zu biblischen Zeiten Debatten um den richtigen Weg beziehungsweise das richtige fromme Verhalten. Wenn damals alles noch eindeutig gewesen wäre, wäre es wohl kaum nötig gewesen, dass die Schriftgelehrten die Tora erst *auslegen* mussten und man danach darüber ins Gespräch kam. Könnte es also sein, dass dieses Ringen um Wahrheit tatsächlich Teil des göttlichen Heilsplans mit uns Menschen ist? Ich meine, ja. **Wenn Diskussionen in Liebe und Respekt geschehen und nicht von Rechthaberei und Diskriminierung geprägt sind, dann sind sie befruchtend, halten den Glauben lebendig, fordern uns heraus, einen eigenen Standpunkt zu finden und letztlich einen mündigen Glauben zu entwickeln – und, so wage ich zu behaupten, dann sind sie auch gottgewollt.** Es wäre jedenfalls vermutlich auch nicht im Sinne des Erfinders, dieses Ringen um Wahrheit komplett zu unterlassen – nach dem Motto: „Es gibt sowieso nicht die *eine* Wahrheit. Also darf alles unkommentiert nebeneinanderstehen bleiben."

Ja, wir dürfen und müssen Andersdenkende und -glaubende tolerieren und respektieren und ihnen mit Liebe begegnen, aber wir dürfen trotzdem (wieder) so etwas wie eine konstruktive Streitkultur entwickeln, um Themen debattieren und unterschiedlichen Ansichten auf den Grund gehen. Dann wird es am Ende vielleicht immer noch Meinungsverschiedenheiten geben, aber ich bin mir sicher, dass gleichzeitig der gemeinsame Nenner größer wird. Vor allem, wenn wir den Geist dessen in unsere Runde miteinbeziehen, der die Wahrheit in Person ist. Denn nur auf ihn kommt es an.

Mich persönlich hat all das zutiefst getröstet, denn ich erkannte: Wenn ich in all meinem Suchen, Irren und Wirren die liebende Hand dessen festhalte, der die Wahrheit in Person ist, dann *kann* ich gar nicht noch einmal in die Irre geführt werden, denn keiner kann mich „der Hand meines Vaters entreißen", wie es in Johannes 10, Vers 29 heißt. An dieser Wahrheit darf ich mich immer festhalten. Und du auch.

DOWN TO EARTH

Wenn du den „richtigen" Weg finden und erfahren willst, wie Jesus wirklich ist, dann könntest du dir einen „Gesamteindruck" von ihm verschaffen – und das geht nur, wenn du dich in seinem gesamten Wort auskennst. Lies viel in der Bibel, und bitte den Heiligen Geist, dir dabei das Wesen Gottes „aufzuschließen". Irgendwann wird es dir immer leichter fallen, zu unterscheiden, welche von den vielen Meinungen und Interpretationen dem echten Jesus entsprechen und wo es sich um ein Zerrbild oder gar eine komplette Täuschung handelt.

Und noch etwas: Trau dich, konstruktiv mit Andersdenken zu diskutieren und Fragen zu stellen: „Warum genau siehst du das so? Wie kommst du auf diese Auslegung?" Und dann sei offen und demütig genug, dich schlimmstenfalls eines Besseren belehren zu lassen oder bestenfalls ein spannendes Gespräch geführt und zumindest ein paar gemeinsame Nenner gefunden zu haben.

„ICH BIN DAS (ALLTÄGLICHE) LEBEN"

Ich bin [...] das Leben.
Johannes 14,6

Du bist der Weg, die Wahrheit und das Leben,
warum such ich dich vergebens? [...]
Du hast gesagt, in dir ist Überfluss.
Doch in mir nur Frust.
Und wenn du die Quelle allen Lebens bist,
frag ich, warum in mir Dürre ist?

Diese Zeilen entstanden während einer depressiven Phase vor einigen Jahren, das Gedicht, das nach diesem Beitrag abgedruckt ist, entstand während einer buchstäblichen Hoch-Zeit: kurz vor meiner standesamtlichen Trauung im Sommer 2020. Und dazwischen? Dazwischen lag jede Menge Alltag. Manchmal war er grau, manchmal mit bunten Sprenkeln versetzt. Manchmal hell leuchtend voller Dankbarkeit für mein alltägliches, schönes Leben, manchmal jedoch auch dunkelgrau bis schwarz. Denn es gab und gibt sie zwischendurch immer noch, diese dunklen Tage, an denen mir die Zeilen aus meinem Songtext wieder sehr vertraut vorkommen. Immer seltener und tendenziell immer eine Graustufe heller, aber es gibt sie noch.

Mein Leben fühlt sich nicht immer an wie das Leben in Fülle, das Jesus uns versprochen hat. Zumindest nicht so, wie ich mir ein Leben in Fülle vorstelle: voll von Freude, Kraft, Hoffnung, Liebe, Abenteuer, Inspiration, Schönheit … Nur eines hatte lange Zeit in meiner Vorstellung von Fülle keinen Platz: das Graue, das Schwere. Das durfte nicht sein. Das gehörte da nicht hin. Das „durfte" ich nicht fühlen, denn wenn ich nicht permanent die Fülle erlebe, die Jesus doch eindeutig verheißen hat (vgl. Johannes 10,10), dann könnte das ja bedeuten, dass irgendetwas mit meinem Glauben nicht in Ordnung ist. Dass ich undankbar war, weil ich mich nicht einfach über Jesu Liebe und Rettung freuen konnte, egal, wie meine Umstände gerade auch aussahen.

Dieser Vers aus dem 10. Kapitel des Johannesevangeliums war also wieder eine Bibelstelle, mit der ich viel rang – bis mir eines Tages etwas aufging. Mir war, als würde Jesus mich fragen: „Habe ich das wirklich versprochen? Ein Leben ohne Leid? Ein Leben ohne schwere Stunden? Oder kann es sein, dass deine Interpretation von Fülle und Leben allgemein eine andere ist als meine?"

Damit wurde ein Denkprozess in mir angestoßen, an dessen Ende ich endlich eine für mich zufriedenstellende Antwort fand: Nein, das hat er nicht. **Im Gegenteil, er selbst, der wohl erfüllteste Mensch, der jemals auf dieser Erde gewandelt ist, kannte auch das Graue, das Schwere im Leben. Er selbst kannte Trauer, Wut, Frust und unfassbares körperliches und seelisches Leiden. Und dennoch sagte er voller Überzeugung: „Ich bin das Leben." Er sagte nicht: „Ich bin das Leben – also an den leichten, hellen Tagen." Nein, er sagte über sich selbst und über seinen gesamten Lebenslauf: „Wenn ihr mich seht, dann seht ihr pures Leben. Leben in Fülle."** Und diese Fülle spart nichts aus – auch nicht das Leid, auch nicht die scheinbar „schlechten" Gefühle wie Trauer, wenn ein guter Freund stirbt, oder Wut, wenn jemand das antastet, was uns heilig ist.

Wenn wir die Bibel aufmerksam lesen, dann sehen wir: Jesus lebte in jeder Hinsicht diese Fülle – vor allem die ganze Fülle an Emotionen, die sich niemand anderes als sein Vater ausgedacht hat. Ja, wenn Jesus eine Sache *nicht* war, dann halbherzig. Er war immer „voll dabei".

Ging immer „all-in". Wenn er sich freute, dann lächelte er nicht nur milde, sondern jubelte vor Glück (vgl. Lukas 10,21). Wenn er traurig war, dann schaute er nicht nur betroffen, sondern dann drehte es ihm regelrecht die Eingeweide um (vgl. Johannes 11,33), und er hatte keine Scheu, seinen Tränen freien Lauf zu lassen. Und wenn ihn etwas ärgerte, machte er seiner Wut nicht in diplomatischem Ton Luft, sondern dann flogen schon mal Tische um (vgl. Johannes 2,13–17).

Allein die Tatsache, dass der vollkommene menschgewordene Sohn Gottes die gesamte Bandbreite an menschlichen Emotionen nicht nur in der Theorie kennt, sondern selbst durchlebt hat, sollte uns zu denken geben – über das „wahre Leben" und was er damit meinte, dass wir dieses Leben in Fülle genießen dürfen.

Wir neigen jedoch dazu, den Botschaften der Werbung und Massenmedien Glauben zu schenken, die uns ein anderes Bild von einem erfüllten Leben suggerieren: dass wir nur dann glücklich und zufrieden – erfüllt – sein können, wenn alle unsere Bedürfnisse gestillt sind, wenn unser Leben frei von Herausforderungen und unser Herz frei von jedem Schmerz ist. Als Christen glauben wir dann womöglich noch, dass nur dieses Leben ein gesegnetes und jenes „Leben in Fülle" sein kann, das Gott uns schenken will.

Vielleicht ist aber genau das der Grund, warum es uns so schwerfällt zu glauben, dass auch unser manchmal recht grauer Alltag Teil dieses erfüllten Lebens ist: unser ganz profanes Heute mit unserer Berufstätigkeit, dem Studium und der Haushaltsarbeit, dem Windelnwechseln, den Einkäufen oder Autoreparaturen …

Ähnliches gilt auch für unsere Gefühle. Wenn wir positive Emotionen empfinden, fällt es uns nicht schwer zu glauben, dass wir das Leben in Fülle genießen dürfen. Aber was ist mit den Tagen, an denen diese positiven Gefühle nur ferne Erinnerungen sind und wir uns nicht erfüllt, sondern einfach nur leer fühlen?

Für mich war es in persönlicher, aber auch theologischer Hinsicht ein echter Augen- und Herzöffner, als ich zum ersten Mal so richtig verstand, dass es per se keine schlechten Gefühle und Emotionen gibt – nur solche, die sich für uns schlecht *anfühlen*. Grundsätzlich hat jedoch jedes Gefühl erst einmal seine absolute Daseinsberechtigung, weil es immer einen Grund dafür gibt. Es kommt dann allerdings darauf an, wie wir auf die jeweilige Emotion reagieren. Lasse ich aus aufkommendem Neid, der mir einen eigenen Mangel bewusst macht, Missgunst werden? Lasse ich meiner Wut, ausgelöst durch das Gefühl, ungerecht behandelt worden zu sein, ungefiltert freien Lauf und verletze andere Menschen?

Wenn ich alle „negativen" Gefühle wie Trauer und Wut jedoch überhaupt nicht mehr empfinden würde, wäre ich nicht besonders erfüllt und lebendig, sondern innerlich abgestumpft und tot. Es ist folglich wenig sinnvoll, sich auch noch zusätzlich für die eigenen negativen Gefühle fertigzumachen und sie schlimmstenfalls als Indikator dafür zu sehen, dass man nicht fromm genug ist.

Wenn wir uns noch einmal daran erinnern, dass Jesus selbst einige der Emotionen an den Tag legte, die wir am liebsten vermeiden möchten – wer bin ich, dass ich sämtliche „negativen" Gefühle aus meinem Leben verbannen will, in der irrtümlichen Annahme, dass mein Leben nur dann ein vorzeigbares „Leben in Fülle" wäre?

Aber natürlich sollten die vermeintlich negativen Emotionen nicht unser Lebensgefühl bestimmen, über die positiven dominieren oder sie gar völlig auslöschen. In solchen Fällen spricht man von einer Depression, was eine schreckliche Erkrankung und nicht Teil der vollkommenen Schöpfungsordnung ist. Zwischen „himmelhoch jauchzend" und „zu Tode betrübt" gibt es jedoch bekanntlich noch eine goldene Mitte mit ganz vielen unterschiedlichen Farbnuancen und Schattierungen. Unser ganz gewöhnliches Leben. Unseren ganz gewöhnlichen Alltag. Eben genau das, was zwischen meinen beiden Texten stattgefunden hat. Und es war und ist für mich, die zu emotionalen Extremen neigt, die größte Herausforderung und gleichzeitig der größte Segen zu erfahren, dass genau in dieser Mitte gutes Leben möglich ist. Nicht nur gutes Leben, sondern Leben in Fülle. Gerade in der Mitte, wo alle die „guten" und die „schlechten" Gefühle sein dürfen und sich wunderbar die Balance halten. Um es mit dem Prediger Salomo zu sagen: „Jedes Ereignis, alles auf der Welt hat seine Zeit: [...] Weinen und Lachen, Klagen und Tanzen [...]" (Prediger 3,1.3).

Und wie wunderbar entlastend und befreiend ist es, dass Jesus uns gerade da nahekommt – mitten in unserem manchmal grauen und unspektakulären Alltag, in dem wir uns oft so gar nicht erfüllt und quicklebendig fühlen. Dass wir Jesus nicht nur in den extremen Höhen oder Tiefen unseres Lebens begegnen können, sondern in ausnahmslos jeder Lage und jedem Gefühl, die wir durchleben. Weil er diese Dinge selbst durchlebt hat. Mehr noch: weil er selbst *das Leben* ist – mit allem, was dazugehört. Und dieses Leben, ihn, Jesus

Christus, werden wir tatsächlich in Fülle erfahren. Ausnahmslos jeden Tag bis an unser Lebensende. Und danach erst recht.

DOWN TO EARTH

Geh heute einmal ganz bewusst durch den Tag, und achte auf alles, was du fühlst und wahrnimmst. Mach dir dann klar, dass Jesus nicht nur in den „guten" Gefühlen gegenwärtig ist, sondern in alldem, was du empfindest. All das, was Teil deines Lebens ist, spiegelt etwas von dem wider, der das Leben selbst ist.

DU BIST DAS LEBEN!

Ich glaube an einen Gott, der von sich sagt: Ich bin das Leben.
Mein Gott, kann es etwas Schöneres geben?
Und wenn du das Leben bist, Gott,
dann bist du alles, was mein Leben schöner macht
– nur dass du es noch schöner machst!
Dann bist du in jedem lauten Lachen,
dann liebst du Stockbrot mit Freunden am Lagerfeuer
und jedes kleine, große Abenteuer.
Dann liebst du Kunst, Musik und jede Kultur –
denn auch das hast du erfunden, nicht nur die Natur.
Dann liebst du gutes Essen und einen echten Festtagsschmaus
und kennst dich am besten in meiner Küche aus.
Dann hast du jede Eigenschaft, die einen Mensch besonders macht.
Dann bist du humorvoll, wild entschlossen,
ausgelassen, ja, voller Feuer und Faszination.
Alles andre als langweilig und monoton.
Ja, dann willst du dich nicht nur ernst mit uns unterhalten,
sondern uns mit täglichen Freuden unterhalten.
Dann sitzt du nicht in starrer Heiligkeit auf deinem Thron,
sondern bist voll Leben und Emotion!
Ja, du bist wunderbar wild und herrlich echt,
interessierst dich nicht für theologisches Wortgefecht.
Dann bist du leise und laut, genauso verspielt wie souverän, willst,
dass wir dich als echte Persönlichkeit verstehn.
Nein, du willst keine steife Religiosität
und scheinbar ehrfürchtige Distanz,

sondern sehnst dich nach Nähe, forderst auf zum Freudentanz.
Ja, ich glaub, im Himmel gibt's nicht nur keine Tränen mehr,
sondern wir tanzen mit dir durch unser Tränenmeer!
Oh du lebendiger, herrlich nahbarer Gott,
alles, was gut und vollkommen ist, kommt von dir.
Und vielleicht sind wir genau dazu hier,
um dich in allem Guten um uns herum zu sehen
und dabei immer mehr zu verstehen,
dass du selbst das Leben in allen Facetten bist
und deshalb real erlebbar bist.
Und wenn du dieses Leben bist,
dann kann Glaube nur durch und durch lebensbejahend sein,
alles Enge, Todernste passt da einfach nicht rein.
Denn jedes Ja zum Leben ist ein Ja zu dir
– und die schönste Antwort auf dein Ja zu mir.
Denn ich weiß, dass jeder Mensch, der lebt, ein Beweis dafür ist,
dass du immer mit ihm und für ihn bist.
Ja, du hast jeden Einzelnen in die Existenz geliebt
und mit jedem geschenkten Atemzug sagst du mir zu:
„Schön, dass es dich gibt!"
Ich glaube an einen Gott, der von sich sagt: Ich bin das Leben.
Mein Gott, nein, es kann nichts Schöneres geben!

Die Sache mit der Liebe

In die Existenz geliebt

*Du hast mich schon seit Anbeginn der Zeit
unter deinem Herz getragen
und mich in die Existenz geliebt.
Das ist der Grund, warum's mich gibt.
Von vollkommener Liebe umgeben
in deinem heiligen Vaterschoß und Mutterleib
war ich, bis der Tag kam,
an dem du sagtest:
„Jetzt bist du bereit!"
Bereit, in die Welt hineingeboren zu werden,
um in ihr selbst
Glaube, Liebe, Hoffnung
zu gebären.
Das werde ich tun
und in deiner Liebe ruhn,
bis der Tag kommt, und du wieder flüsterst:
„Jetzt bist du bereit!"
Und mich heimliebst.
Dorthin, wo die Liebe wohnt
in alle Ewigkeit.*

GUTE MENSCHEN, SCHLECHTE MENSCHEN?

Du hast mich so wunderbar und einzigartig gemacht!
Psalm 139,14

… das Dichten und Trachten des menschlichen Herzens ist böse von Jugend auf.
1. Mose 8,21 (Luther)

Was würdest du spontan antworten: Bist du von Grund auf gut oder schlecht? Ein guter Mensch, der mal schlechte Momente hat, oder ein schlechter Mensch, der sich nach außen gut präsentieren kann?

Sind wir Menschen von Grund auf schlecht und Gott kann es kaum ertragen, uns anzusehen – es sei denn, der „Jesusfilter" liegt über uns –, oder sind wir im Grunde wunderbar gemacht, aber haben immer wieder die Tendenz, Schlechtes zu tun oder zu denken? Diese Frage steht für mich in engem Zusammenhang mit der Frage nach der Selbstliebe. In depressiven Phasen rieb ich mich an dieser scheinbaren Unmöglichkeit, mich selbst (im gesunden Sinne) zu lieben, wenn ich laut Bibel doch eigentlich von Grund auf schlecht war. Selbst wenn Gott meine Sünde ja nicht mehr sah (vgl. Hebräer 8,12): Ich sah sie schon. Und zwar umso deutlicher. Ich konnte einfach nicht die Augen vor den Seiten in mir verschließen, die mir absolut nicht liebenswert erschienen und von denen ich wusste, dass Jesus sie auch nicht toll finden kann. Selbst wenn er mich liebt.

Ich erinnere mich noch, wie ich an einem Tiefpunkt zu Jesus schrie: „Ich weiß, dass du sagst, du liebst mich. Aber wie um alles in der Welt willst du mich denn lieben, wenn du die Sünde hasst und all das in mir siehst, was nicht gut ist? Und wie soll ich mich selbst dann lieben?"

Bin ich von Grund auf gut oder schlecht? Ich glaube, dass unsere Antwort auf diese Frage einen immensen Einfluss auf unser Selbstbild, auf unser Bild von Gott und letztlich auch auf unsere Beziehung zu ihm hat.

König David schien sich sicher zu sein: Er war wunderbar gemacht. Meinte er damit nur seinen Körper? Oder vielleicht doch auch seinen Geist und seine Seele – eben das, was ihn im Innersten ausmachte und was verdorben wäre, wenn wir von Grund auf böse wären?

Lange Jahre habe ich in der vermeintlich demütigen Haltung gelebt, mich selbst kasteien zu müssen für das, was mir so gar nicht wunderbar an und vor allem *in* mir erschien. Und ich wähnte mich damit auch noch auf der Seite von Jesus: Er konnte das Sündhafte schließlich auch nicht leiden. Das stärkte mein Schuldbewusstsein und zerstörte mein Selbstbewusstsein – jenes Bewusstsein über mein einzigartiges Selbst, das Gott höchstpersönlich in mir angelegt hatte.

Bis zu einem gewissen Grad sollten wir auch wirklich manchmal an uns selbst verzweifeln, weil wir nur dann an den Punkt kommen, an dem wir im Tiefsten verstehen, dass wir Erlösung und Gnade nötig haben – und zwar jeder und jede Einzelne von uns. Trotzdem glaube ich, dass wir nicht als erlöste, Leben und Liebe ausstrahlende Menschen durch die Welt gehen können, wenn wir tief in uns davon überzeugt sind, dass wir eigentlich verachtenswert sind. Hermann Hesse sagte einmal: „Wer zu sich selbst Nein sagt, kann nicht zu Gott Ja sagen." Eine steile These, die mir zu denken gegeben hat … Gleichzeitig steht jedoch außer Frage, dass wir alle sündhaft sind.

Für mich klärte sich dieser Widerspruch – wie so oft –, nachdem ich noch einmal genauer hingeschaut hatte. Ich fragte mich: Was bedeutet „sündig" denn im ursprünglichen Sinne? Richtig: Nicht per se schlecht und verdorben, sondern „das Ziel verfehlend". Und wenn das Ziel eines jeden Menschen die Versöhnung mit Gott und eine lebendige Beziehung zu ihm ist, dann heißt das im Umkehrschluss, dass jemand, der dieses Ziel verfehlt, in einem Zustand der Trennung von Gott verharrt. Er ist getrennt von der Liebe seines Lebens. Nicht nur das: von der größten Liebe überhaupt! Zurück geht diese Trennung von Gott auf den Sündenfall, der eine bewusste Umkehr zu Gott überhaupt erst nötig macht.

Und was macht eine Trennung mit uns Menschen? Sie hinterlässt ein Loch in unserem Herzen. Wir spüren einen schmerzhaften Mangel, den wir dann verzweifelt mit anderen Dingen zu kompensieren versuchen. Und oft neigen wir genau dann, wenn wir unter einer Form von Trennungsschmerz leiden, zu unguten, „sündhaften" Verhaltensweisen, die sich bei so manchen in ungesundem Frustfuttern, sexuellen Abenteuern, Betäubung durch Drogenkonsum und Alkoholmissbrauch, Racheplänen … äußern. Natürlich bedeutet das nicht zwangsläufig, dass jeder Mensch, der Gott noch nicht kennt, permanent unter akuten „Trennungsschmerzen" leidet und sich in Ablenkungen flüchtet, dennoch wage ich zu behaupten, dass letzten Endes hinter jedem bösen „Dichten und Trachten" immer auch ein Mangel und ein Schmerz stehen. Und dieser Gedanke löste für mich das Paradoxon auf: Ja, ich war und bin wunderbar gemacht, aber durch meine menschliche Natur, die sich leider auch nach meiner Umkehr zu Gott immer mal wieder durchsetzen will, neige ich manchmal immer noch zu schlechtem Verhalten und Denken. **Sünde ist also das, was dich, die du wunderbar geschaffen bist, oder andere, die ebenso wunderbar geschaffen sind, zerstören will. Doch Jesus sieht den Schmerz hinter der Sünde und verurteilt dich deshalb nicht, sondern will dich gesund lieben.**

Und wenn er dich nicht verurteilt, dann sollten wir selbst das auch nicht länger tun, sondern lernen, mitfühlender und nachsichtiger mit uns zu sein – gnädiger. Das bedeutet nicht, dass wir die Augen vor den Situationen verschließen sollten, in denen wir das Ziel verfehlen. Im Gegenteil: Wir dürfen es wagen, genauer hinzuschauen und unsere „blinde Flecken" bewusst dem liebenden und alles verändernden Blick von Gott zu unterstellen. Von unserem Schöpfer, der uns wunderbar gemacht hat und das Wunderbare in uns zum Vorschein bringen möchte.

DOWN TO EARTH

Notiere dir hier doch einmal die Verhaltensweisen und Eigenschaften, die dir an dir selbst so gar nicht liebenswert erscheinen. Überlege dir dann, welcher Schmerz oder Mangel dahinterstecken könnte, und sprich mit Jesus darüber. Schreibe anschließend auf, welche deiner Fähigkeiten und Eigenschaften dein Schöpfer „wunderbar gemacht" hat, und danke ihm dafür.

....

....

....

....

....

....

....

....

....

ICH LIEB MICH, ICH LIEB MICH NICHT, ICH LIEB MICH, ICH LIEB MICH NICHT …

Liebe deinen Mitmenschen wie dich selbst.
Matthäus 22,39

Ich staune immer wieder darüber, mit welcher Selbstverständlichkeit manche Bibelstellen (um-)interpretiert werden, damit sie sich mit dem eigenen Glaubensverständnis decken (und ich möchte mich selbst da gar nicht ausnehmen). Dieser bekannte zweite Teil des sogenannten „Doppelgebots der Liebe" ist ein wunderbares Beispiel dafür.

Es gibt Christinnen und Christen, die die Auffassung vertreten, damit meine Jesus natürlich *nicht*, dass wir uns wirklich selbst lieben sollen, sondern vielmehr, dass der Mensch von Grund auf sowieso egoistisch und selbstverliebt sei und dass er sein Gegenüber deshalb mindestens genauso lieben solle.

Andere nehmen Jesus hier beim Wort und fallen dabei möglicherweise auf der anderen Seite vom Pferd. „Liebe dich selbst" wird dann gern gleichgesetzt mit: „Verwirkliche dich selbst, mach einfach dein Ding. Alles, was dir guttut, ist richtig. Jesus will doch nur, dass du glücklich bist …" Du, du, du bzw. ich, ich, ich.

Und dann waberte in meinem Ringen um das richtige Verständnis dieser Bibelstelle auch noch die altbekannte Küchenphilosophie in meinem Kopf herum: „Du kannst andere nur lieben, wenn du dich selbst auch liebst." Ist das so?

Und was meinte Jesus nun wirklich?

Mich hat das Thema der Selbstliebe lange beschäftigt, vor allem, weil sie mir – wie auch immer ich diese Aussage nun interpretiere – jahrelang alles andere als leichtfiel. Die anderen lieben, das konnte ich. Aber mich selbst? Eher schwierig.

In einer Phase, in der ich wieder einmal besonders mit mir zu kämpfen hatte, stieß ich im Internet erneut auf die Erklärung: „Die Menschen lieben sich eh immer selbst. Das muss man ihnen nicht auch noch sagen." Ich dachte viel darüber nach. Stimmte das denn wirklich? Dass die meisten Menschen sich ohnehin selbst lieben?

Ich bin mir ehrlich gesagt nicht so sicher. Zumindest kenne ich wenige Menschen, die wirklich im Frieden mit sich selbst sind und die sich so annehmen, wie sie sind, und zwar bedingungslos. Dafür kenne ich etliche, leider besonders viele weibliche Personen, die schon seit Jahren innerlich mit sich selbst auf Kriegsfuß stehen, die ihren Körper nicht mögen, ihre Schwächen nicht akzeptieren können und die dann oft versuchen, mit der perfekten Selbstinszenierung über diesen Mangel an Selbstliebe hinwegzutäuschen – und die durch diese Ich-Bezogenheit nach außen hin vermutlich sehr selbstbewusst oder gar selbstverliebt *wirken*.

Ich wage jedoch zu behaupten, dass gerade egoistische, selbstverliebte Menschen himmelweit von wahrer Selbstliebe entfernt sind. Vielmehr vermute ich, dass ihrem egoistischen Handeln und Auftreten oftmals eine verborgene und vielleicht sogar nur unterbewusste Angst zugrunde liegt: Wenn sie sich nicht selbst in den Vordergrund drängen, dann sieht sie auch sonst niemand, dann liebt sie auch sonst niemand, dann versorgt sie auch sonst niemand.

Ja, ich glaube, hinter Egoismus verbirgt sich bei vielen letzten Endes die Angst, eigentlich nicht liebenswert genug zu sein und zu kurz zu kommen. Wenn ich mich im Gegenzug in einem gesunden Maße selbst liebe, kann ich auch viel eher glauben, dass andere mich ebenfalls als liebenswert wahrnehmen und mir *gern*

das geben, wonach ich mich sehne. Ich muss dann nicht krampfhaft versuchen, es mir selbst zu holen.

Vielleicht würde Jesus ja Folgendes zum Thema Selbstliebe sagen: „Ich habe euch zuerst geliebt. In meinen Augen seid ihr liebenswert – meiner Liebe wert. Also liebt euch auch selbst. Geht gut mit euch um, denn ihr seid kostbar für mich. Aber sorgt nicht, von mangelndem Selbstwert und Egoismus getrieben, immer nur für euer eigenes Wohl, sondern liebt euch selbst – das heißt: Glaubt, dass ihr liebenswert seid. Denn wenn ihr das glaubt, dann könnt ihr euch innerlich vertrauensvoll zurücklehnen und habt keine Angst mehr, zu kurz zu kommen, wenn ihr euch um das Wohl des anderen genauso gut kümmert wie um euer eigenes."

Ich möchte an dieser Stelle betonen, dass ich keine Theologin bin und deshalb nicht beanspruche, dass meine Interpretation die richtige ist. Fest steht jedenfalls, dass es in den Evangelien nicht heißt: „Liebe deinen Mitmenschen und hasse dich selbst." Selbst wenn man den Vers so interpretiert, wie eingangs erwähnt – dass jeder Mensch sich ohnehin selbst liebt –, dann wird hier die (gesunde!) Selbstliebe nicht verneint, sondern lediglich als Maßstab für die Liebe angelegt, mit der wir anderen begegnen sollen. **„Denkt *nicht nur* an eure eigenen Angelegenheiten, sondern interessiert euch *auch* für die anderen und für das, was sie tun", heißt es in Philipper 2,4 (Hervorhebung der Autorin) – und macht meinen Punkt noch einmal deutlich: Genauso wie wir auch an unsere eigenen Anliegen denken dürfen, dürfen wir auch uns selbst lieben. Aber in beiden Fällen sollten wir den anderen nicht aus dem Blick verlieren und ihn im Zweifelsfall sogar höher achten als uns selbst, wie es im Vers davor heißt.**

Für mich war es eine lange und durchaus auch schmerzhafte Reise, bis ich an dem Punkt angelangt war, an dem ich sagen und auch wirklich meinen konnte: Ich liebe mich selbst. Mit allen Ecken und Kanten. Mit allen Schwächen und begangenen Fehlern. Denn es setzte voraus, dass ich mich noch einmal genau mit meinen unliebsamen

„dunklen" Seiten auseinandersetzen musste. Sie zu verdrängen, von sich abzuspalten oder gar gänzlich zu leugnen, würde schließlich bedeuten, nur Ja zu den „liebenswerten" Seiten von sich selbst zu sagen. Und das wäre keine echte Liebe, die immer bedingungslos und allumfassend ist, die mein ganzes Sein kennt und liebt. Je mehr ich mir jedoch mein Schwachsein oder auch einfach mein Menschsein erlaube und dennoch ein Ja zu mir finden kann, desto mehr verstehe ich, was Gnade ist, und kann sie auch anderen gegenüber leben.

Und wie findet man nun dieses Ja zu sich selbst? Ich fand dieses Ja zu mir, indem ich mich immer wieder dem Licht von Gottes Liebe ausgesetzt habe – und begeistert wurde von Gnade und Schwäche. Jedes Mal, wenn mir eine unschöne Seite an mir aufgefallen ist, habe ich mich bewusst nicht länger in die Spirale der Selbstverachtung begeben, sondern mir antrainiert zu denken: *Wow, wie groß muss deine Gnade sein, dass du mich kennst und trotzdem liebst, Gott.* Was mir außerdem geholfen hat, war das kleine Wörtchen „noch". Anstatt zum Beispiel zu denken: *Ich schaffe es einfach nicht, disziplinierter zu sein,* denke ich mir heute: *Ich schaffe es **noch** nicht, disziplinierter zu sein. Aber ich kann und werde es lernen – mit Jesu Hilfe.*

Denn das beinhaltet gesunde Selbstliebe auch: die Bereitschaft, an sich zu arbeiten, um die beste Version seiner selbst zu werden oder in meinem Fall: die Frau zu werden, als die Gott mich gedacht hat.

„Wachse immer mehr in sein vollkommenes Bild von dir hinein", schnappte ich einmal in einer Predigt auf. Ich fand diesen Gedanken unglaublich berührend und faszinierend. Nein, ich kann mich nicht zu Veränderungen zwingen und muss auch nicht in eine christliche Version des Selbstoptimierungswahns verfallen, aber ich kann mich mit Liebe und Strömen lebendigen Wassers begießen lassen und dann zu Jesus hin wachsen – und hinein in das vollkommene Bild, das er schon jetzt von mir hat. Und das durch und durch liebenswert ist.

DOWN TO EARTH

Wenn du merkst, dass du wieder einmal Gefahr läufst, negative Dinge über dich zu sagen oder zu denken, dann singe doch mal den letzten Refrain des Liedes „Jesus, zu dir kann ich so kommen, wie ich bin": „Jesus, bei dir muss ich nicht bleiben, wie ich bin. [...] Du hast schon seit langer Zeit für mich das Beste nur im Sinn, darum muss ich nicht so bleiben, wie ich bin." Und wie wäre es, wenn du auch mal das kleine Wörtchen „noch" in deine negativen Selbsterkenntnisse einbaust? Zum Beispiel: „Ich bin *noch* so ungeduldig – aber ich muss es nicht bleiben."

HEILIG HEISS:
NIEDER MIT DEM FEIGENBLATT!

Unüberwindlich wie der Tod, so ist die Liebe, und ihre Leidenschaft so unentrinnbar wie das Totenreich! Wen die Liebe erfasst hat, der kennt ihr Feuer: Sie ist eine Flamme des Herrn!
Hoheslied 8,6

Ich weiß nicht, wie dieser Vers in deinen Ohren klingt, aber ich denke, es ist durchaus legitim, aus diesen Zeilen abzuleiten, dass es in der Liebe „heiß" hergehen kann, darf – und soll. Man könnte sogar so weit gehen und behaupten: Die leidenschaftliche „heiße" Form von Liebe ist kein sündhaftes Vergehen, sondern nichts anderes als eine Erfindung von Gott höchstpersönlich.

Liebe Leserin, dass ich eine Andacht über dieses Thema schreibe, ist der Beweis dafür, dass Gott real ist. Tatsächlich gehörte ich nämlich lange Zeit zu dem Typus Mensch, der eher für seine Schamhaftigkeit als für seine Freizügigkeit bekannt war. Aber ich glaube, dass das Thema „Scham" alle Menschen in irgendeiner Form betrifft. Und leider vor allem Frauen, selbst wenn ich gewöhnlich kein Freund von Schubladendenken bin. Tatsächlich kenne ich jedoch keine einzige Frau, die sich in ihrer Haut schon immer absolut wohlgefühlt und noch nie die Bekanntschaft von „Bodyshaming" gemacht hat, das heißt, die noch nie diskriminiert, beleidigt oder gedemütigt wurde, weil irgendetwas an ihr nicht dem gängigen Schönheitsideal entspricht – und wenn sie selbst diejenige war, die etwas an sich auszusetzen hatte. Dennoch kenne ich ein paar, die es geschafft haben – nach einiger Anstrengung –, versöhnter und gnädiger mit sich zu sein und die inzwischen Frieden mit ihrem Äußeren geschlossen haben.

Das ganze Thema „Körperlichkeit" ist logischerweise engstens mit dem Thema „Sexualität" verbunden und die Scham ist das ungesunde Bindeglied. Wie viele Frauen schämen sich für ihren vermeintlich unvollkommenen Körper und können deshalb den Sex mit ihrem Mann nicht wirklich genießen. Oder andersherum: Wie soll Frau ein gesundes Verhältnis zu ihrem Körper entwickeln und ihre Weiblichkeit feiern, wenn für sie aufgrund von negativen Prägungen oder sexfeindlichen Erziehungsweisen alles, was irgendwie erotisch sein könnte, schambesetzt ist und als verdorben und sündhaft abgespeichert wurde?

Dabei ist „Eros" – die leidenschaftliche, sexuell konnotierte Form von Liebe – keine Erfindung, die direkt aus der Hölle stammt, sondern wie alles, was es auf dieser Welt gibt, ursprünglich eine Erfindung Gottes. Eigentlich müssten wir es uns als Christen deshalb verbieten, „höllisch heiß" beziehungsweise „sündhaft heiß" zu sagen und stattdessen „heilig heiß" verwenden …

Aber warum ist das so? Warum wurde die „schönste Nebensache der Welt" zum „heißen Eisen" und Hauptgegenstand theologischer Diskussionen und christlicher Morallehren – und eben leider auch zum Thema von Therapiesitzungen, wo die Schäden, die aufgrund von Erziehung und Prägung entstanden sind, mühsam wiederaufgearbeitet werden müssen? Weil die Scham meines Erachtens die wirksamste und lebensfeindlichste Waffe des Feindes ist, mit der er versucht, gegen eine „gefährliche" Macht Gottes anzukommen: seine buchstäblich lebensspendende Liebesmacht.

Die Scham sitzt uns in den Knochen, seit der berühmt-berüchtigten Geschichte im Garten Eden, wo sich Adam und Eva nach der ersten begangenen Sünde der Menschheitsgeschichte plötzlich der

„nackten Tatsachen" bewusst wurden: nämlich, dass sie als Menschen nicht nur gut waren, sondern sich aufgrund des Geschenks des freien Willens durchaus auch für das Böse entscheiden konnten. In diesem konkreten Fall dafür, der Schlange, der alten Verführerin, mehr zu glauben als Gott, der ihnen verboten hatte, vom Baum der Erkenntnis zu essen. Warum? Vielleicht, damit sie genau davor bewahrt werden würden: sich für ihre Unvollkommenheit zu schämen, die sie nun erkennen konnten. (Oder aber in ungesundem Maße stolz auf das Gute zu sein, das sie sind, tun und haben, und dabei den Schöpfer aus den Augen zu verlieren, dem sie all das verdanken.) Sie erkannten nun also das Schlechte – auch an sich selbst und ihrer Tat – und als Reaktion darauf schämten sie sich. Der Mangel musste verdeckt werden. Ich finde es bezeichnend, dass Scham offensichtlich das erste Symptom, die direkte Konsequenz von Sünde war.

Es bedürfte wahrscheinlich einer theologischen Abhandlung, ob der Mensch vor dem Sündenfall noch vollkommen war, jedenfalls trug er offensichtlich schon vor der ersten Übertretung von Gottes Geboten die Bereitschaft und Fähigkeit in sich, genau das zu tun. Sonst hätte der Mensch ja erst gar nicht „schwach" werden können. Ich finde es spannend, dass auch der Auslöser – oder wie man im therapeutischen Kontext sagen würde: der „Triggerpunkt" – damals schon derselbe war wie heute: ein Gefühl von Minderwertigkeit in Kombination mit einem Misstrauen gegenüber Gott und der damit einhergehenden Angst, etwas zu verpassen.

Offensichtlich waren Adam und Eva nicht damit zufrieden, wie sie waren, sie wollten anders sein, besser sein. Sie wollten wie Gott sein. (Was letztlich auch nur eine extreme Variante von „Ich bin nicht gut genug, so wie ich bin" ist.) Und etwas in ihnen zweifelte daran, dass Gott es wirklich gut mit ihnen meinte, dass er das Beste für sie im Sinn hatte. Stattdessen glaubten sie der Lüge der Schlange, die ihnen weismachen wollte, dieses Beste halte Gott mit seinem damals übrigens einzigen (!) Gebot zurück.

Wann hast du dich das letzte Mal aus Minderwertigkeitsgefühlen heraus zu etwas hinreißen lassen, von dem du dir mehr Bestätigung, mehr Selbstwert erhofft hattest, das aber im Endeffekt nicht gut für dich war? Wann hast du Gottes gute Gebote übertreten, weil dir die Schlange eingeflüstert hat: „Du verpasst durch deinen christlichen Lebensstil etwas! Das wahre Leben findet da draußen statt!"?

Und wie hast du dich danach gefühlt? Konntest du zwar reuevoll, aber frei vor Gott treten und ihn erhobenen Hauptes für seine Gnade und Vergebungsbereitschaft preisen? Oder hättest du dir lieber ein riesiges Feigenblatt gewünscht, hinter dem du „deine Scham" beziehungsweise das, was dich so beschämt, vor Gott hättest verstecken können?

Adam und Eva taten genau das: Sie versteckten sich vor Gott. Vor demselben Gott, mit dem sie vorher jeden Abend in ihrem puren, nackten Menschsein wunderschöne lange Spaziergänge durch den herrlichen Garten gemacht hatten. Gott musste sie suchen und nach ihnen rufen – oder er tat es zumindest. Da er allwissend ist, können wir davon ausgehen, dass er genau wusste, wo sie waren. Ich glaube deshalb, er rief sie, um ihnen noch einmal eine Chance zu geben, ihre Scham zu überwinden und zu sagen: „Hier bin ich, Gott. Es tut mir leid!" Diese Scham hielt Adam und Eva jedoch davon ab, zu Gott zu kommen. Ihm ehrlich zu erzählen, was passiert war. Ihn um Vergebung zu bitten.

Ich bin mir sicher, er hätte es getan. Stattdessen mieden sie die Gemeinschaft mit ihm und entfernten sich, trennten sich selbst von der Gegenwart Gottes. Damit hatte die Macht der Sünde ihr Ziel erreicht – und die Scham war das perfekte Werkzeug dafür. **Ich glaube deshalb, dass die tödlichste Begleiterscheinung der Sünde die Scham ist: Weil sie uns davon abhält, zu dem zu gehen, der das Leben ist und der uns Gnade und ein neues Leben schenken kann.**

Und hier schließt sich auch der Kreis, warum ausgerechnet das Thema „Sexualität" so angefochten und schambesetzt ist: weil Eros die

Liebesmacht ist, die im wahrsten (und im übertragenen) Sinn Leben schaffen kann, die vereint und aus der Intimität heraus Neues erstehen lässt, und weil der Feind, der Geist des Todes, genau das tunlichst vermeiden möchte.

Deshalb pervertiert er dieses Thema, sorgt für Zerrbilder in unseren Köpfen und verleitet Menschen dazu, das Geschenk der Sexualität zu missbrauchen, um andere zu beschämen und dafür zu sorgen, dass sie sich benutzt, wertlos und ohnmächtig fühlen – anstatt den anderen zu erheben und dazu beizutragen, dass er sich wertvoll, geliebt, begehrt und quicklebendig fühlt. Heilig heiß eben. In der Erotik, die im geschützten, von Gott vorgesehenen Rahmen der Ehe stattfindet, liegt eine schöpferische, freisetzende Lebenskraft. Lass sie dir nicht durch die Scham nehmen. Lass dir überhaupt nichts mehr von der Scham nehmen. Denn Scham kann dich nicht nur im Umgang mit deinem Körper und deiner Sexualität hemmen, sondern auch in anderen Lebensbereichen, in denen die schöpferische Lebenskraft Gottes in dir wirken möchte: Wenn du etwas, das Gott dir aufs Herz gelegt hat, nicht „auf die Welt bringst", weil du meinst, du seist nicht fähig, würdig, stark, klug, hübsch – was auch immer – genug, um es zu (er-)schaffen.

Wenn wir uns bewusst machen, wie tödlich Scham ist und dass sie alles andere als gottgewollt ist, dann bleibt doch eigentlich nur noch eine Reaktion übrig: Nieder mit den Feigenblättern, Ladys! Lasst uns lernen, „nackt" vor Gott zu treten und ganz ohne Scham zu sagen: „Hier bin ich. So wie ich bin. Ganz unverdeckt. Ganz ohne Maske. Mit all meinen Fehlern und Unvollkommenheiten." Und wenn wir dann mit Gottes bedingungslosem Ja zu uns konfrontiert werden, wissen wir: Es gilt tatsächlich mir, jeder Einzelnen von uns. Obwohl er die „nackten Tatsachen" kennt. Und dieses bedingungslose Ja Gottes zu mir – zu meiner Seele, zu meinem Geist, aber auch zu meiner ganzen Körperlichkeit und Sinnlichkeit – hilft mir, auch in anderen Bereichen meine Scham und meine

Minderwertigkeitskomplexe abzulegen. Um das in die Welt zu bringen, wofür er mir eine feurige Leidenschaft geschenkt hat. Und je länger ich ohne Scham Zeit in Gottes Gegenwart verbringe und angeregt plaudernd mit ihm durch seinen herrlichen Garten spaziere, desto besser werde ich ihn kennenlernen. Und desto leichter wird es mir fallen, darauf zu vertrauen, dass er uns niemals den „Höhepunkt" vorenthalten würde: den schambefreiten, „unverschämt" leidenschaftlichen Genuss heilig heißer Liebe.

DOWN TO EARTH

Wofür schämst du dich? Was gefällt dir an deinem Äußeren nicht oder wo traust du dich aus Scham nicht, dich so zeigen und zu geben, wie du wirklich bist? Gibt es Träume und Leidenschaften, die Gott in dein Herz gelegt hat, doch du lebst sie nicht aus, weil deine Scham dich hemmt?

Dann gilt heute: Nieder mit dem Feigenblatt! Mach dich „nackt" vor deinem Gott, vor dem du nichts verstecken musst. Schreibe in das Feigenblatt all die schamverseuchten Gedanken und Überzeugungen, die du ablegen möchtest (zum Beispiel: „Ich bin zu dick, um begehrenswert zu sein." „Ich bin total naiv, so einen großen Traum zu haben." „Meine Vergangenheit disqualifiziert mich für diesen Dienst."), und dann lass sie los.

LIEBE UND BETE, WAS DAS ZEUG HÄLT!

Aber in dem allen überwinden wir weit durch den, der uns geliebt hat.
Römer 8,37 (Luther)

Die Unterweisung in der Lehre unseres Glaubens hat nur das eine Ziel: die Liebe, die aus einem reinen Herzen, einem guten Gewissen und einem aufrichtigen Glauben kommt.
1. Timotheus 1,5

„Vom Ringen zum Überwinden" heißt es verheißungsvoll auf dem Umschlag dieses Buches. Und wahrscheinlich hast du dir genau das erhofft: eine Anleitung dafür, wie das denn nun funktioniert mit dem Überwinden. Was denn nötig ist, um das Schlachtfeld zu verlassen und Gottes Segensreich zu betreten. Eigentlich hätte ich es mir sparen können, ein ganzes Buch darüber zu schreiben, denn im Grunde lässt sich die Antwort auf drei Wörter herunterbrechen: Liebe und bete!

Wenn ich ein Überwinderleben führen möchte, dann muss mein Leben durchtränkt sein von Liebe – zu Gott, zu meinem Mitmenschen, aber auch zu den Mit-dir-will-ich-lieber-nichts-zu-tun-haben-Menschen (!) und zu mir selbst. Denn ohne Liebe ist alles nichts.

Bin *ich* nichts. Das ist keine neue Erkenntnis, sondern eine, die schon der Apostel Paulus hatte, der im 1. Brief an die Gemeinde in

Korinth (1. Korinther 13,1–3) beeindruckende Taten und Fähigkeiten aufzählt, die er jedoch alle für nichtig erklärt – wenn sie nicht aus einer Haltung der Liebe heraus geschehen.

Für mich heißt das: Du kannst die größten geistlichen Kampfübungen machen und darum ringen, dass dein Glaube größer und deine Zweifel kleiner werden – deine Bemühungen werden allesamt ins Leere laufen, wenn du nicht von Liebe erfüllt bist. Doch wenn du die Liebe hast, ist alles möglich! Denn die Liebe ist die stärkste Macht der Welt, sie hat sogar den Tod überwunden, als sie in der Person von Jesus Christus Menschengestalt angenommen hat. Meinst du nicht, dass sie es da auch mit deinen und meinen „Dauerkämpfen" und hartnäckigen Zweifeln aufnehmen kann?

Es mag nichts bahnbrechend Neues sein und ist doch das, was uns den Weg in ein gottgefälliges und erfülltes Leben bahnt und was gleichzeitig der Weg *ist*: die Liebe. Ja, es führt kein Weg an ihr vorbei, wenn wir den Segen Gottes erleben wollen. Nicht umsonst antwortet Jesus auf die Frage nach dem höchsten Gebot: „Der Herr ist unser Gott, der Herr allein. Ihr sollt ihn von ganzem Herzen lieben, mit ganzer Hingabe, mit eurem ganzen Verstand und mit all eurer Kraft.' Ebenso wichtig ist das andere Gebot: ,Liebe deinen Mitmenschen wie dich selbst.' Kein anderes Gebot ist wichtiger als diese beiden" (Markus 12,29–31). Und ich glaube, dass keiner dieser „Liebeskanäle" verstopft sein darf, sonst kann auch der Segen nicht richtig in unserem Leben fließen. Denn es ist ein göttliches Prinzip: „Liebt, weil Gott euch zuerst geliebt hat" (nach 1. Johannes 4,19) und: „Ich will dich segnen und du sollst ein Segen sein" (nach 1. Mose 12,2) und: „Vergebt, weil euch auch vergeben wurde" (nach Kolosser 3,13).

Segen, Liebe und Vergebung sind im Reich Gottes nie eine Einbahnstraße, sondern immer im Fluss. Immer Teil einer göttlichen Wechselwirkung. Und doch ist es immer der Eine, der alles in Gang gesetzt hat. Der der Ursprung, die Quelle ist: Gott, die Liebe in Person. Eigentlich ist es total einleuchtend: Wenn wir von ihm nichts empfangen, können wir auch nichts weitergeben. Deshalb müssen und dürfen wir immer wieder Gott im Gebet unser leer geliebtes Herz hinhalten und von ihm empfangen, bis es erneut überläuft und wir wieder etwas weitergeben können. Das Gebet einer Überwinderin ist deshalb keine Last oder Pflichtübung, sondern beten heißt für sie, sich der Liebe selbst hinzuhalten.

Ich glaube mittlerweile wirklich, dass darin der Schlüssel zu einem erfüllten Leben liegt: beten und lieben. So einfach und gleichzeitig unglaublich schwer ist das.

Das betrifft gerade die Sache mit der Liebe. Auf den Kampf um die gesunde Liebe zu sich selbst bin ich ja bereits an anderer Stelle eingegangen. Die Liebe zu Gott „aus ganzem Herzen, mit ganzem Verstand und ganzer Kraft" ist sicher auch nicht immer einfach, vor allem, wenn er weit weg scheint und wir ihn einfach nicht verstehen, aber bei der Liebe zu den Mitmenschen: Seien wir ehrlich, da ist bei den meisten von uns noch „Luft nach oben", oder?

Wir können über die Liebe zu Gott tolle Vorträge und Predigten halten, Texte schreiben und Lieder singen, aber wie sieht es aus, wenn diese Liebe einmal an unserem Umgang mit unseren Nächsten gemessen und dadurch einem „Echtheitstest" unterzogen wird?

Irgendwo habe ich einmal die steile These aufgeschnappt: „Du kannst Gott nicht mehr lieben als deinen Nächsten." Und unsere Beziehung zu Gott könne deshalb niemals besser sein als die zu unseren Mitmenschen. Und ich glaube, darin steckt eine tiefe und gleichermaßen herausfordernde Wahrheit. Fest steht jedenfalls: Wenn wir behaupten, dass wir Gott lieben, aber uns eingestehen müssen, dass wir unseren Nächsten nicht lieben, dann sind wir Heuchler, Lügner. Hier spricht die Bibel sehr klare Worte (vgl. 1. Johannes 4,19–21).

Also, machen wir doch mal einen Herzenscheck: Wie stehen wir zu anderen, die in unseren Augen Sünder sind – oder auch nur zu unseren geistlichen Geschwistern, die ihren Glauben vielleicht anders leben als wir?

Wie ist unser erster Blick auf sie, wenn wir ganz ehrlich zu uns selbst sind? Mischt sich in ihn nicht viel zu oft und viel zu schnell etwas Verurteilendes?

Erheben wir uns innerlich über sie und blicken auf sie herab, oder schauen wir ihnen zunächst einmal liebevoll und wertschätzend in die Augen, so wie Jesus es immer getan hat? Und sagen dann mit derselben Zuneigung und Wertschätzung, wenn es vielleicht wirklich einmal etwas in ihrem Leben gibt, das nicht Gottes Willen entspricht?

Und wie sieht es mit unseren Worten aus? Reden wir respektvoll und liebevoll über andere – selbst wenn sie wirklich einmal Fehler gemacht haben sollten –, und zwar so, dass sie dies jederzeit mitanhören könnten? Mehr noch: Reden wir so über andere, dass Jesus selbst jederzeit mithören könnte? Denn genau das tut er! Wenn diese Erkenntnis mal nicht der ultimative „Läster-Killer" ist.

Nein, wir können nicht von der Liebe Gottes reden und gleichzeitig andere im Stillen verurteilen oder vielleicht sogar offen über sie herziehen – und uns dann vielleicht wundern, warum nicht schon viel mehr Menschen aus unserem Umfeld Gott kennengelernt haben. Ich habe von Johannes Hartl einmal den genialen Ausspruch gehört: „Ich verstehe nicht, was du sagst. Dein Verhalten schreit mir so entgegen." Wie schön wäre es, wenn unsere Worte mit unserem Verhalten im Einklang wären und beide dasselbe „schreien" würden: LIEBE!

Das bedeutet nicht, dass man in allen Punkten auf einen gemeinsamen Nenner kommen muss, aber *lieben* kann man sich trotzdem. Ehen sind der beste Beweis dafür.

Es bedeutet übrigens auch nicht, dass ich für jede Person Liebesgefühle empfinden muss – ja, nicht einmal riesige Sympathien. Denn ob wir die bedingungslose Liebe von Jesus weitergeben, darf nicht von der Bedingung abhängen, ob positive Gefühle bei uns vorhanden sind. Jesus selbst scheint „Liebe" jedenfalls anders zu definieren. Er sagt nicht: „Wer sentimentale, schöne Gefühle bekommt, wenn er an mich denkt, der liebt mich", sondern: „Wer meine Gebote annimmt und danach lebt, der liebt mich wirklich" (Johannes 14,21). Und um seine Gebote zu halten, die immer mit Respekt und Wertschätzung für unseren Nächsten einhergehen (siehe das „Doppelgebot der Liebe"), braucht es in erster Linie kein Gefühl, sondern Gehorsam.

Also, wie sieht es mit unserer Liebesfähigkeit aus? Ich denke, da muss sich jeder zuerst an die eigene Nase beziehungsweise ans eigene Herz fassen. Wenn wir das getan haben und vielleicht feststellen müssen, dass hier noch Korrekturbedarf besteht, können wir noch mal zum zweiten Punkt kommen: die Sache mit dem Beten. Ich habe in den vergangenen Jahren immer wieder gemerkt: Beten wird leider immer noch viel zu oft unterbewertet.

Wenn etwas Wichtiges ansteht, bereiten wir alles gründlich vor – aber in geistlicher Hinsicht sind wir hier viel nachlässiger, dabei ist dieser Bereich viel wichtiger. Selbst wenn wir alles perfekt geplant und durchorganisiert haben, sollte deshalb die entscheidende Frage lauten: Haben wir die Sache auch mindestens genauso gut durchgebetet?

Wie viel mehr gilt das für die Veränderungen, nach denen wir uns sehnen! In deinem Prozess von einer ringenden Zweiflerin hin zu einer hoffnungsvollen Überwinderin, die natürlich immer noch hin und wieder zweifelt, aber nur noch „den guten Kampf des Glaubens" kämpft, sollte Gebet daher keine Nebensache sein, sondern unverzichtbar. Ich selbst war nie eine „große Beterin vor dem Herrn", habe aber die Kraft des Gebets gerade in meinen schwersten Kämpfen ganz neu erfahren – und die größten Siege auf meinen Knien errungen … Und genau dort durfte ich auch immer wieder erleben, dass Gottes Liebe wirklich stärker als der Tod ist und dass er auch die abgestorbene Hoffnung und Freude wiederauferstehen lassen kann.

Noch etwas Wunderbares passiert im Gebet: Wenn wir Gott im Gebet unser Herz hinhalten, dann schlägt es automatisch immer mehr im gleichen Takt wie seines. Dann können wir lernen, auch die „ganz harten Fälle" zu lieben. Mehr noch: Wir können zulassen, dass

Jesus selbst durch uns hindurch auch die liebt, die uns regelmäßig auf die Palme bringen oder uns verletzt haben. Dann kann er unser erst nur aus reinem Gehorsam an den Tag gelegtes wertschätzendes Verhalten tatsächlich durch positive Gefühle für den anderen motivieren. Weil Gott unseren Blick auf ihn verändert, bis wir ihn mit seinen Augen sehen – und irgendwann wirklich „geschwisterlich lieben" können. **Was wir aus eigener Kraft nicht schaffen, vermag Gottes Liebe, wenn wir sie in unser Herz „hineinbeten".** So sind alle Segenskanäle frei und der Kreislauf der Liebe kann ungehindert fließen. Also liebe und bete, was das Zeug hält! Es gibt keine größere Überwinderkraft und Segensquelle!

DOWN TO EARTH

Plane feste Gebetszeiten ein. Nichts wird dein Leben so verändern wie regelmäßiges Gebet!

Halte dir bei der Begegnung mit einem schwierigen Menschen darüber hinaus immer wieder vor Augen: „Das ist ein Mensch, den Gott liebt. Das ist ein Mensch, für den er seinen geliebten Sohn gegeben hat" – auch, wenn du in Versuchung gerätst, schlecht über andere zu denken. Und vor allem: Halte Gott immer wieder im Gebet dein leer geliebtes Herz hin, damit es neu mit seiner Liebe gefüllt werden kann.

GELIEBTE,

meine Liebe zu dir ist dasselbe verzehrende Feuer,
das die Welten geschaffen hat. Ich kann nicht anders,
als dich so zu lieben.

Bitte wenden ...

Wage zu LEBEN, auf Hoffnung hin.
Wage zu EMPFANGEN als Begnadigte und Geliebte.
Wage zu LIEBEN, begeistert von Gnade und Schwäche.
Wage zu BETEN und zu GLAUBEN,
dass sein guter Wille geschehe.

MUT ZUR LÜCKE!

Gedenkt nicht an das Frühere und achtet nicht auf das Vorige! Denn siehe, ich will ein Neues schaffen, jetzt wächst es auf, erkennt ihr's denn nicht?
Jesaja 43,18–19 (Luther)

„Dare to live" – „Wage es zu leben" – stand da in feinen Buchstaben auf dem Nacken der jungen Frau, die während eines Vortrags in der Klinik vor mir saß. Ich hätte nie gedacht, dass Gott mal so deutlich zu mir sprechen würde – durch eine Tätowierung. Mehr als die Hälfte meiner geplanten Klinikzeit war schon verstrichen, aber die Dunkelheit in meiner Seele noch nicht gewichen. Doch zum ersten Mal seit meiner Aufnahme glomm da wieder eine leise Hoffnung in meinem Herzen. Die Hoffnung darauf, dass Veränderung möglich war. Die Hoffnung darauf, dass gutes Leben (wieder) möglich war. Denn am Tag zuvor hatte ich den wichtigsten Siegeszug vollbracht: **Ich hatte mich dazu entschieden, meine über die Jahre so gut funktionierenden Waffen niederzulegen und von nun an nicht mehr gegen mich selbst zu kämpfen, sondern endlich Frieden mit mir zu schließen.** Mit meinem ganzen Sein. Mit meiner ganzen Vergangenheit. Mit meiner Gegenwart und meiner Zukunft, wie auch immer sie aussehen würde. Das wusste ich natürlich noch nicht. Ich wusste nur, ich würde sie mir nicht länger selbst erschweren mit den immer gleichen inneren Kämpfen. Damit war jetzt Schluss.

Tatsächlich war dieser Moment der „Game Changer" in meiner Therapie. **Plötzlich hatte ich erkannt, dass ich nicht länger selbst** mein größter Feind sein musste. Dass ich der strengen, verurteilenden Stimme in mir, dem „inneren Kritiker" oder auch „Ankläger", etwas entgegensetzen beziehungsweise ihm einfach keinen Glauben mehr schenken durfte. In den vergangenen Wochen hatte ich mich noch einmal intensiv damit auseinandergesetzt, woher meine destruktiven Gedankenmuster und diese Härte gegen mich selbst kamen, die mich schon mehrfach in eine Depression getrieben hatten. Ich lernte noch mehr über mich selbst, als ich schon längst zu wissen glaubte. Dadurch tat sich ein komplett neuer „innerer Handlungsfreiraum" auf, in dem ich kein Opfer meiner Gedanken und Gefühle mehr sein musste, sondern die Freiheit hatte, mich zu entscheiden. Für den Frieden und gegen den Krieg. Und das tat ich. Endlich.

Auf einmal herrschte eine ungewohnte Stille in mir. Die Schlacht war geschlagen, aber von den monatelangen Kämpfen war ich noch viel zu erschöpft, um sofort in Siegesjubel auszubrechen. Ich fühlte mich ehrlich gesagt auch noch gar nicht danach. Ich verspürte in mir weder eine übersprudelnde Freude noch neue Kraft. Da war plötzlich nur eine Leere in mir. Eine Leerstelle, an der zuvor meine alte Identität gesessen hatte, der nun die Daseinsberechtigung entzogen worden war: meine insgeheim angenommene Identität als Leidende.

Und diese Leere war nur schwer auszuhalten. Gerade wenn man ein Mensch ist, der starke Emotionen braucht, um sich so richtig lebendig zu fühlen, und der ohnehin bereits seit Wochen unter Gefühlstaubheit litt, einem häufigen Symptom von Depressionen. Es wäre einfach gewesen, die alten „Folterinstrumente" wieder zur Hand zu nehmen und mich selbst zu kritisieren, denn Schmerz konnte ich schließlich noch empfinden, und dieser ließ sich so viel leichter „produzieren" als Freude. Doch genau das wollte ich ja nicht mehr. Trotzdem fürchtete ich, Freude und Leichtigkeit nicht genauso intensiv empfinden zu können wie Schmerz und Schwere.

Ich weiß noch, wie eine Therapeutin zu mir sagte: „Haben Sie den Mut, diese Leere auszuhalten, bis das Neue nachwächst. Lernen Sie,

von dem wenigen Positiven, das Sie schon empfinden können, satt zu werden – und Sie werden sehen, wie Sie sich damit in eine Aufwärtsspirale begeben! In einen Kreislauf der Freude und Dankbarkeit, der immer mehr Fahrt aufnimmt." Heute, drei Jahre später, kann ich sagen: Sie hatte recht! Aber ich weiß nicht, ob ich das je erfahren hätte, wenn ich damals nicht den „Mut zur Lücke" gehabt hätte.

Ich hoffe, dass deine Kämpfe gegen dich selbst nicht dasselbe Ausmaß haben, wie ich sie hier beschrieben habe. Dennoch befürchte ich, dass nicht nur Frauen, bei denen schon einmal eine Depression diagnostiziert wurde, dazu neigen, ähnlich hart mit sich selbst zu sein und sich unbewusst mit negativen Namen und Adjektiven zu betiteln, die irgendwann zu ihrer Identität werden. Ihr Selbstbild wird dadurch verzerrt, und sie sehen sich selbst irgendwann nur noch als „die Einsame", „die Dicke", „die Überforderte", „die Schwache", „die Betrogene" – oder was auch immer.

Vielleicht haben deine Kämpfe auch weniger mit dir als Person zu tun als vielmehr mit einer Sache beziehungsweise einer bestimmten ungesunden Verhaltensweise, mit der du unablässig kämpfst. Was auch immer es ist, womit oder wogegen du vielleicht schon seit Jahren ankämpfst: **Es wird dieser entscheidende Moment kommen, in dem du innerlich einen neuen Kurs einschlagen musst und vor allem *kannst*: raus aus den alten, ungesunden Verhaltens- und Denkweisen und mutig und entschlossen rein in das neue Leben, das gewagt werden will.**

In der Therapie gibt es eine schöne Umschreibung dafür: Wir verlassen die Autobahnen unserer alten Denkmuster und trampeln neue Pfade. Und je öfter wir sie gehen, desto breiter und bequemer werden sie – und desto kleiner wird die Versuchung, doch wieder auf die Autobahn abzubiegen.

Aber das Ganze ist ein Prozess. Ein Prozess, dem eine bewusste Entscheidung vorausgeht: Ich verlasse die Autobahn, die mich immer wieder ins Dunkle führt, und betrete den Trampelpfad in ein neues

Leben. Die ersten Schritte darauf werden sich vielleicht unsicher anfühlen, und du musst mit der Ungewissheit leben, noch nicht zu wissen, wie es nach der nächsten Kurve weitergeht. Die Autobahn hingegen ist dir vertraut, und auch wenn sie dich immer wieder vom eigentlichen Ziel weggeführt hat, hat sie dir dennoch eine verkorkste Form von Sicherheit gegeben. Der kleine Trampelpfad tut das noch nicht. Stattdessen musst du dir erst einen Weg durch so manches Geäst und wild wuchernde Büsche bahnen. Und wahrscheinlich fühlst du dich dabei noch keineswegs so frei und euphorisch, wie du dir das Leben auf der Siegerseite vorgestellt hast. Vielleicht zweifelst du dann, ob das wirklich der richtige Weg und die Schlacht wirklich geschlagen ist – und trauerst, genau wie die Israeliten in der Wüste, dem Leben in Gefangenschaft womöglich sogar nach.

Es gibt die sogenannte „Melancholie der Erfüllung", die sich genau dann einstellen kann, wenn man eigentlich Grund zum Jubeln hat – weil die Schlacht geschlagen, das Ziel erreicht, das Großprojekt endlich abgeschlossen ist oder aber auch die absolute Traumhochzeit hinter einem liegt.

Positive wie negative Dinge, für oder gegen die wir lange Zeit kämpfen, können einen gefährlich großen Bestandteil unserer Identität ausmachen. Und sie können sogar zu unserem Gott werden – das gilt insbesondere für unser Leid. **Denn wenn wir gedanklich nur noch um uns selbst und unser Leid kreisen, dann kann es passieren, dass wir dadurch unser Leid als unseren „treuen Begleiter" mehr anbeten als unseren Gott, der jedes Leid überwinden kann. Aber anstatt ein Leben lang alte Wunden zu lecken, wäre es da nicht sinnvoller, sich nach neuen Wundern auszustrecken?** Ich meine, ja.

Doch zwischen Wunde und Wunder gibt es eben meistens diese unangenehme Leerstelle. Und genau dann heißt es: „Mut zur Lücke!" Stürz dich nicht wieder ins Alte, und versuch auch nicht, diese Lücke in dir gleich wieder mit neuen Dingen (oder auch Beziehungen) zu stopfen, die dir letztlich auch nicht helfen, deine wahre Identität zu finden.

Vielmehr möchte ich dich ermutigen: Warte, bis sich langsam wieder Friede, Freude und neue Kraft in dir breitmachen. Warte, bis das neue Leben, für das du dich entschieden hast, in dir wächst und immer mehr Gestalt annimmt. Gib dich dem Kreislauf des Guten hin. Sei auf Segen geeicht, bis du den Sieg des Lichts über die Dunkelheit nach und nach auch wieder spüren kannst. Aber mach dir dabei bitte keinen Druck, sondern „umarme" die Lücke, ja, freu dich über sie, und sei gespannt, womit Gott sie füllen wird. Lass das neue Leben, die neue Hoffnung in dir wachsen wie ein kleines Kind, das immer stärker und lebensfähiger wird. Und lass deinen alten Menschen los, dein ungesundes Zerrbild von dir selbst, das Schmerz, Schuld und Scham zum Bestandteil deiner Identität gemacht hat.

Die Bibel verwendet für diesen Akt ein sehr eindrückliches Bild: „Legt von euch ab den alten Menschen mit seinem früheren Wandel, der sich durch trügerische Begierden zugrunde richtet. Erneuert euch aber in eurem Geist und Sinn und zieht den neuen Menschen an, der nach Gott geschaffen ist in wahrer Gerechtigkeit und Heiligkeit" (Epheser 4,22–24; Luther). Und Jesus selbst, der mit seinem Geist in dir – und in deiner Lücke – lebt, wird dir dabei helfen. So heißt es in Epheser 3, Vers 16, dass wir durch den Heiligen Geist aus Gottes „unerschöpflichem Reichtum" Kraft geschenkt bekommen, um innerlich stark zu werden – oder unseren „inwendigen Menschen" zu stärken, wie Luther so schön bildlich übersetzte. Und dieser innere (neue) Mensch darf wachsen. Ja, genau das dürfen wir: Wir dürfen Neues in uns wachsen lassen, Heiles, Heiliges. Und wenn du davon gerade noch nichts spürst, dann schau genauer hin. Es ist schon da, Jesus hat es versprochen: „Denn siehe, ich will ein Neues schaffen, jetzt wächst es auf, erkennt ihr's denn nicht?" (Jesaja 43,18; Luther). Also, wage zu leben – und lass es blühen!

DOWN TO EARTH

Male die Blume weiter, und schreibe in ihre Blüten und Blätter alle Eigenschaften, die in dir wachsen sollen und dürfen.

MORGENMUT

Mut ist nicht immer brüllend laut.
Manchmal ist es die ruhige, leise
Stimme am Ende des Tages, die sagt:
Morgen versuche ich es wieder.
Mary Anne Radmacher

WAGE DEN HOFFNUNGSKURS

Wir danken Gott auch für die Leiden, die wir wegen unseres Glaubens auf uns nehmen müssen. Denn Leid macht geduldig, Geduld aber vertieft und festigt unseren Glauben, und das wiederum stärkt unsere Hoffnung. Diese Hoffnung aber geht nicht ins Leere. Denn uns ist der Heilige Geist geschenkt, und durch ihn hat Gott unsere Herzen mit seiner Liebe erfüllt.

Römer 5,3–5

„Wage den Hoffnungskurs einzuschlagen", habe ich irgendwo einmal aufgeschnappt und dann in mein persönliches Ermutigungsbuch geschrieben. Ja, manchmal ist es das größte Wagnis, das man eingehen kann, noch mal den Hoffnungskurs einzuschlagen. Denn was ist, wenn die Hoffnung doch wieder enttäuscht wird?

Es gibt einen Spruch von Erin Hanson, der meiner Meinung nach die beste Antwort auf diese Frage gibt: „There is freedom waiting for you on the breezes of the sky, and you ask: ‚What if I fall?' Oh but my darling, what if you fly?" („Die Freiheit wartet auf dich, in den Lüften des Himmels, und du fragst: ‚Was ist, wenn ich falle?' Oh, aber mein Liebling, was ist, wenn du fliegst?")

Wie schön wäre es, wenn wir unseren schlimmsten Befürchtungen immer auch eine zweite Option entgegensetzen würden: die Hoffnungsoption! Getreu dem Motto: „Schlimmstenfalls geht alles gut…"

Ob wir dann (wieder) fallen oder fliegen, liegt letztlich ohnehin nicht in unserer Hand, sondern allein in der Hand Gottes – und bekanntlich können wir sowieso nie tiefer fallen als in diese … Es liegt jedoch in unserer Hand, ob wir den Absprung wagen, noch einmal die Segel setzen und den Hoffnungskurs einschlagen – auch wenn es manchmal schwer ist. Das weiß ich aus eigener Erfahrung. Eine allgemeine Hoffnungslosigkeit ist schließlich eines der belastendsten Symptome von Depressionen. Aber eine „partielle Hoffnungslosigkeit" kennt jeder Mensch: wenn du für einen bestimmten Bereich in deinem Leben oder eine bestimmte Beziehung die Hoffnung aufgegeben hast, dass sich jemals etwas zum Guten ändern wird.

Kannst du so eine Hoffnungslosigkeit gerade bei dir feststellen? Vielleicht drängt sich dir dann die Frage auf, woher du die verloren gegangene Hoffnung denn nehmen sollst.

Genau wie Freude oder Glauben können wir auch Hoffnung nicht selbst produzieren. Aber ich bin neulich auf einen Bibelvers gestoßen, der mich in diesem Kontext zutiefst berührt hat: „Der Gott aller Hoffnung aber erfülle euch mit aller Freude und Frieden im Glauben, dass ihr immer reicher werdet an Hoffnung durch die Kraft des Heiligen Geistes" (nach Römer 15,13; NGÜ). Der „Gott aller Hoffnung" – was für ein schöner Name für Gott! Ich finde ihn vor allem deshalb so schön, weil hier so deutlich wird: Er ist nicht nur der Gott der Hoffnung auf ein ewiges Leben oder der Gott der Hoffnung für die großen geistlichen Themen, sondern der Gott der ganz konkreten Hoffnung, die du für den als hoffnungslos empfundenen Bereich in deinem Leben gerade brauchst. Und noch etwas fasziniert mich an diesem Vers: dass es der Heilige Geist in uns ist, der unsere Hoffnung wachsen lässt. **Das heißt: In dir und in mir ist also schon eine übernatürliche Form von Hoffnung vorhanden: die reinste, die göttlichste Form von Hoffnung, die es gibt.** Die Hoffnung, die schon bei der Entstehung der Welt dabei war, die den „Zauber" des vollkommenen Anfangs miterlebt hat und weiß, wie das herrliche Ende aussehen wird; die Hoffnung, die Mensch geworden und gestorben, aber nicht tot geblieben, sondern am dritten Tage wiederauferstanden ist –

Jesus Christus. **Im Volksmund sagt man ja: „Die Hoffnung stirbt zuletzt." Aber das gilt nicht für uns, die wir an Jesus Christus glauben. Denn unsere Hoffnung hat den Tod schon überwunden und lebt ewig!**

Eine übernatürliche Form von Hoffnung strahlte auch der 23-jährige Youtuber Philipp Mickenbecker aus, der – obschon bereits vom Krebs zerfressen – weiterhin einen festen Glauben und eine unerschütterliche Heilungshoffnung hatte: „Egal, ob in diesem Leben oder im nächsten – Gott wird mich heilen." Vielleicht war gerade diese nahezu unverschämte Hoffnung, die ihm aus allen Poren zu strahlen schien, der Grund dafür, warum sein Glaube auf Millionen Glaubende und Noch-nicht-Glaubende so faszinierend und ansteckend wirkte.

Nun ist Philipp vor ein paar Monaten dennoch gestorben und man könnte sich fragen: Wurde seine Hoffnung enttäuscht? Wäre es nicht besser gewesen, er hätte erst gar nicht auf ein Heilungswunder gehofft und sich früher damit abgefunden zu sterben?

Ich glaube, nein.

Es gibt ein wunderschönes Sprichwort von Marie von Ebner-Eschenbach, das ich vor vielen Jahren einmal im Internet gelesen habe und das meinen Blick auf enttäuschte Hoffnungen radikal verändert hat: „Und ich habe mich so gefreut!, sagst du vorwurfsvoll, wenn dir eine Hoffnung zerstört wurde. Du hast dich gefreut – ist das nichts?"

„Du hast dich gefreut [du warst so voller Hoffnung] – ist das nichts?" Ich glaube wirklich, dass es nie falsch sein kann zu hoffen. Denn lieber hoffe ich „zu viel" und muss miterleben, dass so manche Hoffnung (in diesem Leben!) stirbt, als zu sterben, ohne mit Hoffnung gelebt zu haben. Denn das ist kein lebenswertes Leben.

Einmal sagte mir eine Bekannte: „Weißt du, ich wurde schon so oft von Menschen enttäuscht, ich erwarte mittlerweile einfach nicht mehr viel von anderen. Dann werde ich wenigstens nicht mehr verletzt." Mich hat diese Einstellung sehr geschmerzt. Denn wie traurig ist es, wenn wir Resignation als Schutzmantel missverstehen und dabei nicht erkennen, dass dessen bleierne Schwere uns von der Lebensfreude abschirmt? **Und wer nicht mehr hoffen will, weil er Angst hat, seine Hoffnung könnte am Ende doch wieder sterben – ist der nicht innerlich ohnehin schon mehr tot als lebendig? Für jeden Atemzug meines Lebens brauche ich doch Hoffnung! Alles lebt von Hoffnung, durch Hoffnung und auf Hoffnung hin. Es geht gar nicht anders.**

Deshalb will ich mich immer wieder für die Hoffnung entscheiden. Ich will ihr in meinem Leben den roten Teppich ausrollen und ihr enthusiastisch schon aus der Ferne zurufen: „Hoffnung, Hoffnung, sei willkommen!"

Und ich will für keinen Bereich meines Lebens die Hoffnung aufgeben – weil ich weiß, dass Jesus, meine lebendige Hoffnung, mich auch niemals aufgeben wird. Würde ich stattdessen glauben, dass es wirklich „hoffnungslose Fälle" gibt, dann würde ich damit leugnen, dass Jesus Christus, der „Gott aller Hoffnung", lebt und den Tod aller Hoffnungen überwunden hat …

Also, lasst uns wieder wilder hoffen! Lasst uns den Heiligen Geist, der „lebendig macht" (vgl. Johannes 6,63), ganz konkret darum bitten, dass er unsere tote Hoffnung für bestimmte Situationen und Beziehungen wieder zum Leben erweckt.

DOWN TO EARTH

Mach heute doch mal eine Bestandsaufnahme: Wo ist deine Hoffnung scheinbar gestorben und muss dringend wiederbelebt werden? In welchem Bereich solltest du vielleicht wieder bewusst den Hoffnungskurs einschlagen?

Ich möchte dich einladen, anschließend folgendes (oder ein eigenes) Gebet zu sprechen:

Nimm Raum in mir, du Geist der Hoffnung! Ich will dir nicht länger die Tür vor der Nase zuschlagen, indem ich immer wieder sage: „Das wird doch eh wieder nichts!" Nein, ich lade dich bewusst in mein Herz ein, sei willkommen, und hilf mir, den Hoffnungskurs einzuschlagen – und daran festzuhalten!

Du und Gott – Never change a winning Team!

Ich will deine Freude und dein Heil!
Jesus.

PS: Vertrau auf meine Liebe.

HAUPTROLLE IN „THE CHOSEN" GEFÄLLIG?

Nicht ihr habt mich erwählt,
sondern ich habe euch erwählt.
Johannes 15,16

Kennst du sie – diese scheußlichen Momente im Schulsport, wenn zwei Schüler oder Schülerinnen ihre Mannschaft zusammenstellen sollen und abwechselnd die anderen in ihr Team wählen? Für Jugendliche wie mich, die sich damals eher durch ihre Tollpatschigkeit aufgrund ihrer zu schnell zu lang gewachsenen Gliedmaßen auszeichneten als durch den geschickten Umgang mit jeglicher Form von Bällen, waren diese Momente immer ein pädagogisch legitimiertes Folterinstrument für meinen Selbstwert. Denn meistens war ich eine der Letzten, die übrig geblieben waren, sodass dem Auswählenden wiederum nichts anderes übrig blieb, als mich in sein Team zu „wählen". Die Reihenfolge war klar: die Starken zuerst, dann die Schwachen – aber nur, wenn man keine andere Wahl mehr hat. Gott sei Dank gelten im Königreich Gottes andere Regeln, denn dort heißt es: „Dann werden die Letzten die Ersten sein…" (Matthäus 20,16), und die Sache mit dem Auserwählen verläuft ebenfalls komplett anders.

Das wurde mir ganz neu bewusst, als ich die Serie „The Chosen" („Die Auserwählten") schaute. Als ich vor ein paar Monaten mehrere Folgen hintereinander „wegsuchtete", fragte mich mein Mann später: „Was würdest du sagen, wenn man dir eine Rolle in ‚The Chosen' anbieten würde? Würdest du sie annehmen?" Ich schaute ihn einen Moment erstaunt an, weil ich mir sicher war, dies konnte entweder nur eine rhetorische oder eine prophetische Frage sein.

„Natüüürlich!", antwortete ich schließlich. „Was für eine Frage!"

„Und wenn du dafür deinen Job kündigen müsstest?" Puh... Die Antwort darauf fiel mir nicht ganz so leicht, aber die Vorstellung, Teil von etwas Großem zu sein, das um die Welt geht, Menschen tief berührt und ihnen Gottes Herz zeigt, ihnen hilft, diesen menschgewordenen, gestorbenen und wiederauferstandenen Gott wirklich kennenzulernen, das klang schon sehr verlockend...

Moment mal, irgendwie kommt mir das bekannt vor: Teil von etwas Großem sein, das um die Welt geht und Menschen näher zu Gott bringt... War das nicht das „Rollenangebot", das Jesus seinen ersten Jüngern gemacht hat? „Ich bin dabei, eine filmreife Weltgeschichte zu schreiben. Und du sollst eine Rolle darin spielen!" oder auf „Biblisch": „Das Reich Gottes hat begonnen. Folge mir nach!"

Es sind Momente wie diese, die mich und die Millionen anderer Menschen weltweit vermutlich am meisten an der Serie berühren: Wenn Jesus, der vollkommene Sohn Gottes, sich seinen Auserwählten zum ersten Mal nähert und sie einlädt, ihm nachzufolgen.

Was in der Bibel in wenigen Versen vonstattengeht, wird in der Serie in einer ganzen Folge erzählt. Dadurch bekommen wir plötzlich eine Ahnung davon, dass die Jünger und Jüngerinnen von Jesus tatsächlich nicht nur irgendwelche bekannten Namen aus einem alten Buch sind, sondern Männer und Frauen mit ihren ganz eigenen Geschichten, mit ihren ganz eigenen Hoffnungen und Träumen, ihren ganz eigenen Lebenswunden und Zukunftsängsten, ihren ganz eigenen Stärken und Schwächen. Eben Menschen wie du und ich. Meistens sogar solche, die heute nicht so ohne Weiteres eine Aufgabe in einer Gemeinde hätten übernehmen dürfen, ohne wenigstens ein gewisses Maß an Heiligkeit erlangt zu haben. **Doch gerade diese Menschen wählt Jesus sich aus. Nicht nur im Film, sondern auch im**

wahren Leben. Er wählt genau die Menschen zuerst aus, die beim Schulsport übrig geblieben wären. Vielleicht, weil sie von vornherein eine demütigere Herzenshaltung haben – und die braucht es, um die Liebe, Hilfe und Gnade eines Erlösers anzunehmen …

Was mich jedoch am meisten berührt, ist, dass der König der ganzen Welt keine anonyme Masse beruft, sondern Einzelne. Bewusst Auserwählte. Vielleicht, weil das ein Thema ist, mit dem ich früher viel gekämpft habe, und ich ahne, dass ich damit nicht allein dastehe. Welche Frau, welcher Mann sehnt sich nicht danach, wirklich erkannt zu werden, als der- oder diejenige, der er beziehungsweise die sie ist? Von jemandem ganz bewusst „auserwählt" zu werden? Für diesen Jemand etwas „ganz Besonderes" zu sein? Wir wollen sicher sein, dass wirklich *wir* gemeint sind. Dass die Liebe uns ganz persönlich gilt.

Ein Beispiel: Wenn ich auf einem Konzert bin und Robbie Williams schreit in die Menge: „Ich liebe euch alle!", dann erreicht mich das emotional nicht. Kann ich aus eigener Erfahrung sagen. *räusper* Aber wenn er zu jedem einzelnen Fan kommen, ihm in die Augen schauen, ihn beim Namen nennen und sagen würde: „Ich liebe dich, XY!", dann, wage ich zu behaupten, sähe die Sache schon anders aus.

Genau das war früher mein Problem. Ich dachte mir: *Wenn Gott sowieso jeden Menschen bedingungslos liebt, dann hat das ja nichts mit mir und meinem Wesen zu tun. Dann meint er ja gar nicht wirklich mich.* Auch die große Liebe meiner Eltern half mir damals wenig weiter, weil ich mir dachte, dass Eltern ihre Kinder eben immer lieben. Also glaubte ich, erst die „exklusive Liebe" eines Mannes erfahren zu müssen, um mich wirklich geliebt zu fühlen – um meiner selbst willen. Meine ersten Erfahrungen mit dieser Form von Liebe ließen mich am Ende jedoch mit allem anderen als mit dem Gefühl, geliebt zu sein, zurück. Und die scheinbar unstillbare Sehnsucht danach, gesehen und geliebt zu werden, blieb. Obwohl ich Gott kannte.

Erst Jahre später begriff ich zum ersten Mal so richtig, dass es bei Gott keinen Widerspruch zwischen seiner universalen Liebe zu uns

Menschen und seiner exklusiven zu jedem Einzelnen gibt, sondern dass er beides in sich vereint. Eine Schlüsselstelle wurde für mich Römer 8,28 (Luther; Hervorhebung der Autorin): „Wir wissen aber, dass denen, die Gott lieben, alle Dinge zum Besten dienen, denen, die nach *seinem Ratschluss* berufen sind." Die *Hoffnung für alle*-Bibel übersetzt: „Dies gilt für alle, die Gott nach seinem *Plan und Willen* zum neuen Leben *erwählt* hat." Und die *Gute Nachricht*-Bibel schreibt: „Es sind die Menschen, die er nach seinem *freien Entschluss* berufen hat." Alle drei Übersetzungen legen einen etwas anderen Schwerpunkt, doch jeder davon erscheint mir wichtig. Bei Luther, der dem Urtext am nächsten ist, berührt mich die Vorstellung, dass Gott sich in seiner Dreieinigkeit tatsächlich „beraten" hat, wen er berufen oder eben erwählen möchte. Und er hat es aus freien Stücken getan, nicht weil er keine andere Wahl mehr hatte (wie meine Mitschüler damals im Schulsport) … Sprich, Gott hat es sich gut überlegt mit dir und mit mir.

Lass das einmal in dein Herz sinken: Vater, Sohn und Heiliger Geist besprechen sich am Anbeginn der Zeit und kommen zu dem eindeutigen Schluss: „Wir wollen unbedingt, dass du, _____ [setze deinen Namen ein], Teil unserer göttlichen Familie bist!"

Nun möchte ich an dieser Stelle keine theologische Diskussion darüber führen, ob tatsächlich alle Menschen erwählt sind oder nicht. Was sich jedoch mit tausendprozentiger Sicherheit sagen lässt, ist: Wenn du an Jesus glaubst – auch wenn dein Glaube (noch) so klein ist wie ein Senfkorn –, dann bist du definitiv erwählt. Denn Gott selbst „hat uns den Glauben geschenkt und wird ihn bewahren, bis wir am Ziel sind" (Hebräer 12,2). Das heißt, wenn er dich nicht zuerst erwählt hätte, wärst du gar nicht in der Lage, an ihn zu glauben. Es ist also ein Fakt: Du bist erwählt. Und zwar genau *du*.

Warum ich mir da so sicher bin?

Weil Gott eben nicht wie Robbie Williams und Co. in die große Masse schreit: „Ich liebe euch alle!", sondern weil er jeden einzelnen

Menschen beim Namen kennt und ruft. „Ich habe dich bei deinem Namen gerufen, du gehörst zu mir!" (Jesaja 43,1).

Wenn deine Freunde deinen Namen kennen oder eine kleine Gruppe von Personen, die du gerade erst kennengelernt hast, dann ist das schön. Doch wenn der Chef eines riesigen Unternehmens mit Tausenden von Mitarbeitern jeden Einzelnen davon beim Namen kennt – oder von mir aus auch Robbie Williams den Namen jedes einzelnen Konzertbesuchers –, berührt dich das noch einmal viel mehr, oder?

Und jetzt stell dir vor, wie es sich anfühlen muss, wenn der Gott und König des gesamten Universums, der „Chef" über Milliarden Menschen, die jemals auf dieser Welt gelebt haben, leben und noch leben werden, dich bei deinem Namen ruft … Mich überwältigt dieser Gedanke. Mich überwältigt jedoch noch viel mehr, dass er mich, im Gegensatz zu manchem Chef eines großen Konzerns, nicht aus Kalkül bei meinem Namen nennt, um ein besseres Arbeitsklima zu erschaffen, in dem die Menschen bessere Leistungen erbringen, sondern aus lauter Liebe. So heißt es in Jeremia 31,3 (Luther): „Ich habe dich je und je geliebt, darum habe ich dich zu mir gezogen aus lauter Güte." Ja, er hat dich schon geliebt, bevor du deinen ersten Schrei ausgestoßen hast. **Du wurdest *in die Existenz geliebt*. Und zwar genau du, deren Namen er damals schon kannte. Aber dein Schöpfer kannte nicht nur deinen Namen, er kannte auch dein gesamtes noch folgendes Leben.** So heißt es in Psalm 139: „Alle Tage meines Lebens hast du in dein Buch geschrieben – noch bevor einer von ihnen begann" (Vers 16).

Und dazu gehören auch deine schwärzesten Tage. Die Tage, an denen du dich ungeliebt fühlst und glaubst, dass niemand dich in sein „Team" wählen wird. Die Tage, an denen wieder einmal die Starken gewonnen zu haben scheinen und du dich schwach und unfähig fühlst. Die Tage, an denen du an dir selbst und Gott zweifelst, und ja, sogar die Tage, an denen du Schuld auf dich lädst, in deiner Wut andere verletzt oder betrügst und von Gott nichts mehr wissen möchtest. Von allen diesen Tagen wusste Gott schon – und er hat sich trotzdem für dich entschieden. Das ist die bedingungslose Liebe, derer du dir dein ganzes Leben lang sicher sein darfst, denn „Gott fordert weder seine Gaben zurück, noch widerruft er die Zusage, dass er jemanden auserwählt hat" (Römer 11,29).

Gott nimmt seine Erwählung nicht zurück. Er kann es sich nicht anders überlegen, weil sich die „Bedingungen" für deine Erwählung niemals ändern. Es gibt im Grunde auch nur eine – seine bedingungslose Liebe. Er ist von Anbeginn der Zeit derjenige, der die Wahrheit über dich kennt und dich „trotzdem" und gerade deswegen liebt. Und zwar ganz besonders.

Ich habe schon häufiger den Spruch gehört: „Gott hat keine Lieblingskinder", aber ich behaupte, er ist falsch. Eigentlich müsste er heißen: „Gott hat *nur* Lieblingskinder!" Es liegt wohl an der Einzigartigkeit seiner Liebe, dass bei Gott beides stimmt – sowohl die Aussage: „Ich liebe euch alle!" als auch die Aussage: „Ich liebe genau dich. Und zwar ganz besonders!" Beides ist zu 100 Prozent wahr. Und beides spiegelt sich auch in dem Wesen und Wirken Jesu wider. So hatte er zum einen stets den großen, universalen Heilsplan vor Augen, aber andererseits auch jeden Einzelnen im Blick. **Und auf seiner buchstäblichen Weltmission ließ er sich immer wieder unterbrechen – von einzelnen Menschen, die für ihn keine Nebenrolle spielten. Von Menschen, deren Namen und Geschichte er kannte.** Von Menschen, die er ganz besonders liebte. Von Menschen, die er einlud, sich ihm anzuschließen und an seinem filmreifen, weltumspannenden Rettungsplan mitzuwirken. Von Menschen wie dir und mir.

Wenn ich die Zeit zurückdrehen könnte und mein Mann mich noch einmal fragen würde, ob ich eine Rolle in „The Chosen" spielen möchte, würde ich ihm dieses Mal antworten: „Das mache ich doch schon längst!"

DOWN TO EARTH

Du bist auserwählt und daran kann niemand etwas ändern. Aber manchmal braucht es dafür andere Worte, neue Worte, damit uns das Wunder dahinter ganz neu ins Herz sackt. In einer Predigt habe ich einmal den unfassbar tiefen Satz gehört: *Jesus ist für die Sünden der ganzen Welt und für jeden einzelnen Menschen auf diesem Planeten gestorben, aber selbst wenn du der einzige Mensch auf der Erde wärst, wäre er trotzdem für dich gestorben!*

Sprich mit Gott über diese Aussage, und lass sie auf dich wirken, du auserwähltes, unfassbar geliebtes, einzigartiges Lieblingskind Gottes!

ER KAM, SAH UND DIENTE

Jesus blieb stehen und ließ den Mann zu sich führen. Als dieser nahe herangekommen war, fragte Jesus ihn: „Was soll ich für dich tun?"
Lukas 18,40–41

Er goss Wasser in eine Schüssel und begann, seinen Jüngern die Füße zu waschen und mit dem Tuch abzutrocknen.

Als er zu Simon Petrus kam, wehrte dieser ab: „Herr, wie kommst du dazu, mir die Füße zu waschen!"

Jesus antwortete ihm: „Was ich hier tue, verstehst du jetzt noch nicht. Aber später wirst du es begreifen."

Doch Petrus blieb dabei: „Niemals sollst du mir die Füße waschen!" Worauf Jesus erwiderte: „Wenn ich dir nicht die Füße wasche, gehörst du nicht zu mir."
Johannes 13,5–8

Seit einiger Zeit begleite ich gemeinsam mit drei anderen eine Freundin im Gebet. Wir treffen uns einmal in der Woche digital, um ihr zuzuhören, ihr hoffentlich weise Ratschläge zu geben und vor allem, um im Gebet für sie einzustehen, was ihr selbst aufgrund ihrer belastenden Situation gerade sehr schwerfällt. Und ich liebe es! Ich liebe es, zu lieben und anderen zu dienen. Wenn ich einen winzigen Teil dazu beitragen kann, dass es im Leben eines Menschen einen Funken heller wird, ist das für mich die größte Erfüllung.

Meine Freundin kann das jedoch nicht glauben. Ihr sind die Treffen immer wieder unangenehm, weil sie uns nicht „zur Last fallen" will. „Aber wir machen das doch gern! Außerdem schenkst du uns damit eine wunderbare Gelegenheit, das Gebot Christi zu erfüllen", habe ich beim letzten Mal zwinkernd gesagt und damit auf die Bibelstelle in Galater 6,2 angespielt.

Ein paar Tage später nahm ich wieder an einer Gebetssession auf Zoom teil, aber diesmal war ich die „Bebetete", weil ich für dieses Buchprojekt und ein paar andere wichtige Dinge „geistliche Rückendeckung" brauchte. Zu meiner eigenen Überraschung musste ich feststellen, dass ich meine Freundin plötzlich verstehen konnte. Es war mir unangenehm, dass diese Frauen sich extra einen Abend Zeit genommen hatten, um für mich zu beten. Es war mir unangenehm, nichts geben zu können, sondern tatsächlich nur zu empfangen. Kurz gesagt: Es war mir unangenehm, mir dienen zu lassen. Und weil ich deshalb so angespannt war, war es mir ein Bedürfnis, meine Gefühle mit den anderen zu teilen.

„Das habe ich mir gedacht", antwortete eine der Beterinnen, die mich schon länger kennt und begleitet. „Aber das musst du jetzt lernen und aushalten. Gerade, *weil* du selbst anderen gern dienst und „all-in" für Jesus gehen willst. Das gehört dazu und ist absolut notwendig – und Gottes Wille."

Dann sprachen wir über die Begebenheit, die im 13. Kapitel des Johannesevangeliums beschrieben wird – dass Jesus seinen Jüngern die Füße wusch – und beteten darüber. Ich sollte mir vorstellen, dass Jesus auch mir, Désirée, die Füße waschen will und mich fragt: „Was soll ich für dich tun? Wie kann dieses ‚Füßewaschen' heute bei dir aussehen?"

Ehrlich gesagt hat mich selten eine Gebetszeit so herausgefordert. Ich kannte die Geschichte. Ich kannte auch die Aussage aus Markus 10, Vers 45, in der es heißt, dass der Menschensohn nicht gekommen ist, um sich bedienen zu lassen, sondern um zu dienen und sein

Leben hinzugeben. Und ich zweifelte auch nicht daran, dass dies für alle anderen Menschen galt. Aber als ich biblische Aussagen wie diese einmal auf die ganz persönliche Ebene herunterbrach und mir vorstellte, dass Jesus sagt: „Ich bin nicht gekommen, um mich von dir bedienen zu lassen, sondern um dir zu dienen und mein Leben für dich hinzugeben, Désirée!" – das war etwas ganz anderes. Es berührte und überforderte mich gleichermaßen. Aus irgendeinem Grund konnte ich diese Vorstellung nur schwer ertragen. Vielleicht geht es dir ja ähnlich, und du fragst dich, woran das liegen könnte?

Im anschließenden Gespräch mit meinen Gebetsfreundinnen kristallisierte sich dann heraus, dass es im Großen und Ganzen nur zwei Gründe dafür gibt, warum wir uns nicht von Jesus dienen lassen wollen: Scham und Stolz.

Wir schämen uns, weil wir uns unwürdig fühlen – weil wir nicht glauben können, dass Jesus genau für das, wofür wir uns schämen, sein Leben hingegeben hat. Vielleicht bekommen wir sogar buchstäblich Berührungsängste bei der Vorstellung, Jesus könnte uns nicht nur in übertragenem Sinne berühren. Deshalb wollen wir ihn nicht an uns heranlassen. Das mag auf den ersten Blick demütig wirken, ist letzten Endes aber genau das Gegenteil davon.

Tatsächlich ist es das Demütigste, was wir machen können, uns von ihm dienen zu lassen. Denn damit erkennen wir das an, was er selbst gesagt hat: dass wir ohne ihn nichts ausrichten können (vgl. Johannes 15,5). Nicht mal ihm dienen, geschweige denn würdig genug sein, in seine Gegenwart zu kommen.

Wir kennen den Vers: „Wir lieben, weil er uns zuerst geliebt hat", aber ich glaube, dass Ähnliches auch fürs Dienen gilt: „Wir dienen, weil er uns zuerst gedient hat."

Es kann aber auch sein, dass sich hinter unserer Weigerung, uns von Jesus dienen zu lassen, keine demütige Haltung, sondern Stolz verbirgt. Denn wir geben damit indirekt zu verstehen: *Ich brauche deine Hilfe nicht. Ich kann das auch allein.* **Als jemand, der mit Jesus** unterwegs ist, sollten wir eine Kultur des Dienens und Dienen-Lassens entwickeln, weil wir damit zeigen und vorleben: Wir brauchen einander. Wir sind auf die dienende und liebende Gemeinschaft angewiesen – mit Gott und seinem Bodenpersonal. Eine Gemeinschaft, in der einer dem anderen hilft, seine Last zu tragen, denn damit erfüllen wir das Gesetz, das Jesus uns gegeben hat (vgl. Galater 6,2).

In diesem Vers aus dem Galaterbrief heißt es nicht: „Einer allein trage alle Last." Oder: „Einer gebe immer nur, der andere nehme immer nur." Aus eigener Erfahrung und aufgrund der Erfahrungsberichte vieler anderer wage ich zu behaupten, dass genau das jedoch oft ein unterbewusster Leitsatz von vielen hingegeben Christinnen und Christen ist. Sie dienen und lieben mit ganzem Einsatz und tragen aufopferungsbereit jede Last, die man ihnen auferlegt, und wähnen sich damit im Zentrum von Gottes Willen. Und das stimmt auch – aber nur, wenn der andere existenziell wichtige Teil nicht fehlt: sich ebenso dienen und lieben *zu lassen*. Von Menschen, aber vor allem von Jesus Christus. Wenn uns das nicht gelingt, riskieren wir irgendwann eine geistliche und geistige Erschöpfung und werden schlimmstenfalls sogar bitter, weil unser Herz uns – zu Recht – darauf hinweist, dass hier etwas ins Ungleichgewicht geraten ist: Wir, die wir so viel dienen, so viel lieben, fühlen uns plötzlich ungesehen und ungeliebt.

Und, was noch tragischer ist, wenn wir diesen einseitigen, nur gebenden Lebensstil pflegen, besteht die Gefahr, dass wir gar nicht das tun, was wir doch mit all unserem Einsatz erreichen wollen: zu Jesus gehören (vgl. Johannes 13,8). Das klingt hart, aber ich glaube, wie so oft wählt Jesus bewusst harte Worte, um unser Herz zu erweichen – wenn er sieht, dass wir uns das Leben unnötig hart machen, hart gegen uns selbst sind oder unser Herz verhärten, indem wir andere nicht einen Liebesdienst an uns tun lassen.

Liebesdienst. Dieses Wort kenne ich schon seit meiner frühen Kindheit und irgendwie hat es schon damals etwas in mir zum Klingen gebracht.

Ich habe es meinen Vater früher sagen gehört, wenn er meine Mutter oder auch mich und meinen Zwillingsbruder gefragt hat: „Kannst du mir mal einen Liebesdienst erweisen?" Oder wenn er sich mit den Worten bedankt hat: „Das war ein richtiger Liebensdienst für mich!" Und ich finde, dieser Begriff bringt beides wunderbar zusammen, denn er zeigt, wie eng diese Dinge miteinander verwoben sind – das Dienen und das Lieben. Zu beidem befähigt uns Jesus Christus selbst, der größte Liebhaber unserer Seele und demütigste Diener im ganzen Universum.

Also, erweisen wir ihm den größten Liebesdienst, indem wir uns von ihm dienen lassen.

Lass es uns zusammen üben …

DOWN TO EARTH

Überwinde dich doch einmal selbst, und „falle jemandem zur Last", indem du ihn oder sie um einen kleinen Liebesdienst bittest.

Sprich mit Jesus über diese Erfahrung und stell dir dann einmal vor, wie er zu dir sagt:

Ich bin nicht gekommen, um mir von dir dienen zu lassen,
sondern um dir zu dienen und mein Leben für dich hinzugeben,
_____.

Also, was kann ich heute für dich tun, _____?

UND ER HEILTE SIE (FAST) ALLE?! ODER: DEIN GLAUBE HAT DIR *NICHT* GEHOLFEN?

**Und eine große Menge folgte ihm,
und er heilte sie alle.**
Matthäus 12,15 (Luther)

Heilt Jesus heute noch – und wenn ja, warum nicht alle? Und ich meine damit jetzt nicht, dass er uns nach ein paar Tagen wieder von einem Schnupfen befreit, sondern spreche von wirklich übernatürlichen Heilungen. Wunderheilungen. Von jetzt auf gleich. Heilungen, wie wir sie im Neuen Testament überall finden.

Durch meinen Job als Lektorin, aber auch durch private Begegnungen habe ich immer wieder von solchen Heilungen gehört und gelesen. Genauso habe ich jedoch auch von Menschen gehört und gelesen, die noch sehnlichst auf ihr Heilungswunder warten. Und ehrlich gesagt waren das weitaus mehr.

„Man muss eben fest daran glauben!", hörte ich in diesem Kontext immer wieder von Christinnen und Christen. Und jedes Mal hat mich diese Aussage provoziert, weil der tragische Umkehrschluss doch lautet: *Das heißt, wenn meine Gebete um Heilung für mich oder andere nicht erhört werden, dann liegt das offensichtlich daran, dass ich nicht genug glaube.*

Und das „Schlimme" ist, dass Jesus selbst es anscheinend genauso sieht. In nahezu jeder Heilungsgeschichte, die in den Evangelien festgehalten ist, sagt er am Ende schließlich zu dem oder der Geheilten: „Dein Glaube hat dir geholfen." Und immer wieder habe ich mich daran gerieben – und begann zu ringen. Mit Gott. Und meinem Glauben.

Irgendwann habe ich dann in einem Buch den Satz gelesen: „Manche Christen glauben mehr an die Kraft ihres eigenen Glaubens als an die Kraft Gottes, an den sie glauben!" Ich habe laut „Halleluja!" gesagt, weil diese Aussage meine Zweifel auf den Punkt brachte und ich hierin – gerade nach meinen Erfahrungen mit esoterischem Gedankengut – tatsächlich eine Gefahr sah. Doch im Unterschied zu den Esoterikern kommt es bei uns Christen eben nicht nur auf den Glauben als solchen an (beziehungsweise auf das „positive Denken"), sondern auf den, *an den* wir glauben:

Jesus Christus.

Ja, es kommt auf Gott an, auf *seinen* Willen. Damit beruhigte ich mich dann immer wieder – und habe mich irgendwann damit abgefunden, dass Gott manchmal heilen will und manchmal eben möchte, dass wir lernen, mit unserer Krankheit zu leben – und dadurch irgendwelche Erkenntnisse gewinnen. Und trotzdem bin ich immer wieder innerlich zusammengezuckt, wenn ich in der Bibel gelesen habe: „*Dein Glaube* hat dir geholfen."

Als ich im vergangenen Jahr noch einmal eine schlechtere Phase und Angst hatte, erneut in eine Depression abzugleiten, wurde das Thema „Heilung" plötzlich wieder brandaktuell. Mich beschäftigten Fragen wie: „Bin ich jetzt geheilt oder nicht? Und willst du mich noch komplett heilen, Gott, oder soll ich mich damit abfinden, dass es immer wieder diese Phasen gibt und ich depressiv werde?"

Irgendwann kam ich an den Punkt, an dem ich mir dachte: *Na gut, dann ist es jetzt so, Gott. Dann lerne ich, damit zu leben. Dann nehme ich die guten Tage umso dankbarer an und akzeptiere die schweren – und sehe ihren Wert darin, dass sie mich erst recht deine Nähe suchen lassen.*

Ausgerechnet in dieser Zeit wurde ich jedoch erneut mit dem Thema „Heilung" konfrontiert, und zwar in einem Onlinekurs der Berliner Gemeinde *diekreative*, den ich während des zweiten Corona-Lockdowns besuchte.

Christophe Domes, der Kursleiter und Pastor der Gemeinde, wies gleich zu Beginn der Session darauf hin, dass in der Bibel die Verkündigung von Gottes Reich *immer* auch mit der Manifestation von Gottes Reich einherging.

Das bedeutet: **Jedes Mal, wenn Jesus – und später auch seine Jünger – davon sprach, dass das Reich Gottes nahe war, zeigte es sich auch in Form von Wunderheilungen und übernatürlichen Befreiungen. Man könnte sagen: Heilungen waren quasi die natürliche Begleiterscheinung der Verkündigung.** Und, ganz wichtig, sie gehörten ebenso zum Auftrag der Jünger wie die Weitergabe der Guten Nachricht. So sind die Worte Jesu an seine Nachfolger unmissverständlich: „Heilt die Kranken und sagt allen Menschen dort: ‚Jetzt beginnt Gottes Reich bei euch'" (Lukas 10,9).

Das Matthäusevangelium berichtet von einer Begebenheit, bei der er sogar noch einen Schritt weitergeht und befiehlt: „Heilt Kranke, weckt Tote auf, macht Aussätzige gesund und treibt Dämonen aus! Tut alles, ohne etwas dafür zu verlangen, denn ihr habt auch die Kraft dazu ohne Gegenleistung bekommen" (Matthäus 10,8).

Das war sozusagen die „Jobbeschreibung" der Jüngerinnen und Jünger Jesu – und daran hat sich bis heute nichts geändert. Die Frage ist demnach: **Würde Gott uns mit dieser Selbstverständlichkeit und herrlichen Unaufgeregtheit beauftragen, etwas zu tun, wenn es nicht prinzipiell *immer* möglich wäre?**

Im Kurs wurde außerdem noch einmal daran erinnert, was Gottes erklärter Wille ist, nämlich immer das Vollkommene und Gute (vgl. Römer 12,2). Folglich könne es gar nicht Gottes Wille sein, dass wir leiden. Und tatsächlich: In keiner einzigen neutestamentlichen Geschichte ist die Rede davon, dass Jesus einen Leidenden aus „pädagogisch wertvollen Gründen" nicht heilt, wie wir es ihm heute oft unterstellen.

Vielmehr war und ist es immer Jesu Wille, zu heilen und wiederherzustellen, und zwar ganzheitlich an Körper, Geist und Seele. Dafür gibt es in der Bibel genügend Hinweise:

„Er heilt die Menschen, die innerlich zerbrochen sind, und verbindet ihre Wunden" (Psalm 147,3).

„Doch er wurde blutig geschlagen, weil wir Gott die Treue gebrochen hatten; wegen unserer Sünden wurde er durchbohrt. Er wurde für uns bestraft – und wir? Wir haben nun Frieden mit Gott! Durch seine Wunden sind wir geheilt" (Jesaja 53,5).

An diesem Vers aus dem Buch Jesaja fasziniert mich besonders, dass er verdeutlicht: Jesus ist nicht nur für unsere Schuld ans Kreuz gegangen, sondern im gleichen Maße auch für unsere Krankheit. Von beidem möchte er uns erlösen.

Dass er unsere Sünden auf sich genommen hat, betrachten wir als geistliche Tatsache – kannst du den Gedanken zulassen, dass das für unsere Krankheiten genauso gilt?

Aber warum heilt er dann trotzdem nicht immer? Unzählige Bücher wurden über dieses Thema geschrieben, in denen alle möglichen Antworten auf diese quälende Frage abgehandelt werden, deshalb wäre es vermessen zu glauben, ich könnte sie mit einer Andacht zufriedenstellend beantworten. Ich möchte mich deshalb hier auf den Aspekt beschränken, der mich am meisten herausgefordert hat: unser Glaube.

Nach dem Online-Seminar wurde mir klar: Ja, es kann tatsächlich sein, dass unser Glaube etwas mit der ausbleibenden Heilung zu tun hat. Nämlich dann, wenn wir zum Beispiel an einer Theologie festhalten, die alle Wundertaten Jesu nur in biblischen Zeiten verortet und damit leugnet, dass Jesus Christus gestern, heute und in Ewigkeit derselbe ist (vgl. Hebräer 13,8) – und zwar nicht nur in Bezug auf seine Eigenschaften, sondern eben auch in Bezug auf seine wunderwirkende Kraft und seinen unbedingten Heilungswillen. Oder aber, dass wir zwar glauben, dass er immer noch heilen *kann*, aber daran zweifeln, ob er es auch *will*.

Ist das der Fall, können wir Gott um Vergebung bitten, dass wir ihn innerlich so kleingehalten oder ihm keine guten Absichten unterstellt haben, und beten, dass er unser Gottesbild und unsere Theologie korrigiert und uns Glauben an ihn, den Gott der Bibel, schenkt. Denn diesen Glauben brauchen wir tatsächlich.

Die Größe unseres Glaubens kann jedoch nicht der ausschlaggebende Faktor sein, sonst hätte Jesus nicht gesagt: „Wenn euer Glaube nur so groß ist wie ein Senfkorn, könnt ihr zu diesem Berg sagen: ‚Rücke von hier nach dort!', und es wird geschehen. Nichts wird euch dann unmöglich sein!" (Matthäus 17,21).

Ich habe lange gerungen und viel ausprobiert, um meinen (Heilungs-)Glauben zu stärken, aber letztlich liefen alle diese Versuche immer wieder auf dasselbe hinaus, nämlich auf die Frage: Was muss *ich* tun, sagen, beten, damit mein Glaube größer wird?

Bis mir irgendwann der Gedanke geschenkt wurde: *Ich* kann und muss gar nichts tun. Denn es geht gar nicht so sehr um mich, sondern wieder einmal nur um ihn. Um ihn, der durch den Heiligen Geist in mir lebt: Jesus selbst. **Denn das bedeutet nichts anderes, als dass der Glaube Gottes bereits in mir wohnt.** Was ich damit meine, ist: Als Jesus auf der Erde lebte, hat er den Vater im Himmel voller Vertrauen um Dinge gebeten und sogar schon dafür gedankt, bevor er sie bekam. Er hatte folglich den vollkommenen und größten Glauben, den man sich nur vorstellen kann: einen Glauben, der immer mit Gebetserhörung rechnete – und diese dann auch erlebte.

Schon in seinen sogenannten Abschiedsreden kündigte Jesus dann an, dass er uns den Heiligen Geist schicken würde – seinen Stellvertreter –, der immer bei und vor allem in uns bleibt. Und der selbstverständlich auch den „vollkommenen Glauben Jesu hat" beziehungsweise der um alle himmlischen Wahrheiten *weiß* und uns daran erinnert.

Konkret heißt das doch: **Wenn wir beten, egal, wie vollmächtig oder ohnmächtig wir uns dabei fühlen, betet Jesus höchstpersönlich mit seinem vollkommenen Glauben in uns mit.**

Und wenn Jesus von sich sagt, dass er selbst „der Anfänger und Vollender des Glaubens" ist (Hebräer 12,2; Luther), dann ist mein Glaube sowieso seine Sache. Dann begreife ich, dass es ein Geschenk ist, dass ich überhaupt glaube – und dass mein Glaube der Beweis dafür ist, dass Jesus mich zuerst geliebt und an sein Herz gezogen hat. Und dann darf ich auch darauf vertrauen, dass *er* es vollbringen wird, dass mein Glaube immer mehr wächst beziehungsweise korrigiert wird – auch, wenn es um das Thema „Heilung" geht. Wie entlastend, wie herrlich war diese Erkenntnis: Es geht nicht darum, wie klein oder groß mein Glaube ist, sondern einzig und allein darum, wie groß mein Gott ist, an den ich glaube!

Und das Ironische ist: Seit dieser „Glaubensdruck" von meinen Schultern abgefallen ist, habe ich plötzlich einen hartnäckigen Heilungsglauben für sämtliche „schweren Fälle" in meinem Umfeld, wie ich ihn nie zuvor erlebt hatte. Vielleicht, weil ich eben nicht mehr auf mich selbst und meine Glaubensleistung schaue, sondern auf diesen wunderbaren Gott, der unser Heil und unsere Heilung *will*. Und für den es nie hoffnungsfälle Fälle gab und auch nie geben wird!

Was auch immer den Heilungswundern noch im Wege steht, ich werde nicht mehr aufhören, die Jobbeschreibung von Jesus zu befolgen und mutig um Heilung zu beten, bis ich „sein Reich kommen" sehe – sein Reich, in dem es keine Krankheiten und kein Leid gibt. Im Vaterunser werden wir übrigens aufgefordert, genau darum zu beten … **Ich kann diesen früher so provokant wirkenden Ausspruch: „Dein Glaube hat dir geholfen" nun endlich annehmen, weil ich verstanden habe: Ja, es stimmt. Weil ich ohne diesen Glauben gar**

nicht erst den Gott allen Heils um Hilfe gebeten hätte. Weil ich mich selbst ohne diesen Glauben an den Einen, dem nichts unmöglich ist, dem Wirken genau dieses Gottes versperrt hätte.

Und wenn ich eines aus der intensiven Beschäftigung mit dem Thema „Heilung" gelernt habe, dann ist es Folgendes: dass es sich lohnt, sich mehr nach Heilungswundern auszustrecken, weil sie definitiv Gottes Willen und Wesen entsprechen. Und auch wenn ich immer noch keine finale Antwort darauf habe, warum er nicht immer alle heilt, so kann ich eines doch mit Sicherheit aus der Bibel ablesen: dass Jesus sich über kühnen Glauben freut und ihn gern belohnt – ja, auch mit Heilung.

Und trotzdem kann es sein, dass diese nicht eintritt. Dass alle Gebete gesprochen und theologischen Überzeugungen korrigiert sind und wir weiterhin fassungslos und ohnmächtig unglaublichem Leid gegenüberstehen – und einem scheinbar genauso ohnmächtigen oder, schlimmer noch, gleichgültigen Gott.

Und dann?

Dann ist es trotzdem der Glaube, der hilft. Der Glaube, dass Gott gut ist. Immer noch. Dass er die Liebe in Person ist. Immer noch. Und dass er immer noch alles in seiner Hand hält – auch und vor allem jede kranke Person. Zu Lebzeiten und bis in alle Ewigkeit. Deshalb müssen wir uns bei allem hartnäckigen Beten und Glauben nicht innerlich zerfleischen, sondern dürfen Schritt für Schritt an der Hand unseres Heilands weitergehen Richtung Heil-Land – ob wir nun in diesem Leben dort ankommen werden oder erst im nächsten …

DOWN TO EARTH

Bitte Gott kühn um Heilung für dich selbst und andere und berufe dich auf den klaren Auftrag von Jesus. Richte deinen Blick dabei nicht auf deinen eigenen (Klein-)Glauben, sondern auf deinen Herrn und deinen Gott, der sich uns in seinem Wort als „Jahwe Rapha" vorstellt (z. B. 2. Mose 15,26: „Ich bin der Herr, dein Arzt" bei Luther oder „Ich bin der Herr, der euch heilt" in der *Hoffnung für alle*-Übersetzung) und der gestern, heute und für immer derselbe ist und bleibt (vgl. Hebräer 13,8).

Auch wenn es dich Überwindung kosten mag, halte dir vor Augen: Schlimmstenfalls passiert nichts, bestenfalls wirst du Zeuge eines Heilungswunders!

HIMMLISCHE WG:
MITBEWOHNER GESUCHT

**Denn im Haus meines Vaters gibt es viele Wohnungen.
Sonst hätte ich euch nicht gesagt: Ich gehe hin, um dort
alles für euch vorzubereiten. Und wenn alles bereit ist,
werde ich zurückkommen, um euch zu mir zu holen.
Dann werdet auch ihr dort sein, wo ich bin. Den Weg
dorthin kennt ihr ja.**
Johannes 14,2–4

Ich liebe es, wenn Gott mitten in meinem Alltag zu mir spricht. Ganz leise und unaufdringlich, aber doch mit überwältigenden Erkenntnissen. So auch neulich, als ich gerade ein bisschen Haushaltarbeit machte. Ich habe wieder einmal festgestellt, dass ich unsere Wohnung liebe und mich darin pudelwohl fühle – und gleichzeitig habe ich gemerkt, dass es darin immer noch Dinge gibt, die mich stören. Manche Lampen sind immer noch nicht aufgehängt. Es gibt immer noch ein Zimmer, in dem die Möbel eher zusammengewürfelt sind, und Ecken oder Schubladen, in denen es mir einfach nicht gelingt, Ordnung zu halten. Und der Balkon ist immer noch ziemlich kahl, obwohl ich mich längst einmal um Blümchen kümmern wollte. Vielleicht hat mich das stille Wissen, dass ich einfach keinen grünen Daumen habe, unbewusst davon abgehalten, welche zu kaufen.

Früher hat es mich frustriert, dass es noch so viel Unvollkommenheit in der Wohnung gibt, aber mittlerweile habe ich Frieden damit geschlossen, dass ich einfach nicht die perfekte Hausfrau bin. Doch dann kam mir bei der Hausarbeit plötzlich ein Gedanke. **Mir war, als würde Jesus mir ins Herz flüstern: „Weißt du eigentlich, womit ich gerade beschäftigt bin? Ich bereite die *vollkommene* Wohnung für dich vor, und ich kann es kaum abwarten, sie dir zu zeigen!"**

Wow. Es war nicht die Vorstellung von einer vollkommenen Wohnung, die mich so faszinierte und berührte, sondern dieser Gedanke, dass Jesus liebevoll und detailverliebt alles genau nach meinem Geschmack einrichtet und als Zimmermann vielleicht sogar jedes Möbelstück als Unikat für mich baut. Und dass er schon jetzt voller Vorfreude daran denkt, wie seine Tochter irgendwann einmal staunend und strahlend durch diese wundervollen Räume tanzen wird.

Ja, er richtet nicht nur meine Wohnung so individuell ein, sondern Millionen andere Wohnungen für jedes seiner geliebten Kinder. Als ich darüber nachdachte, fiel mir die Bibelstelle aus Johannes 14 ein: „Denn im Haus meines Vaters gibt es viele Wohnungen. Sonst hätte ich euch nicht gesagt: Ich gehe hin, um dort alles für euch vorzubereiten. Und wenn alles bereit ist, werde ich zurückkommen, um euch zu mir zu holen. Dann werdet auch ihr dort sein, wo ich bin. Den Weg dorthin kennt ihr ja." Ist das nicht ein wunderbar tröstlicher Gedanke, wenn wir uns ganz neu vergegenwärtigen, dass die Wohnung, in der wir gerade leben, nicht unsere eigentliche Wohnung ist und diese aus den Fugen geratene Welt nicht unser eigentliches Zuhause?

Noch etwas hat mich sehr berührt, als ich die Bibelstelle nachgeschlagen habe, und zwar die Einleitung in Vers 1: „Seid nicht bestürzt und habt keine Angst! […] Glaubt an Gott und glaubt an mich!"

Was für eine wertvolle Botschaft für die unruhige und verwirrende Zeit, in der wir leben. Wir sollen uns keine Angst machen lassen und in allem fest auf Gott vertrauen. Mehr müssen wir gar nicht tun – und mehr können wir auch gar nicht tun. **Wir sollen uns auf das konzentrieren, was wir wirklich wissen können: dass Jesus alles in seiner liebevollen Hand hält. Und dass wir an ihn glauben und ihm** vertrauen können. **Dabei sollen wir nicht die Augen vor dem Leid verschließen, das uns umgibt, aber wir dürfen immer wieder unseren Blick auf Jesus richten und mit den Augen unseres Herzens schon jetzt die vollkommenen Wohnungen sehen, in denen er auf uns wartet.**

Das schenkt uns eine ganz neue Hoffnungsperspektive, gerade wenn die Umstände in unseren eigenen vier Wänden oder auf unserem Planeten uns mal wieder zu erdrücken scheinen.

Mir ist durchaus bewusst, dass es Phasen in unserem Leben gibt, in denen das Leid zu groß und die Last zu schwer ist, als dass uns diese Jenseitsvertröstung ausreichen würde ... Aber weißt du was? Gott ist sich dessen auch bewusst! Deshalb hat er uns in seinem Wort noch eine andere wunderschöne Verheißung zum Thema „Wohnung" gegeben, die mich immer wieder tief berührt – und die genau in den Momenten tröstet, in denen die Hoffnung auf die himmlische Wohnung nicht zu mir durchdringen kann, weil der Schmerz zu viel Raum in mir einnimmt: „Ich, der Hohe und Erhabene, der ewige und heilige Gott, wohne in der Höhe, im Heiligtum. Doch ich wohne auch bei denen, die traurig und bedrückt sind. Ich gebe ihnen neuen Mut und erfülle sie wieder mit Hoffnung" (Jesaja 57,15).

Wie unglaublich ist dieser Gedanke, dass der Gott, der gerade dabei ist, eine vollkommene Wohnung für dich vorzubereiten, gleichzeitig schon jetzt bei dir wohnt. Darauf weist auch Jesus hin, der an anderer Stelle sagt: „Wer mich liebt, richtet sich nach dem, was ich gesagt habe. Auch mein Vater wird ihn lieben, und wir beide werden zu ihm kommen und für immer bei ihm bleiben" (Johannes 14,23).

Und ich bin mir sicher, der Heilige Geist ist erst recht dabei. Er, der Tröster, wartet nicht erst im Himmel auf dich, sondern senkt sich zu dir hinab in dein Herz, wenn der Himmel dir verschlossen scheint, weil du mit zum Himmel schreiendem Leid konfrontiert bist. Gerade dann ist er bei dir. Und er bleibt. Ist nicht nur ein geschätzter Besucher, der anschließend eine umso größere Lücke hinterlässt. Auch kein anstrengender Dauergast, um den du dich permanent kümmern musst. Nein, er ist dein Mitbewohner. Einer, der auch mal mit anpackt. Der hilft, der Rat gibt. Der dich fragt, wie dein Tag war, wenn du müde nach Hause kommst. Der mit dir gemeinsam kocht und isst. Und für den du dein Leben nicht extra schön herrichten musst, weil du bei ihm einfach du selbst sein darfst. Weil du dich bei ihm zu Hause fühlst. Und es auch bist. Und er bei dir. Jeden Tag deines Lebens – bis irgendwann der Zeitpunkt gekommen ist und ihr gemeinsam in deine himmlische Wohnung umzieht, wo der schon auf dich wartet, der dich nie verlassen hat. Weil er in deinem Herzen wohnt.

DOWN TO EARTH

Stelle dir bei deinem nächsten Wohnungsputz doch einmal vor, wie deine vollkommene Wohnung im Himmel aussehen könnte – und vor allem, wie Jesus schon jetzt voller Detailverliebtheit an ihr arbeitet. Alles, was dir jetzt in deiner Wohnung gefällt, wird es dort auch geben – nur in einer vollkommenen Version –, und alles, woran du dich jetzt noch störst, wird es dank des vollkommenen Zimmermanns nicht geben.

Wenn du Lust hast, dann decke doch bei deiner nächsten Mahlzeit für eine Person mehr, und stell dir vor, dein treuster und liebevollster Mitbewohner sitzt mit dir am Tisch. Vielleicht wird daraus ja sogar eine kleine Tradition – und ganz nebenbei ein super Einstieg, um über den Glauben ins Gespräch zu kommen, wenn Gäste zu Besuch sind.

„ES IST GUT FÜR EUCH, DASS ICH GEHE!" WIRKLICH?

Aber ich sage euch die Wahrheit: Es ist gut für euch, dass ich weggehe. Denn wenn ich nicht weggehe, kommt der Tröster nicht zu euch. Wenn ich aber gehe, werde ich ihn zu euch senden.

Johannes 16,7 (Luther)

Ich glaube, alle Menschen auf dieser Welt haben eine Gemeinsamkeit: Sie kennen das Gefühl der Einsamkeit. Diese Momente, in denen sie sich allein fühlen. Allein mit ihren Problemen. Mit ihren ungestillten Bedürfnissen. Mit ihren verborgenen Sehnsüchten. Mit ihrem quälenden Gewissen. Mit ihrem Anderssein. Mit ihren Ansichten. Mit ihrem Glauben und ihren Zweifeln. Dabei spielt es überhaupt keine Rolle, ob wir gerade mit anderen zusammen sind. Selbst wenn wir von einer Menschenmasse umgeben sind, können wir uns unglaublich einsam fühlen. Selbst wenn wir Zeit mit Freunden oder Familie verbringen, die uns wirklich kennen und lieben, können uns innerlich Welten trennen, und die äußere Gemeinschaft vermag die innere Einsamkeit nicht zu lindern.

Im Gegenteil: Ich erinnere mich noch gut an einen schönen Abend mit meinem damals noch Verlobten und einer meiner Herzensfreundinnen, an dem mir das Gefühl der Einsamkeit nur noch schmerzlicher bewusst wurde. Damals steckte ich noch mitten in meiner Depression und wusste, dass das Gefühl von Einsamkeit und innerer Abgeschiedenheit lediglich eines ihrer Symptome war. Dennoch war das Gefühl im Herz stärker als das Wissen im Kopf. Und ich vermute, du hast diese Erfahrung auch schon gemacht: Im Kopf weißt du als Mensch, der mit Jesus unterwegs ist, dass du dich manchmal vielleicht einsam fühlst, aber niemals allein bist, weil Gott *immer* bei dir ist, aber irgendwie dringt diese Wahrheit einfach nicht bis zu deinem Herzen durch. Das Gefühl der Einsamkeit bleibt. Und es schreit aus deiner tiefsten Wunde: „Ich bin allein! Niemand sieht mich! Niemand liebt mich wirklich."

Ich bin mir darüber hinaus deshalb so sicher, dass die Einsamkeit unsere größte Gemeinsamkeit ist, weil sie ganz viel mit unserem menschlichen Urzustand in dieser gefallenen Welt zu tun hat. **Denn womöglich ist dieses Gefühl der Einsamkeit ein Überbleibsel des aller Einsamkeit zugrunde liegenden Trennungsschmerzes, der sich eingestellt hat, nachdem Adam und Eva aus dem Paradies vertrieben wurden. Denn sie mussten ihre vollkommene Heimat verlassen – und vor allem die vor dem Sündenfall noch ungetrübte, innigste Gemeinschaft mit Gott.** Mit ihrem Schöpfer. Ihrem Vater. Ihrer Mutter. Ihrem Bruder. Ja, ich glaube, wenn wir von der „Erbsünde" sprechen, ist damit immer auch dieser von Generation zu Generation weitergegebene Trennungsschmerz gemeint, der in die menschliche DNA eingeschrieben zu sein scheint. Denn nichts anderes meint beziehungsweise bewirkt die Sünde: die Trennung von Gott, von dem, der die Liebe in Person und das Leben in Fülle ist.

Seit der Mensch den paradiesischen Zustand und die vollkommene Gemeinschaft mit der Familie Gottes verlassen hat, ist ein Teil von ihm verwaist. Er ist in gewisser Hinsicht vater- und heimatlos. Ja, ich glaube, es gibt so etwas wie eine angeborene Elternwunde, die durch Erfahrungen mit unseren liebenden, aber immer auch unvollkommenen und deshalb unweigerlich Fehler machenden irdischen Eltern dann lediglich noch weiter aufgerissen werden kann.

Ich habe mich oft gefragt, warum jemand wie ich, der von klein auf mit Liebe und Aufmerksamkeit überschüttet wurde, sich trotzdem phasenweise so einsam, ungesehen und ungeliebt fühlen kann. Und ich glaube, das ist eben nicht auf das „Versagen" meiner Eltern zurückzuführen, sondern auf ein viel tiefergehendes Problem, das jeder Mensch kennt. Allerdings spüren die einen es deutlicher und früher, die anderen weniger intensiv und vielleicht erst viel später im Leben, wenn durch Schicksalsschläge das Innere plötzlich brachliegt.

Das Kind in dir muss Heimat finden lautet der Titel eines therapeutischen, sehr aufschlussreichen Buches von Stefanie Stahl, in dem es, grob zusammengefasst, darum geht, dass wir lernen müssen, unserem inneren, verletzten und einsamen „Schattenkind" eine Heimat zu geben, indem wir es selbst „be-eltern". Das heißt, indem wir unseren gesunden „Erwachsenenanteil" darauf hintrainieren, dass er sich liebevoll um unser inneres Kind kümmert, wenn es wieder einmal in Form von übertriebenen emotionalen Reaktionen auf sich aufmerksam machen will. Anstatt uns selbst dafür fertigzumachen, dass wir wieder „so schwach" sind, sollen wir nach Stefanie Stahl lernen, hinzuspüren, woher der Schmerz kommt, und dann durch gute Selbstfürsorge versuchen, das weinende Schattenkind zu trösten.

Ich selbst habe durch diesen therapeutischen Ansatz sehr viel gelernt und diese Verbildlichung durchaus als hilfreich empfunden. Gleichzeitig habe ich oft gedacht: *Wie dankbar bin ich, dass ich nicht nur gute Therapeuten, sondern vor allem Jesus habe.*

Denn selbst wenn wir es schaffen, endlich Frieden zwischen unseren inneren Anteilen zu stiften und eine gute Selbstfürsorge zu betreiben, bliebem wir mit unserer inneren „Ich-Familie" am Ende doch allein.

„Es gibt im Herzen eine Lücke, die nur Jesus füllen kann", umschreibt man dieses Phänomen in frommen Kreisen oft. Und dem stimme ich voll und ganz zu. Allerdings kann ich nicht guten Gewissens behaupten, dass man diese Lücke nie wieder spürt, nur weil man jetzt Jesus hat. Ich zumindest nicht.

Erst vor ein paar Tagen gab es wieder eine Situation, in der bei mir die Wunde der Einsamkeit erneut aufging und ich mich ungesehen und ungeliebt gefühlt habe – obwohl ich Jesus habe. In diesen Schmerz der Einsamkeit mischen sich dann auch gern Schuldgefühle und Selbstvorwürfe: „Du willst Menschen zu einem Leben mit Jesus einladen, in dem sie sich angeblich nie mehr einsam und immer unendlich geliebt fühlen, dabei gelingt dir das selbst nicht! Und das, obwohl du schon so viel mit Jesus erlebt hast und schon so viel über ihn weißt. Was ist nur los mit dir?!"

Ich kann dir sagen, was mit mir los ist: Ich leide an einer anderen Form von Trennungsschmerz, weil Kopfwissen und Herzensglauben einfach nicht zueinanderfinden. Und ich habe es ganz richtig erkannt: Mir gelingt es einfach nicht, mich immer geliebt und gesehen zu fühlen. *Mir* nicht. Aber genau jetzt kommt der Heilige Geist ins Spiel. Meine Mentorin sagte einmal den wunderbaren Satz: **„Der Heilige Geist kann die Wahrheiten, die dein Kopf verstanden hat, in Wahrheiten verwandeln, die dein Herz glaubt. Du kannst und du musst das nicht allein schaffen. Er selbst hilft dir dabei. Du darfst ein inneres Wir-Gefühl kultivieren: Der Heilige Geist und ich –** *wir* **schaffen das!"**

Ein Wir-Gefühl kultivieren. Wäre es nicht wunderschön, tatsächlich immer mit diesem Wir-Gefühl durchs Leben zu gehen und sich wirklich nie mehr einsam zu fühlen? Es wäre nicht nur wunderschön, sondern auch zutiefst göttlich, weil sich Gott genau so gutes Leben vorstellt: in innigster Gemeinschaft. Er selbst lebt als dreieiniger Gott schließlich genauso und sagte: „Jetzt wollen *wir* den Menschen machen …" (1. Mose 1,26).

Als ich mich kürzlich durch die Arbeit an dem Buch *Heilige Geist, der: nahbarer Gott, engster Vertrauter und größter Wunderwirker*[2] von Christophe Domes noch einmal ganz neu und intensiv mit der Person

---

[2] Christophe Domes: *Heilige Geist, der: nahbarer Gott, engster Vertrauter und größter Wunderwirker.* Gerth Medien, Asslar 2021.

des Heiligen Geistes befasst habe, hat es mich zutiefst berührt, wie und in welcher Situation Jesus ihn seinen Jüngern vorstellt. Er, der menschgewordene, gestorbene und wiederauferstandene Sohn Gottes, für den sie alles hinter sich gelassen haben und in dessen inniger Gemeinschaft sie sich zum ersten Mal vollständig und vollkommen gesehen und geliebt gefühlt haben, kündigt an, sie bald zu verlassen. Was muss das für ein Schmerz gewesen sein! Wie weit muss die in seiner Gegenwart geheilte Wunde der Einsamkeit bei diesen Worten wieder aufgeklafft sein! Doch dann sagt Jesus ihnen, es sei gut, dass er gehe, denn sonst würde der Tröster nicht kommen (vgl. Johannes 16,7).

Der Heilige Geist wird folglich in erster Linie als derjenige beschrieben, der die Lücke im Herzen füllen kann und der uns respektive unser Herz an alles erinnern kann, was Jesus uns gelehrt und verheißen hat, wie es an anderer Stelle heißt (vgl. Johannes 14,26). Und aus Jesaja 66,33 wissen wir, welche Qualität der Trost Gottes hat: Gott will uns trösten, wie eine Mutter ihr Kind tröstet. Ich glaube, es ist deshalb kein Zufall, dass der hebräische Begriff *ruach*, der u. a. mit „Geist" oder „Geist Gottes" übersetzt wird, weiblich ist … **Der mütterlich-tröstende Teil Gottes nimmt sich unseres verwaisten inneren Kindes an und stellt ihm den himmlischen Vater vor. Er liebt uns zu ihm hin – und führt damit das weiter, was Jesus, Gottes Sohn und somit auf unglaubliche Art und Weise unser „Bruder" in Menschengestalt, auf Erden begonnen hat.**

Aber nun ist der Schauplatz nicht länger ein kleines Land im Mittelmeerraum, sondern der Raum in unserem Herzen. Näher kann Gott uns nicht kommen. Das müssen wir nur noch glauben. Und fühlen. Und das werden wir, wenn wir dem Heiligen Geist immer mehr Raum in uns geben, ihn bewusst einladen und um Hilfe bitten, wozu er uns ja auch gesandt wurde. Diesem tröstenden Geist Gottes, der Himmel und Herz und damit unsere tiefste Wunde der Einsamkeit verbindet. Diesem liebenden Geist Gottes, durch den die Liebe Gottes in unser Herz ausgegossen wurde, ja, der höchstpersönlich in jedem

Jesus liebenden Herzen wohnt und von dort in unaussprechlichem Seufzen direkt mit dem Vaterherz Gottes kommunizieren kann. Diesem mütterlichen Geist Gottes, der uns mit hineinnimmt in den ewigen Kreislauf der Liebe Gottes zwischen Vater, Sohn und ihm selbst, dem mütterlichen Tröster. Diesem Geist, der uns daran erinnert, dass wir adoptiert – also bewusst aufgenommen – wurden in diese vollkommene himmlische Familie. Diesem wunderbaren Geist Gottes darfst du in deinem Inneren Raum geben.

Und dann darf dein inneres Kind Heimat finden – in der ewigen dreifachen Umarmung unseres dreieinigen Gottes.

DOWN TO EARTH

Umarme dich selbst und stelle dir dabei vor, du befändest dich gerade in dieser Umarmung Gottes. Bete laut den Satz: „Ich in dir und du in mir, Jesus – *wir* schaffen das!" Das wird dein Wir-Gefühl stärken und ist nichts anderes als eine wunderbare geistliche Realität.

SCHÖNHEIT LIEGT IM HERZEN DES ERSCHAFFERS!

Steh auf, meine Freundin, meine Schöne, und komm!
Hohelied 2,10

Kennst du das Phänomen, dass ein Mensch, den du lieb hast, immer schöner für dich wird, je besser du ihn kennen- und lieben lernst? Und das, obwohl er „objektiv betrachtet" vielleicht nicht den klassischen Schönheitsidealen entspricht? Er ist in deinen Augen einfach ein schöner Mensch. Ich habe zum Beispiel eine Freundin, die nicht den gängigen Schönheitsidealen entspricht, und leider findet sie sich selbst auch überhaupt nicht attraktiv, aber in meinen Augen ist sie wunderschön. Nicht nur, weil ich sie einfach von Herzen gern habe, sondern weil Gott mir eine Ahnung davon geschenkt hat, was er sich dabei gedacht hat, als er ihr genau diese Augen, diese Statur und genau diese Stimme gegeben hat … Es ist, als hätte er mir kurz die „rosarote Brille" aufgesetzt. Ich habe das öfter: Momente, in denen ich plötzlich das buchstäblich *Liebens*werte an Menschen ganz deutlich erkennen kann.

Und das Faszinierende ist: **Gott hat diese „Brille" die ganze Zeit auf, wenn er uns anschaut, denn er liebt uns wie verrückt. Er sieht demnach ständig das Liebenswerte an und in uns. Das, was uns für Menschen so schön macht, die uns lieben, und das Wunderschöne, das niemand sonst wahrnehmen kann.**

Nicht umsonst sagt das Sprichwort: „Schönheit liegt im Auge des Betrachters." Wie gut, dass wir in den Augen unseres Schöpfers tatsächlich alle wunderschön sind. Es wäre jedoch geheuchelt zu behaupten, dass „objektiv" betrachtet, alle Menschen mit dem gleichen Maß an Schönheit gesegnet sind. Schon in der Bibel finden wir Hinweise darauf, dass manche Frauen offensichtlich mit einer besonderen Schönheit beschenkt wurden – wie etwa Königin Esther, die trotz ihrer (geheim gehaltenen) jüdischen Abstammung zur Königin von Persien wurde. Später konnte sie durch einen mutigen Glaubensschritt und nicht zuletzt eben auch aufgrund ihrer buchstäblich entwaffnenden Schönheit Gunst beim König erlangen und ihr Volk vor der angeordneten Vernichtung bewahren.

Dennoch gilt: In den liebenden Augen unseres göttlichen Betrachters sind alle Menschen – und insbesondere alle Frauen – schön. So steht schon in 1. Mose 6,2, dass die Töchter der Menschen sehr schön waren. Im Hohelied, das vielfach als Sinnbild für das Liebesverhältnis zwischen Jesus Christus und seiner Braut (also uns) verstanden wird, finden wir gleich zweimal die wunderschönen Worte: „Steh auf, meine Freundin, meine Schöne, und komm!" (Hohelied 2,10 und 13).

Kann es vielleicht sein, dass gerade im (Wieder-)Entdecken unserer eigenen Schönheit die Kraft liegt, um wieder aufzustehen, wenn Schuld und Scham uns zu Boden gedrückt haben und wir vom langen Kämpfen müde geworden sind? **Kann es sein, dass das, was viele nicht mehr hören können, tatsächlich eine extrem wichtige geistliche Wahrheit ist, die uns nicht zu harmlosen, süßlich-lieblichen Prinzessinnen degradieren, sondern zu starken Kriegerprinzessinnen machen will: dass wir alle „wunderschöne Königstöchter sind"?** Weil Menschen, die sich schön fühlen, sich immer auch gesehen und geliebt fühlen und aufrecht durchs Leben gehen? Ich glaube, ja. Zumindest, wenn diese Wahrheit es irgendwie schafft, von unseren Köpfen in unsere Herzen zu rutschen.

Aber wie soll das gehen – gerade wenn uns die gängigen Schönheitsideale immer wieder an unsere Schönheitsmakel erinnern?

Als ich wieder einmal damit gerungen habe, kam mir der Satz in den Kopf: „Schönheit liegt nicht (nur) im Auge des Betrachters, sondern im Herzen des Erschaffers!"

Aber was machen wir mit dieser Erkenntnis? Ich bin ein Freund von tiefen Gedanken, ringe aber auch immer darum, wie man das Erkannte ganz praktisch umsetzen kann. Und ich glaube, es bringt nichts, wenn wir uns zehnmal am Tag vor den Spiegel stellen und sagen: „Ich bin wunderschön!", wenn wir das tief in uns sowieso nicht glauben, da wir die Messlatte von GNTM im Hinterkopf haben.

Ich glaube vielmehr, wir müssen, auch wenn es um unser Schönheitsempfinden geht, bei unserem Herzen anfangen. Wir müssen unser Herz verändern lassen, damit wir unser Äußeres anders wahrnehmen können.

Wir müssen uns von Gott lieben lassen, seine Nähe suchen, sein Wesen suchen und seine Gedanken über uns ergründen, damit wir wirklich erahnen können, wie er uns sieht. Und damit wir einen Blick für unsere eigene Schönheit bekommen, für unsere *wahre* Schönheit.

„Schönheit vergeht!", sagt man, aber es gibt eine Schönheit, die in alle Ewigkeit bestehen wird, und das ist die Schönheit deines und meines Herzens. Deshalb habe ich mir angewöhnt zu beten: „Herr, mach mein Herz ewigkeitsschön!" Damit meine ich, dass er mein Herz so formen soll, dass es schön wird für die Ewigkeit – denn es ist eine ziemlich lange Zeit, die ich dort mit meinem Herzen verbringen werde. Ich bete also, dass Gott mein Herz so umgestaltet, dass er ewig Freude daran hat.

Ewigkeitsschön zu sein heißt für mich aber auch, ganz eng mit Gott verbunden zu sein – denn genau das wird ja das Schöne an der Ewigkeit sein: Wir werden in engster Gemeinschaft mit Gott leben. Und wenn ich schon jetzt eng mit Gott verbunden bin, dann lerne ich ganz automatisch immer mehr, mich so zu sehen, wie er mich sieht – und auch die anderen Menschen so zu sehen, wie Gott sie sieht. Die Frage: „Was hat Gott sich wohl bei dieser Person gedacht?", hilft mir dabei, der Schönheit die Tür zu öffnen beziehungsweise dem Künstler höchstpersönlich, der mir dann *seine* Gedanken zu dem Kunstwerk erklären kann, das gerade vor mir steht.

Um das an einem Beispiel zu illustrieren: Warst du schon mal in einem Museum und hast dort ein Gemälde betrachtet, das dich im ersten Moment nicht unbedingt begeistert hat, weil es eher unauffällig wirkte oder nicht deinem Geschmack entsprach? Aber dann hast du erfahren, was der Künstler sich dabei gedacht hat, wie viel Zeit, Mühe und Herzblut er investiert hat und was ihn zu diesem Kunstwerk inspiriert hat – und plötzlich hast du das Bild mit ganz anderen Augen gesehen, weil du die Liebe, Detailgenauigkeit und Leidenschaft des Künstlers darin erkennen konntest. Auf einmal konntest du erahnen, was ihn bewegt hat, als er dieses Bild gemalt hat, weil du nun seine Bedeutung verstehen konntest.

Lieben heißt, jemanden so zu sehen, wie Gott ihn gemeint hat, sagt man. Ich glaube, das passt auch wunderbar zum Thema „Schönheit". Jemanden schön finden heißt, jemanden so zu sehen, wie Gott ihn gemeint hat. Ich halte nicht länger nach der äußeren Perfektion Ausschau, sondern nach der inneren Inspiration, die Gott hatte, als er mein Gegenüber und mich selbst erschuf. Und wenn ich dann erkenne, was er sich dabei gedacht hat, als er dieses Gesamtkunstwerk gestaltet hat, kann ich mich darüber freuen.

Und je besser wir mit den Gedanken und dem Herz unseres Schöpfers vertraut sind, der den größten Sinn für Schönheit überhaupt hat, desto mehr verändert sich auch unser Blick auf unser Äußeres und auf andere: Er wird gnädiger. Und mit ihm die Stimme in unserem Kopf. Du denkst nicht länger: *Mann, bist du schon wieder fett geworden!,* wenn du ein kleines Röllchen an deinem Bauch entdeckst, das da vorher noch nicht war, sondern überlegst vielleicht schmunzelnd: *Na, da hat aber jemand in den letzten Wochen das Leben in vollen Zügen genossen!,* und erinnerst dich dankbar an das viele leckere Essen in netter Gesellschaft.

Aber vielleicht gibt es auch Dinge an deinem Äußeren, die dich an schwere Zeiten erinnern: tiefe Sorgenfalten, Narben, lichte Stellen auf dem Kopf von stressbedingtem Haarausfall... Dann hilft mir die Erinnerung: Ja, ich bin gezeichnet vom Leben, doch zuerst von Gottes Hand!

Und mittlerweile kann ich auch auf diese unschönen Zeiten in meinem Leben gnädiger zurückblicken. Ich durfte erkennen: Auch meine längsten und schwersten Kämpfe hatten etwas Schönes: Gerade sie haben mein Herz „ewigkeitsschöner" gemacht.

Sie haben mich tief geprägt und geschliffen. Haben meinen geistlichen Blick auf die Welt und mein eigenes Leben geschärft. Haben mich gelehrt, Dinge mehr aus der Perspektive der Ewigkeit heraus zu betrachten, wodurch sie wieder ins richtige Verhältnis gerückt werden konnten. Und vor allem haben sie mich letztendlich näher zu Gott gebracht, denn wie ich schon in der Einleitung geschrieben habe: Wir gehen nie stärker „auf Tuchfühlung" mit Gott als dann, wenn wir mit ihm ringen. **Wir lernen sein wahres Wesen nie besser kennen als dann, wenn wir darauf zurückgeworfen sind, alles von ihm zu erwarten, weil wir selbst nicht mehr können. Ja, gerade in meinen schwersten Kämpfen wurde mein Herz schön. Und ich bin mir sicher, das gilt auch für dein Herz, selbst wenn es sich gerade vielleicht nur ganz schön geschunden anfühlt.** Aber jeder noch so harte Kampf war die Sache wert, wenn dein Herz dadurch ewigkeitsschöner wurde!

Und als positiver Nebeneffekt wirst du von anderen ebenfalls als schöner wahrgenommen, wenn du dein Innerstes von der Schönheit Gottes hast prägen lassen, denn sie strahlt aus!

Ich hatte früher große Komplexe, war chronisch unzufrieden mit mir und konnte deshalb auch nur schwer Komplimente annehmen. Mein Blick auf mich selbst war von Perfektionismus und Ungnade geprägt. Heute fühle ich mich immer noch nicht jeden Tag schön, aber immer öfter, weil Gott mir immer stärker den Blick für meine

Schönheit geöffnet hat. **Und an den Tagen, an denen ich sie trotzdem nicht erkennen kann, setzt er mir seine Version der „rosaroten Brille" auf: seine Gnadenbrille, durch die ich zwar nicht blind bin für meine Macken, Narben und Fehler und alles nur in kitschig verzerrtem, rosarotem Licht sehe, aber mich sehe, wie ich nun mal bin – nicht *schön* perfekt, aber ganz *schön* geliebt.**

Um noch einmal zu dem Beispiel mit dem Kunstmuseum zurückzukehren: Stell dir vor, das Kunstwerk, das gerade gelobt wurde, könnte reden. Was würde den Künstler, der es erschaffen hat, wohl mehr freuen? Wenn es sagen würde: „Na jaaaa... aber die Farbkomposition ist noch verbesserungswürdig und der Pinselstrich an dieser Stelle gefällt mir auch nicht so gut. Außerdem ist das Bild, das neben mir hängt, doch sowieso viel schöner"? Oder: „Danke, ich finde auch, dass er mich besonders schön gemacht und sich ganz besonders viel Mühe gegeben hat!"?

Wie wäre es, wenn wir beim nächsten Kompliment, das wir bekommen, nicht länger verschämt oder verlegen sind oder kopfschüttelnd abwinken, sondern einfach innerlich ein „Danke, Gott" flüstern?

DOWN TO EARTH

Jede Veränderung braucht Zeit, das gilt auch für unsere Selbstwahrnehmung. Aber wie wäre es, wenn du mal damit anfangen würdest, dir an den Tagen, an denen du jetzt schon Schönheit an und in dir entdecken kannst, dir selbst dein schönstes Lächeln zu schenken, wenn du vorm Spiegel stehst, und zu sagen: „Danke, dass du mich schön gemacht hast, Gott!"? Vielleicht kannst du es dann bald auch an den anderen Tagen sagen ...

In einem nächsten Schritt könntest du dann ausprobieren, Komplimente von anderen einfach dankend anzunehmen. Ohne Wenn und Aber. Und vielleicht schaffst du es sogar irgendwann, ganz frei heraus zu sagen: „Danke, ich finde mich heute auch sehr schön!"

Und bis dir das gelingt: Schnapp dir einfach Gottes Gnadenbrille und übe fleißig weiter – und vergiss nicht, auch anderen Frauen Komplimente zu machen. Auf diese Weise kannst du ihnen helfen, ihre eigene Schönheit zu entdecken.

Da geht noch was! Oder: Her mit dem Segen!

Noch manches, das ich nicht versteh.
Und manchmal tut's noch immer weh.
Doch heute lass ich endlich los.
Mein Mut noch klein, doch mein Gott ist groß!

Ich bin das Leiden leid, ab jetzt ist Freudenzeit.
Spann meine Flügel breit.
Gestärkt, geliebt, befreit.
Das Dunkle hinter mir,
ziehst mich zum Licht, zu dir.

Und du lässt Wunder regnen
auf die Wunden meines Lebens.
Befreit, geliebt, nichts war vergebens.
Du heilst die Wunden meines Lebens.

Mein treuer Gott von langen Wegen,
ich tanz mit dir im Wunderregen.

„ICH SEHE WAS, WAS DU NICHT SIEHST, UND DAS IST … REAL!" – GOTT

Er öffne euch die Augen, damit ihr seht, wozu ihr berufen seid, worauf ihr hoffen könnt und welches unvorstellbar reiche Erbe auf alle wartet, die zu Gott gehören.
Epheser 1,18

Vor ein paar Tagen habe ich ein YouTube-Video gesehen, das mich sehr berührt hat: Ein junger Familienvater ist seit seiner Kindheit nahezu vollständig blind. Er kann nur Helldunkelkontraste wahrnehmen und ganz schemenhaft erkennen, was um ihn ist. Dennoch hat er eine tolle Frau gefunden, mit der er auch einen kleinen Sohn bekommen hat.

Beide hat er noch nie gesehen, aber er hört und fühlt sie – und liebt sie über alles. Dann erfuhr er übers Fernsehen von einer neuen High-techbrille, die in Echtzeit auch die kleinsten Sehimpulse um ein Vielfaches verbessern und ergänzen kann, sodass die Menschen mit ihr annähernd normal sehen können. Er meldete sich bei den Machern der Fernsehsendung, in der diese Brille vorgestellt wurde, und wurde später tatsächlich mit seiner kleinen Familie eingeladen, um sie vor laufender Kamera selbst auszuprobieren.

Und dann kam der Moment: Er sah zum ersten Mal seine wunderschöne Frau und sein entzückendes Kind. Was er vorher nur erahnt, gehört und gefühlt hatte, stand ihm jetzt tatsächlich vor Augen. Vor lauter Überwältigung brach er in Tränen aus … Ich könnte mir vorstellen, dass er die beiden danach noch mehr liebte und mit einem ganz anderen Lebensgefühl durch die Welt ging – weil er wusste, er sieht sie zwar nur schemenhaft in Schwarz-Weiß, aber in Wahrheit ist sie farbenfroh, konkret und einfach wunderschön.

Mich hat diese Geschichte auch deshalb so berührt, weil ich mir gerade in letzter Zeit viele Gedanken über die Welt mache, für die wir offensichtlich manchmal eine „Sehschwäche" haben: die unsichtbare Welt. Also, ich zumindest. Ich weiß ja nicht, wie oft du dir im Alltag über die Gegenwart von Engeln und Dämonen Gedanken machst oder wo geistlich gesehen gerade deine Position ist?

Jedenfalls beschleicht mich zunehmend eine Ahnung, dass darin der Schlüssel für ein kraftvolles und auch erfüllendes Christsein liegt: wenn die unsichtbare Welt für uns realer und wichtiger wird als die sichtbare. Denn das ist sie. Schon der kleine Prinz sagte in der berühmten Geschichte: „Das Wesentliche ist für die Augen unsichtbar."

Ich meine damit jedoch nicht, dass wir völlig „vergeistigt" durchs Leben schweben und den Bezug zum Alltag verlieren sollten, sondern dass wir ganz im Hier und Jetzt sein, aber gleichzeitig ein Bewusstsein dafür entwickeln sollten, dass in der unsichtbaren Welt gerade noch andere Dinge vor sich gehen.

Ja, manchmal wünsche ich mir, es gäbe auch für uns Christen eine solche Hightechbrille, mit der wir hin und wieder die unsichtbare Welt „sehen" könnten.

Aber dann frage ich mich wieder, ob ich das tatsächlich sehen will. Denn wenn in der Bibel steht, dass wir permanent in einem geistlichen Kampf stehen, dann geht es in der unsichtbaren Welt zweifellos nicht immer so friedlich zu, und wir würden manches sehen, was wir lieber nicht sehen wollen …

Wie bei einer irdischen Auseinandersetzung kann die Lösung allerdings auch nicht darin bestehen, die Augen vor dem Feind zu verschließen und einfach so zu tun, als gäbe es diesen Kampf nicht.

Das mag uns für einen kurzen Moment vielleicht ein trügerisches Gefühl von Sicherheit vermitteln, macht uns de facto aber angreifbarer und leicht besiegbar. Also doch lieber keine „blinden Flecken"?

Ja, denn es stimmt, ich würde mit dieser „Hightechbrille" Mächte, Geister und andere Wesen sehen, die ziemlich angsteinflößend wirken können. Aber was ich auch sehen würde, ist, dass ich, dass *wir* umlagert sind von Engeln, die uns in Gottes Auftrag schützen. Mehr noch: Ich würde sehen, dass Jesus durch seinen Geist nicht nur in mir lebt, sondern ich tatsächlich auch in ihm (vgl. z. B. 2. Korinther 5,17). Ich würde sehen, was es wirklich bedeutet, wenn David in Psalm 139 sagt: „Von allen Seiten umgibst du mich und hältst deine schützende Hand über mir." Ja, ich bin voll und ganz von ihm durchdrungen und gleichzeitig in ihm geborgen.

Und vor allem würde ich sehen, wo meine Position auf dem geistlichen Schlachtfeld ist – und zwar *immer*: auf der Siegerseite. Genau genommen ist sie nicht mal auf dem Schlachtfeld selbst, denn da ficht Gott entspannt meine Kämpfe aus, deren Sieg er schon längst errungen hat. Ich sitze nur auf der Zuschauertribüne, dort, wo meine einzige Aufgabe darin besteht, meinem Gott zuzujubeln und ihn zu loben und zu preisen.

Ja, ich würde sehen, dass ich zwar noch in dieser Welt lebe, aber gleichzeitig bereits in himmlische Orte versetzt bin, wie es in der Bibel heißt (vgl. Epheser 2,6.). Ich würde sehen, dass wir durch die Autorität und Vollmacht, die Jesus selbst uns gegeben hat, so viel mächtiger und erhabener sind als alle „Schreckgespenster", die eigentlich nur eines können: uns Angst machen.

Ja, mir würde ganz deutlich vor Augen stehen, dass Jesus alle Macht gegeben ist, im Himmel wie auf Erden – und in der sichtbaren wie in der unsichtbaren Welt.

Und ich glaube, diese klare Sicht auf die Machtverhältnisse im Reich Gottes und auf unsere eigene Position in dem Ganzen würde uns so manches erleichtern.

Nein, sie würde uns nicht von heute auf morgen alle Probleme nehmen, aber es würde unseren Glauben an diesen großen Gott stärken und gleichzeitig unser Vertrauen in uns selbst. Weil wir wüssten, dass dieser große Gott uns umgibt, um uns und in uns ist, uns befähigt, beschützt und begleitet.

Und wie der blinde Mann würde ich nach diesem Einblick in die unsichtbare Welt wahrscheinlich auch ganz anders durchs Leben gehen. Ich würde zwar manches wieder nur schemenhaft und dunkel sehen, aber ich *wüsste*, dass dies nicht die Realität ist. Denn die Realität strahlt in Regenbogenfarben voller Verheißungen darüber, wer wir in der geistlichen Welt sind: von Liebe und Segen umgebene Siegerinnen. Das sind doch mal schöne Aussichten, oder?

Das Tolle ist, dass wir diese Sicht auch ganz ohne Hightechbrille bekommen können. Wir müssten nur beten: „Herr, öffne mir die Augen meines Herzens!" Und wenn wir dann unseren Blick für das Unsichtbare schärfen wollen, hilft uns der Blick aufs Kreuz: **Die Welt sah einen elendig zugerichteten Mann am Kreuz, der den Tod eines Verbrechers starb, doch in der unsichtbaren Welt errang Jesus genau in diesem Moment des scheinbaren Versagens den größten Sieg.** Das kann uns neuen Mut schenken für all die Fälle, bei denen unsere Hoffnung tot am Kreuz hängt und wir nicht sehen können, dass sich daran etwas ändern wird. Denn wir dürfen wissen: Das, was wir sehen, entspricht nicht der wahren Realität.

DOWN TO EARTH

Wenn du morgens aufwachst, dann öffne mit deinen echten Augen doch auch gleich deine geistlichen. Nimm bewusst die warme, kuschelige Decke um dich herum wahr und bete dann kurz: „Danke, dass du mich genauso von allen Seiten umgibst wie diese Decke, Jesus."

GÖNN DIR WAS! ODER: ENTDECKE GOTTES GROSSZÜGIGKEIT

Mein Gott wird all eurem Mangel abhelfen nach seinem Reichtum in Herrlichkeit in Jesus Christus.
Philipper 4,19 (Luther)

Als ich diesen Text im Frühsommer 2021 schreibe, sind es nur noch zwei Monate bis zu meiner kirchlichen Trauung. Mein Mann und ich wollen die große Feier nachholen, die wir im vergangenen Jahr aufgrund der Coronapandemie verschieben mussten. Das heißt, wir haben mittlerweile schon eine Menge Recherche- und Planungsarbeit hinter uns. Wir mussten schweißtreibende Entscheidungen fällen (Ich sage nur: Gästeliste!), uns über unsere Vorstellungen austauschen, haben Momente erlebt, in denen (hauptsächlich bei mir) die Nerven flatterten, und Momente, in denen wir voller Vorfreude waren. Vor allem aber haben wir mittlerweile eines: ein ganz anderes Verhältnis zum Geld – und auf absehbare Zeit auch einen ganz anderen Kontostand.

Wer selbst schon einmal geheiratet hat, weiß, wovon ich spreche. Horrende Summen werden da hochgeworfen, sobald man das Wörtchen „Hochzeit" nur erwähnt. Meinem Mann und mir war schnell klar, dass wir keine überteuerte Schickimicki-Hochzeit in irgendeinem Schloss wollten, sondern lieber eine entspannte, ausgelassene Outdoor-Hochzeit mit all unseren Freunden. Trotzdem wurde uns rasch bewusst: Wesentlich günstiger würde auch diese Alternative nicht werden, denn wir sind beide reich – reich an wundervollen Freunden und Freundinnen. Aber jeder wertvolle Gast mehr bedeutet, dass ein Stück von unserem Budget verschwindet. Nun sind wir beide großzügige Menschen, sodass es für uns nicht infrage kam, aus Kostengründen nur im kleinen Kreis zu feiern. „Was soll der Geiz? Augen zu und durch!", sagten wir uns schließlich.

Doch während der gesamten Hochzeitsvorbereitungen gab es immer wieder kurze Augenblicke, in denen eine leise Stimme in mir sagte: „So viel Geld. Für *einen* Tag! Das ist Wahnsinn! Überleg doch mal, wie vielen Menschen in Not du damit helfen könntest." Zu allem „Unglück" hörte ich dann auch noch eine Predigt, in der es darum ging, dass Gott auch der Herr über unsere Finanzen sein möchte. Ich muss ehrlich zugeben, dass ich kurz Angst bekam, weil ich nicht wusste, was ich tun würde, wenn er mir irgendwie zu verstehen geben würde, dass ich das angesparte Geld spenden solle.

Zur selben Zeit, es war damals circa acht Monate vor dem geplanten ersten Hochzeitstermin, stieß ich auf die Anzeige einer Akademie, die, verteilt über mehrere Wochenenden im Jahr, eine Kurzbibelschule anbot. Der Besuch einer Bibelschule, das wäre doch eine sinnvolle Investition ins Reich Gottes, dachte ich mir. In einer emotionalen Kurzschlussreaktion klickte ich auf das Anmeldeformular und wollte es schon ausfüllen, als ich den Preis dafür sah: 800 Euro. Das war viel Geld. Aber im Vergleich zu unseren Ausgaben für die Hochzeit immer noch eine lächerliche Summe. *Wenn ich für diesen einen Tag so viel Geld ausgeben konnte, dann sollte ich doch auch bereit sein, das für die Sache Gottes zu tun, oder?*, schoss es mir durch den Kopf. Trotzdem hätte ich das Geld nicht einfach so übrig. Und es gab noch etwas anderes, das mich davon abhielt, mich spontan anzumelden: die Zeit beziehungsweise die Überlegung, dass es an den Wochenenden vor der Hochzeit vielleicht noch andere Dinge zu tun gäbe und die Idee mit der Kurzbibelschule zwar grundsätzlich gut, aber im Moment einfach nicht dran war. Noch bevor ich mit meinem damaligen Verlobten darüber gesprochen hatte, hatte ich mich bereits dagegen entschieden. Ich hatte einfach kein innerliches Go dafür. Doch irgendwie fühlte ich mich trotzdem ein bisschen schuldig.

Es gab noch etwas, das mich in diesen Tagen beschäftigte: Vor ein paar Wochen hatte der Höhepunkt – und vermutlich die größte Entscheidungskrise jeder Braut – angestanden: der Kauf meines (nicht mehr umtauschbaren!) Hochzeitskleides.

In dem Moment, als ich mich dafür entschieden hatte, fand ich es wunderschön und war glücklich damit – selbst wenn ich keinen emotionalen Zusammenbruch erlitt, wie man es aus dem Fernsehen kennt. Ich war glücklich, bis, ja, bis mir zu Hause auf *Instagram* Bilder von anderen Hochzeitskleidern angezeigt wurden, die eher in dem etwas ausgefalleneren Stil waren, wie ich mir mein Kleid eigentlich immer vorgestellt hatte.

Ich sage es mal so: Ich hatte schon bessere Nächte als die folgenden, auch wenn mein gesunder Menschenverstand mir sagte, dass es lächerlich war, sich wegen eines Kleides, das man einmal trägt, so verrückt zu machen. Außerdem war der richtige Mann schließlich viel wichtiger als das richtige Kleid … Und das, was ich gekauft hatte, war ja wunderschön und konnte schließlich auch ohne filmreife Gefühlsausbrüche „das richtige" für mich sein …

Als ich nach ein paar Tagen endlich Frieden darüber gefunden hatte, rief mich eine Freundin an, die im selben Jahr heiraten wollte, und fragte mich, ob ich am nächsten Tag mit ihr in einen Brautladen gehen wollte. Ich schwitzte Blut und Wasser. Aber weil wir so gut befreundet sind, dass ich wirklich ehrlich zu ihr sein konnte, verriet ich ihr, in welchem Zwiespalt ich mich gerade befand, und erklärte, dass ich gerade sämtlichen Brautläden „ent-followed" war, weil ich einfach kein weiteres Brautkleid mehr sehen konnte … Sie konnte mich verstehen – und das zeigte mir erst recht, welch eine tolle Freundin sie war.

Am nächsten Morgen machte ich wie gewohnt meine Stille Zeit, konnte mich aber nicht konzentrieren, weil ich die ganze Zeit den

Eindruck hatte, dass Jesus zu mir sprach: „Fahr doch zum Brautladen!" Irgendwann gab ich nach: „Na gut, Jesus. Ich mache es. Für meine Freundin. Aber du musst dich bitte um mein Nervenkostüm kümmern."

Meine Freundin freute sich riesig über die Überraschung – aber mein Gebet bezüglich meines Nervenkostüms hatte Gott offensichtlich nicht gehört. Denn: Als wir gemeinsam durch die Gänge schlenderten, in denen ein schönes Brautkleid neben dem anderen hing, sah ich es plötzlich – mein absolutes Traumkleid! Es hatte alles, aber auch wirklich alles, was ich mir ausgemalt hatte, und sogar noch eine Besonderheit mehr, die es wirklich einzigartig machte. Obwohl ich mich in einem inneren Gefühlschaos befand, nahm ich es vom Ständer und gab es meiner Freundin zum Anprobieren. So würde ich es wenigstens an ihr sehen können ...

Sie zog es an, doch schon gleich, nachdem sie aus der Umkleidekabine gekommen war, sagte sie: „Es ist wirklich ein wunderschönes Kleid, aber es steht mir einfach nicht. Aber an *dir* könnte ich es mir super vorstellen, Dés!"

„Ich weiß ... ich auch", murmelte ich und mein Nervenkostüm war dahin.

Nachdem meine Freundin schließlich ihr Traumkleid gefunden hatte, fragte mich die – raffinierte – Verkäuferin, ob ich das andere Kleid denn nicht einfach mal anziehen wollte. Und ich tat es.

Als ich aus der Umkleidekabine trat und mich das erste Mal im Spiegel sah, war es da, dieses Gefühl, auf das ich gewartet hatte: Ich wusste sofort, *das ist es*! Und alle Anwesenden ebenfalls. Ich lachte hysterisch in einer Mischung aus Glücksgefühlen und der schmerzlichen Erkenntnis, dass ich ja bereits ein anderes Kleid gekauft hatte.

Vorsichtig fragte ich die Verkäuferin, was es denn kosten würde – nur rein interessehalber. Ihre Antwort: „800 Euro. Es ist um die Hälfte reduziert. Und Sie können es uns nach der Hochzeit auch wieder verkaufen, denn wir haben einen Secondhandmarkt." Es wäre perfekt für die ausgelassene Feier am Abend und auf dem Standesamt könnte ich es auch tragen. Das andere wäre perfekt für die feierliche Trauzeremonie und den Nachmittag. Aber zwei Kleider? Konnte ich das wirklich tun? Außerdem waren es immer noch 800 Euro. Ich hätte das Geld auch für andere wichtige Dinge ausgeben können – zum Beispiel für die Akademie, fiel mir plötzlich wieder ein.

Ich habe das noch nicht oft erlebt, aber in diesem Moment spürte ich förmlich, wie Jesus verschmitzt lächelte. So als würde er mir sagen wollen: „Ich dachte mir, in diesem Fall sind die 800 Euro hier besser investiert. Du weißt doch, ich habe eine Schwäche für glückliche Bräute …" Obwohl mein Verstand mich weiterhin davon abbringen wollte, verspürte ich plötzlich eine große innere Freiheit und ein klares Go dafür.

Bis heute habe ich es nicht bereut und liebe sie beide, meine zwei Hochzeitskleider. Und als würde Gott beweisen wollen, dass ich ihn in dieser Angelegenheit richtig verstanden hatte, setzte er ein paar Wochen später noch eines drauf: Wir bekamen unsere handgefertigten Eheringe zugeschickt, und die Goldschmiedin, die wir persönlich kennen und die ebenfalls Christin ist, hatte auf die beigelegte Karte geschrieben: „Ich weiß nicht, wie es passieren konnte, aber ich habe eure Ringe aus Versehen doch aus dem teuersten Gold gemacht anstatt aus dem günstigeren, das ihr bestellt hattet. Natürlich müsst ihr mir jetzt aber nicht mehr zahlen. Seht es als Zeichen dafür, wie großzügig unser Vater im Himmel ist und dass er in eure Ehe reichlich investieren möchte …"

Warum ich dir diese ganze Geschichte erzähle? Weil ich selten so von Gottes Großzügigkeit überwältigt wurde wie in diesen beiden Momenten – und gleichzeitig so liebevoll von ihm überführt wurde, als ich erkennen musste, dass mein Gottesbild wieder einmal einer kleinen Korrektur bedurfte. Denn was steckte anderes hinter meinen vorangegangenen Zweifeln als die – wenn auch nur unbewusste –

Überzeugung, dass Gott knauserig sei und von mir erwartete, dass ich größere Summen ausschließlich in sein Reich investierte? Dass er mir das rauschende Hochzeitsfest nicht von Herzen gönnte? Dass es von seiner Seite auch ein schmuckloses Beisammensein im kleinsten Kreis getan hätte – kurz den Segen abholen, und fertig?

Ich bin immer sehr vorsichtig mit der Aussage „So ist Gott nicht", aber in diesem Fall kann ich es besten Gewissens sagen: *Aber so ist Gott nicht.* Nicht der Gott der Bibel, dessen Sohn Jesus Christus sein erstes Wunder auf einer Hochzeit (!) vollbrachte, als er Wasser in Wein verwandelte, und zwar literweise! Der später Brot und Fische vermehrte, sodass Tausende statt wurden und noch etliche weitere hätten satt werden können, weil noch so viel übrig blieb. Und ich wage zu behaupten, dass die kostbaren Lebensmittel nicht etwa deshalb übrig blieben, weil sich der allwissende, alle Rechnungsformeln des gesamten Universums kennende Gott verrechnet hatte. Sie blieben übrig, weil Jesus den Menschen zeigen wollte, wie sein Vater ist: dass sein Herz überfließt vor Liebe zu uns. Und dass er uns Überfluss schenken will. Weil er über alle Maßen großzügig ist, wie etliche andere Bibelstellen belegen.

Gleich zwei davon finden wir im berühmten Psalm 23, in dem es heißt: „Mir wird nichts mangeln." Hier wird klar, dass es am Tisch des Herrn nicht darum geht, ob der Becher halb voll oder halb leer ist – nein, Gott schenkt uns „voll ein" (Psalm 23,5; Luther). Es gibt von allem mehr als genug.

Keinerlei Zweifel daran lässt auch der eingangs genannte Vers aus Philipper 4,19: „Mein Gott wird *all meinem Mangel* abhelfen nach *seinem Reichtum* in Herrlichkeit in Jesus Christus."

Ich bin bei meiner Beschäftigung mit dem Thema „Großzügigkeit" vor allem an den zwei von mir hervorgehobenen Formulierungen hängen geblieben. Ja, ich hatte gerade erst in meinen Hochzeitsvorbereitungen erfahren dürfen, wie großzügig Gott doch ist. Aber konnte ich diesem Vers deshalb voll und ganz zustimmen? Füllt

Gott wirklich *all* unseren Mangel? Was ist mit den leidenschaftlichen Jesus-Nachfolgern, denen es tatsächlich an Geld mangelt – nicht nur für eine große Hochzeit, sondern für das Lebensnotwenige? Oder mit denen, denen es an Gesundheit mangelt? Oder an dem so sehnlich gewünschten Partner fürs Leben? Oder mit den Christinnen und Christen, denen es zwar äußerlich an nichts mangelt, aber innerlich vielleicht an Geduld, an Lebensmut, an Freude…?

Wenn ich mich so in meinem christlichen Bekanntenkreis umschaue, dann sehe ich da ehrlich gesagt sehr viele „Mangelerscheinungen". Aber so weit muss ich gar nicht schauen. Es reicht, wenn ich in mein eigenes Herz blicke. Ich kenne selbst das Gefühl, „mangelhaft" zu sein. Es gab Momente, in denen ich einen scheinbar durch nichts zu stillenden Mangel an Liebe, Aufmerksamkeit und Bestätigung spürte, obwohl ich eigentlich genug davon bekam. Ja, auch ich empfinde Mangel in meinem Leben. Und möchte gleichzeitig Bibelstellen wie diese ernst nehmen, die uns ein Leben ohne Mangel verheißen.

An Gottes Willen mangelt es also schon mal nicht. An seinen Ressourcen offensichtlich auch nicht, denn der Mann, der keine feste Bleibe hatte (vgl. Lukas 9,58) und nur mit dem Nötigsten in „Jesuslatschen" durch die Gegend streifte, hat offensichtlich einen sehr reichen Vater, in dessen Reich es unter anderem Straßen aus Gold gibt (vgl. Offenbarung 21,9–27).

Wo ist also das Problem? „Mangelt" es mir wieder nur am richtigen Glauben, mit dem ich keinen Mangel mehr erleben müsste? Ich glaube, nein. Aber vielleicht an einer richtigen Auslegung dieser Bibelstelle. Natürlich könnte man die Sache schnell vom Tisch wischen mit der Antwort: „Nun, als Erben von Gottes Reich gehört uns ohnehin all sein Reichtum." Das stimmt auch theoretisch, dumm nur, dass er uns in der Praxis dennoch nicht immer zur Verfügung steht.

Ich will mir an dieser Stelle deshalb die Freiheit nehmen, diese Aussagen in erster Linie auf unseren inneren Mangel zu beziehen.

Das Gegenteil von Mangel wird in der Bibel immer wieder als etwas Fließendes, Ausgegossenes beschrieben. Als Überfluss. Wie etwa die „Ströme lebendigen Wassers", die aus unserem Inneren fließen sollen (vgl. Johannes 7,38; Luther). **Der buchstäbliche Über-Fluss, nach dem wir uns sehnen, scheint demnach tatsächlich aus uns selbst heraus zu kommen. Von innen nach außen. Aber wir wissen, wir selbst sind nicht die Quelle, sondern Gott (vgl. Psalm 36,10).** In meinem Ringen um die Wahrheit hinter der Aussage „Mir wird nichts mangeln" – trotz aller unbestreitbar vorhandenen Mangelerscheinungen in unserem Leben – kam mir irgendwann der Gedanke:

Kann es sein, dass die Verse aus dem Philipperbrief sich auf Jesus selbst beziehen, an dem wir niemals Mangel haben werden – höchstens einmal an den frommen Gefühlen, die wir oft mit seiner Gegenwart verwechseln?

Konkreter: Kann es sein, dass es uns niemals an seinem *Heiligen Geist* mangeln wird, der in der Bibel immer wieder mit Wasser in Verbindung gebracht wird? Der reichlich über uns ausgegossen ist (vgl. Titus 3,5–6) und durch den die Liebe Gottes in unser Herz ausgegossen ist (vgl. Römer 5,5)? Kann es sein, dass es letzten Endes – wie so oft – darum geht: um die vollkommene, überfließende, verschwenderische Liebe Gottes, derer wir uns ein Leben lang sicher sein dürfen? Und gleichermaßen um seinen Heiligen Geist, unseren Helfer, Tröster, Anwalt, Ratgeber … kurz: der alles in seiner Person eint, was wir für ein erfülltes Leben brauchen? Denn Gott hat uns nicht nur ein bisschen mit ihm „besprenkelt", sondern hat ihn über uns *ausgegossen*, hat uns darin eingetaucht und mit ihm durchdrungen. Da macht die Formulierung „Taufe *im* Heiligen Geist" auf einmal noch mehr Sinn …

Ich glaube, das ist es: Wenn ich die Liebe Gottes durch den Heiligen Geist in meinem Herzen habe, nicht nur theoretisch von ihr weiß, sondern mir ihrer wirklich gewiss bin, dann wird es mir tatsächlich an nichts mehr mangeln. Der größte innere Mangel, unter dem der Menschen leiden können, ist schließlich der Mangel an echter Liebe. Wenn wir diese haben, spüren wir keinen Mangel mehr, auch wenn uns objektiv betrachtet vielleicht noch einige Dinge im Leben fehlen. Dann brauchen wir keinen materiellen Überfluss mehr, der ohnehin meistens nur ein kostspieliger Versuch ist, den inneren Mangel an Anerkennung, an Aufmerksamkeit, an Liebe auszufüllen.

Wer sich zutiefst geliebt weiß, braucht nichts anderes. Nicht umsonst gibt es den, freilich etwas überspitzten Spruch: „Ich brauche nur Luft und Liebe." Ich selbst kenne diese Momente aus meinen Klosteraufenthalten, wenn ich „nur" auf Gott zurückgeworfen war, aber nichts von dem vermisst habe, was wir in unserer Überflussgesellschaft gewöhnlich „brauchen". Manchmal war ich dann so „randvoll" von Gott, dass ich die Worte des Psalmisten nachempfinden konnte: „Herr, wenn ich nur dich habe, bedeuten Himmel und Erde mir nichts" (Psalm 73,25).

Und doch, glaube ich, beziehen sich die genannten Bibelstellen *nicht nur* auf den inneren Reichtum, den Gott schenken kann und will. **Weil er uns so sehr liebt und so großzügig ist, dürfen wir auch immer wieder erleben, dass er uns auch äußerlich übernatürlich versorgt und überschwänglich beschenkt – und dass er es uns gestattet, uns selbst auch einmal etwas zu gönnen.** Denn seine Ressourcen, Mittel und Wege sind tatsächlich unerschöpflich. Ja, es ist wichtig und richtig, dass wir mit dem, was Gott uns anvertraut, freigiebig sind, aber alles hat seine Zeit, wie es im 3. Kapitel des Buches Prediger heißt. Es gibt eine Zeit des Spendens und Schenkens und eine Zeit des Beschenkt-Werdens und Empfangens. Es gibt eine Zeit des Sparens und eine Zeit des Feierns. Und wenn man eines mit Sicherheit sagen kann, dann, dass Gott Feiern liebt – und Hochzeiten ganz besonders. Nichts anderes werden wir schließlich in Ewigkeit mit ihm machen!

Als ich vor ein paar Tagen noch mal vor der Frage stand, ob wir uns noch eine bestimmte Sache für die Hochzeit leisten wollten, und ich mit einer meiner Gebetsschwestern darüber ins Gespräch kam, nahm sie mir die letzten Zweifel: „Weißt du, Désirée, für dich ist das alles viel Geld. Aber für Gott ist das ein Klacks. Ihm gehören alle Reichtümer des gesamten Universums. Er ist jetzt gerade mal nicht auf dein Geld angewiesen, um Menschen in Not zu helfen."

Ja, mein Gott ist ein reicher Gott. Er kann die Gedanken der Mächtigen lenken wie Wasserbäche (vgl. Sprüche 21,1) und auch jemand anderem aufs Herz legen, dort in sein Reich zu investieren, wo gerade Hilfe gebraucht wird. Und wenn Gott Brot vermehren kann, dann kann er zur Not auch Geldscheine vermehren.

Er ist wirklich nicht auf mich angewiesen. Und auch nicht auf dich. Deshalb ist es völlig in Ordnung, auch mal in andere Dinge zu investieren. Und plötzlich wurde mir bewusst: Mit unserer Hochzeit investieren wir ja in gewisser Weise in sein Reich! Wir werden sein größtes Geschenk und seine beste Erfindung feiern – die Liebe – und vor ihm und all unseren Freunden und Familienangehörigen bezeugen, dass wir daran glauben, dass es sie doch noch gibt, diese ewige, bedingungslose Liebe – und diesen ewigen Gott, der uns so leidenschaftlich liebt. Und verschwenderisch großzügig zu seinen Königskindern ist.

Wenn mich später jemand auf den Kleiderwechsel ansprechen und sich erkundigen sollte, warum ich denn zwei Kleider habe, werde ich einfach antworten: „Weil Jesus mir das von Herzen gegönnt hat!" Und vielleicht fließt dann etwas von dieser Liebe Gottes und seinen Strömen lebendigen Wassers aus mir heraus zu meinem Gegenüber …

Der Geist und die Braut sagen: „Komm!" Und wer das hört, soll auch rufen: „Komm!" Wer durstig ist, der soll kommen. Jedem, der es haben möchte, wird Gott das Wasser des Lebens schenken (Offenbarung 22,17).

DOWN TO EARTH

Erstelle doch mal eine Liste mit allen „Segensgeschenken", durch die du Gottes Großzügigkeit schon erleben durftest. Denke dabei nicht nur an die „großen" Dinge!

....

....

....

....

....

....

....

....

....

....

....

....

....

....

KREATIVITÄT ALS
FINGERABDRUCK GOTTES

Dann sagte Gott: „Jetzt wollen wir den Menschen machen, unser Ebenbild, das uns ähnlich ist."
1. Mose 1,26

Siehe, ich will ein Neues schaffen, jetzt wächst es auf, erkennt ihr's denn nicht?
Jesaja 43,19 (Luther)

„Lass deine Schönheit in mein Herz fließen", betete ich mit einer imposanten verschneiten Bergwelt vor Augen, nachdem durch ein aufwühlendes Ereignis kurz vor unserem Skiurlaub wieder einmal eine alte Wunde aufgerissen war. Ohne es zu wissen, sprach ich damit etwas aus, das für mich zu einem wichtigen Schlüssel auf dem Weg von einer Ringerin zu einer Überwinderin werden sollte: die bewusste Konfrontation mit entwaffnender Schönheit. So durfte ich in den kommenden Monaten erfahren, welche heilsame Kraft darin liegt, sich, wie Goethe es ausdrücken würde, bewusst mit dem „Wahren, Schönen, Guten" zu befassen, selbst wenn, nein, *gerade* wenn es in einem selbst im Moment nicht so schön aussieht. Und ich glaube, es ist die besondere Wirkung von Schönheit, die sie auch so existentiell wichtig für unsere Gottesbeziehung macht.

Denn was macht es mit mir, wenn mir wahre Schönheit begegnet – wie etwa in der atemberaubenden Bergwelt? Ich staune. Mein

Herz wird weit und auf unerklärliche Weise tief ergriffen. Für einen Moment lang will ich nur noch eines: den Kampf unterbrechen, meine Waffen niederlegen und einfach innehalten und diese Schönheit in mich aufnehmen. **Ja, das Wesen von Schönheit ist Zweckfreiheit. Ist völliges Fehlen von jedem Handlungsauftrag. Schönheit will einfach nur wahrgenommen, aufgenommen und genossen werden. Und das Herz erfreuen.** Ein Gemälde muss nicht erst etwas *tun*, damit wir es schön finden, genauso wenig wie eine Landschaft. Es ist gerade ihr einfaches So-Sein, das sie schön macht. Ihr pures Sein atmet Schönheit.

Was für ein ergreifender Gedanke, dass Gott, der Erfinder aller Schönheit, genauso auf seine Schöpfung blickt – und auf uns, die wir als ihre Krone gelten. Und wie wird *uns* das Herz erst übergehen, wenn wir irgendwann ihn selbst sehen, die vollendete Schönheit in Person!

Früher kamen mir Liedzeilen wie „Schönster Herr Jesu" irgendwie befremdlich vor, doch mittlerweile glaube ich, er selbst ist es, der seine weltweite Gemeinde wieder an diese oft in Vergessenheit geratene Eigenschaft Gottes erinnern will. Und zwar aus gutem Grund: Schönheit öffnet nicht nur innere Räume des Staunens und Ergriffenseins, sondern färbt auch ab! Das belegt auch die Bibel: Als Mose auf dem Berg Sinai einen kurzen Blick auf die Herrlichkeit Gottes erhaschen durfte, glänzte sein Gesicht danach noch tagelang (vgl. 2. Mose 34,29–35). Wie schön wäre es, wenn man auch auf deinem und meinem Gesicht einen Abglanz der Schönheit Gottes wahrnehmen würde!

Je länger ich über Schönheit nachdenke, desto mehr gerate ich ins ehrfürchtige Staunen – über diese Welt, aber mehr noch über den, der sich alle diese großen und kleinen Weltwunder ausgedacht hat. **Was für einen kreativen Gott haben wir! Ich staune, dass er diese Welt geschaffen hat, so wie sie ist – und dass er *uns* geschaffen hat, so wie wir sind. Aber vor allem staune ich darüber, dass er diese durch und durch göttliche Eigenschaft des Kreativseins auch in uns**

hineingelegt hat. Und ich bekomme eine Ahnung davon, dass der, der all diese Schönheit erschaffen hat, auch in mir und durch mich Schönheit erschaffen will. Dass dadurch vielleicht auch bei mir genau wie bei Mose ein Abglanz seiner Schönheit sichtbar werden kann ...

Johannes Hartl warf in einer seiner Predigten die Fragen auf: „Wo darf das Schöpferisch-Kreative in unserem Alltag Raum finden? Wo dürfen wir einfach nur spielerisch und zwecklos Schönes erschaffen? Wie leben wir unsere Gottesbildähnlichkeit aus und verherrlichen dadurch unseren kreativen Schöpfer?" Mir gingen diese Fragen noch lange nach, weil ich selbst diesen Bereich lange Zeit komplett aus den Augen verloren und meinen Fokus statt auf zweckfreies kreatives Erschaffen auf effiziente Produktivität gelegt hatte. In meiner Klinikzeit entdeckte ich dann meine Freude am künstlerischen Gestalten ganz neu – und auch die heilsame Wirkung davon.

Inzwischen bin ich überzeugt, es ist wichtig, dass wirklich jeder von uns diesem zweckfreien, spielerischen Erschaffen einen festen Platz in seinem leistungsorientierten Alltag einräumt. Und dass auch darin eine Erfüllung von Jesu Auftrag liegt, wie die Kinder zu werden. Denn wenn wir – in welcher Form auch immer – kreativ sind, laden wir damit Schönheit und Leichtigkeit in unser Leben ein, die das perfekte Gegengewicht zu Dunkelheit und Schwere sind, die sich immer wieder in unserem Alltag einnisten wollen.

Ich durfte erfahren: Manchmal ist die Konfrontation mit Schönheit die beste Antwort auf so manche quälende Frage. Deshalb möchte ich dich heute einladen: Umgib dich mit Schönem. **Fülle deinen Geist mit Schönem. Und vor allem: Sei selbst kreativ und erschaffe Schönes. Denn im zwecklosen Erschaffen und Betrachten des Schönen findet auf wundersame Weise Heilung statt. Vielleicht, weil wir dann immer auch den betrachten, der der Urheber aller Schönheit ist – und der unsere Wunden in Wunder verwandeln kann.**

Falls du jetzt einwenden willst: „Alles schön und gut, aber ich bin einfach nicht so der kreative Typ!", kann ich dich beruhigen: Ausnahmslos *jeder* Mensch ist kreativ – ganz einfach deshalb, weil wir nach dem Ebenbild Gottes, nach dem kreativsten Schöpfer und größten Schöngeist des gesamten Universums, erschaffen wurden. Vielleicht ist unsere Fähigkeit, kreativ zu sein, sogar einer der deutlichsten Hinweise auf unsere Ebenbildlichkeit.

Dabei muss unsere Form der Kreativität nicht immer so offensichtlich sein wie bei Malern, Poetinnen, Musikern, Gestalterinnen oder anderen künstlerischen Menschen. Sie ist auch nicht an qualitativ hochwertige Endergebnisse gebunden. Vielmehr geht es um die Fähigkeit und Schönheit des Erschaffens selbst.

Ich wünsche mir, dass wir als Gottes schöpferische Ebenbilder Freude daran finden, Schönheit in die Welt zu bringen und mit all unseren großen und kleinen, außergewöhnlichen und alltäglichen Kunstwerken dann wiederum auf ihn verweisen. Also, lasst uns mehr Schönheit in unserem Leben kultivieren und dem Schöpferischen und Schönen den Raum geben, den es verdient – und lasst uns lernen, zu wahren Lebenskünstlerinnen zu werden!

DOWN TO EARTH

Mach doch heute einmal etwas Kreatives, völlig Sinn- und Zweckbefreites. Entdecke die Freude am Spielerisch-Schöpferischen wieder, ganz egal, wie das Ergebnis aussieht. Du könntest dir zum Beispiel Fingermalfarben besorgen und dich damit einfach ein bisschen austoben. Der Vorteil davon: Du kommst gar nicht erst in Versuchung, etwas ganz korrekt malen zu wollen, weil das damit schlichtweg nicht möglich ist.

GRÖSSTER POET

Du warst das allererste Lied.
Deine Schöpfung singt
mit den Engeln und dem Wind.
Und weil dein Lied stets in mir klingt,
muss ich singen und vor Freude springen.
Du warst der erste große Maler.
Bin vom Leben gezeichnet, doch zuerst von deiner Hand.
Du warst der erste große Poet.
Alles reimt sich bei dir
auf Leben und vergeben.
Weil's in mein Herz geschrieben steht,
darf ich leben, du hast mir vergeben.
Ich such nach Worten, doch welche ich auch find,
nichts sagt mehr aus als dein Flüstern im Wind.
Und würd ich versuchen, ein Kunstwerk zu malen,
würden deine Farben es doch überstrahlen.
Und würd ich finden die schönste Melodie,
würd sie nie erklingen wie deine Himmelssymphonie.
Doch macht's mich nicht traurig oder frustriert,
kein Künstler auf Erden, der dich kopiert.
Doch in all unseren Werken, Versuchen und Müh'n
steckst du mit deiner Schöpfungskraft drin.
Und ich bin mir sicher, ja, ich weiß bestimmt,
dass wir dein größtes Kunstwerk sind.

ICH ERWARTE, DU ERWARTEST, ER WARTET. ODER: WUNDER ZWISCHEN WARTEN UND ERWARTUNG

Das Warten der Gerechten wird Freude werden.
Sprüche 10,28 (Luther)

Endlich da! Erleichtert ließ ich meinen schweren Rucksack von den Schultern gleiten und blieb andächtig einen Moment vor dem großen Klostertor stehen. In den vergangenen Wochen hatte ich einige Lasten mit mir herumgeschleppt: anstehende Entscheidungen, Zukunftssorgen, Stress. Hier hoffte ich, alles von mir abstreifen zu können – wie diesen Rucksack. Eine Zeit des Schweigens in der Karwoche schien die perfekte Gelegenheit dafür zu sein. Eine ganze Woche Stille. Eine ganze Woche innere Ausrichtung auf Gott – ohne Handy, ohne Musik und sogar ohne Lesestoff. Nur Ruhe, Gott und ich. Das war eine Herausforderung! Doch ich wollte sie gern auf mich nehmen, schließlich erwartete ich viel von dieser besonderen Auszeit.

So trat ich durch das Klostertor mit offenen Fragen und offenem Herzen, bereit für klare Antworten und tiefe Erfüllung durch die spürbare Gegenwart Gottes. Erwartungsvoll lauschte ich später den Worten der ersten Andacht: „Sie sind da, Gott ist da. Lassen Sie diese Tatsache einfach einmal auf sich wirken. Alles andere ist unwichtig." Wie schlicht und gleichzeitig wunderbar und ergreifend diese Worte waren!

Dennoch spürte ich bald, dass sich meine großen Erwartungen nicht so einfach abschütteln ließen. Nach den ersten vier Tagen in der Stille, als Zeichen, Wunder und „göttliche" Gefühle immer noch auf sich warten ließen, wurde ich langsam nervös. Im Abendgottesdienst an Gründonnerstag sprachen mich die Worte Jesu aus Matthäus 26,38 (Luther) an: „Bleibt hier und wachet mit mir!"

Vielleicht sollte ich auch einmal eine Nacht wachen und durchbeten, damit Gott endlich zu mir spricht? Vielleicht erwartet er das ja von mir?

Wild entschlossen zog ich mich also in das gemütliche Gebetszimmer im Dachgeschoss zurück, fand die Vorstellung sehr romantisch, dass alle anderen schlafen gingen, und erwartete, dass Gott mir nun die Zeichen geben und Gefühle bescheren würde, auf die ich so lange gewartet hatte. Aber es passierte – nichts. Im Gegenteil: Ich hatte den Eindruck, als würde Gott mir zu verstehen geben: „Ich lasse mich nicht herbeizwingen." Ich fühlte mich ertappt. Ich erkannte meine allzu menschliche Rechnung: Wenn ich so viel „Einsatz" zeige und damit meinen und womöglich auch seinen Erwartungen an mich gerecht werde, dann müsste Gott auch meine Erwartungen erfüllen! Doch solche Rechnungen gehen bei einem im besten Sinne unberechenbaren Gott nicht auf. Frustriert und beschämt legte ich mich schlafen.

Während der nächsten drei Tage bekam ich dann nach und nach meine Antworten. Leise, unaufdringlich und längst nicht so spektakulär, wie ich es mir vorgestellt und erhofft hatte. Endlich war ich auch innerlich still geworden. Am letzten Tag hatte ich deshalb eigentlich gar keine Erwartungen mehr – und genau da schenkte mir Gott das Erlebnis, nach dem ich mich so gesehnt hatte: seine spürbare Gegenwart, die neue Erfüllung meines Herzens.

Wir verbrachten die letzte gemeinsame Gebetszeit in Stille. Ich war müde und unkonzentriert und versprach mir entsprechend wenig davon. Doch plötzlich spürte ich Gottes Nähe und Liebe zu mir so greifbar und intensiv wie nie zuvor. Es war, als offenbarte mir Gott in diesem Moment seine Herrlichkeit. Ich war ganz da und gleichzeitig ganz woanders. Es fühlte sich an wie ein Vorgeschmack der Ewigkeit. Die Emotionen überwältigten mich. Das Wunder kam, als ich alle Erwartungen fallen gelassen hatte – an mich selbst und an Gott. Nichts anderes hatte Gott von mir erwartet. Nur das.

Durch meine Erfahrungen im Kloster habe ich begriffen: **Wir dürfen von Gott alles erwarten – nur nicht, dass er genau auf die Art handelt, wie wir es erwarten. Gott handelt auf seine Weise – und zu seiner Zeit. Und wenn er es tut, ist das immer wieder ein Wunder, auch wenn es uns nicht immer so spektakulär erscheint.** Wir dürfen deshalb weiterhin Wunder erwarten! Aber ein Wunder ist eben etwas, das sich unserer Vorstellungskraft und damit allen konkreten Erwartungen entzieht. Und wenn wir Wunder erwarten, gestehen wir Gott seine ganz eigene, vollkommene Handlungsweise zu, die wir nicht erzwingen können.

Dennoch müssen wir auch manchmal mutige Schritte auf das Wunder zugehen. Der wohl berühmteste Wunder erwartende Schritt ist wohl der Schritt aufs Wasser von Petrus (vgl. Matthäus 14,28–31).

Schritte wagen, Wunder erwarten – wie auch immer sie dann aussehen mögen – war circa zwei Jahre später zu meinem neuen Glaubensmotto geworden. Ich wollte meine konkreten Erwartungen an Gott ablegen und doch alles von ihm erwarten – vor allem in Bezug auf seine Fähigkeit, Menschen die Augen für seine Wahrheit zu öffnen. Seit ich als Jugendliche einmal eine Zeit größter Gottesferne erlebt habe und doch wieder an Gottes Herz zurückgeliebt wurde, habe ich ein ganz neues Feuer für Evangelisation bekommen – weil ich ihre Dringlichkeit erkannt habe. So wollte ich alles dafür tun, dass Menschen Jesus kennen- und lieben lernen und gerettet werden. Und ich traute Gott das Wunder zu, dass das passieren würde. Dazu wagte ich einige Schritte, die mich zum Teil viel Überwindung kosteten, aber irgendwie traten die erhofften Wunder nicht ein. Und statt Wunder zu erleben, klafften alte Wunden wieder auf.

Kurz vor Ostern 2018 war ich an einem Punkt, an dem ich wirklich ausgebrannt und frustriert war:

Ich habe so viele Schritte gewagt, aber wo bleiben meine Wunder? Warum lese und höre ich immer wieder von Leuten, die jemandem ein Mal (!) das Evangelium erklären oder ihn ein Mal mit in den Gottesdienst „zerren", und er oder sie bekehrt sich sofort tränenreich, während ich schon seit Jahren tränenreich für Leute bete, ihnen immer wieder von Jesus erzähle, und es passiert – nichts? Bin ich vielleicht einfach nicht so gesegnet oder nicht so vollmächtig? Lebe ich meinen Glauben nicht einladend genug vor?

Irgendwann fiel mir auf, wie oft das kleine Wörtchen „ich" in diesen Fragen vorkam. Und ich musste mir eingestehen, dass hier etwas ziemlich ins Ungleichgewicht geraten war. Ja, ich tat Schritte und erwartete Wunder, aber diesmal erwartete ich sie nicht von Gott, ich erwartete sie von mir selbst. Und war damit grandios gescheitert. Natürlich wusste ich, dass nicht ich diejenige bin, die Menschen „bekehren" kann. Ich wusste das, und trotzdem fühlte ich mich irgendwie verantwortlich. Eine Mentorin sagte einmal zu mir: „Désirée, ich glaube, du musst dir manchmal darüber bewusst werden, dass du nicht Gott bist."

Zuerst war ich ziemlich empört über diese Aussage, denn ich habe schon ziemlich viel von mir gedacht, aber das beim besten Willen nicht. Ihr Hinweis kam mir deshalb völlig unangemessen vor. Später dachte ich jedoch noch einmal darüber nach und musste feststellen, dass sie in diesem Punkt gar nicht so unrecht hatte: Ich hatte versucht, Gottes Job zu machen, und ließ nicht Jesus selbst „Anfänger und Vollender des Glaubens" sein.

Dann kam der Ostersonntag und die Predigt des Ostergottesdienstes schien wie auf mich zugeschnitten zu sein. **Es ging darum, dass Gott ganz bewusst den Sabbat zwischen Tod und Auferstehung Jesu gelegt hatte, um sicherzustellen, dass sein Volk *nichts* tat, während er *alles* tat – nämlich das größte Wunder aller Zeiten: den Sieg** über Sünde und Tod sowie die Auferstehung. So als sollten wir uns immer daran erinnern, wer hier der Wundertäter ist.

Und noch etwas führt uns das Ostergeschehen vor Augen: „Vor dem Wunder kommt immer das Warten." Diese Aussage fand ich grandios. Sie erinnerte mich noch einmal an mein letztes eindrückliches Ostererlebnis im Kloster.

In jedem Erwarten steckt ein Warten. Und ich habe gemerkt, dass mir dieses Warten manchmal viel schwerer fällt als das Schrittewagen. Ironischerweise bekam ich in den folgenden Tagen nach einer Wanderung wieder einmal heftige Knieschmerzen, sodass ich auch äußerlich nicht mehr viele Schritte wagen konnte. Und plötzlich war da diese Ahnung in meinem Herzen, dass Gott mich durch dieses körperliche und geistliche „Ausgebremstsein" vielleicht auf ein neues Level des Vertrauens heben wollte. Ich sollte lernen, darauf zu vertrauen, dass er hält, was er verspricht. **Ich sollte lernen, darauf zu vertrauen, dass sein Zeitplan der richtige ist. Dass er die Wunder vollbringen kann und auch wird, selbst wenn ich sie noch nicht sehe. Und dass *er* sie tut, nicht ich.** Ja, Gott wollte mich einladen, darauf zu vertrauen, dass sich das Warten bei ihm immer lohnt, wie es uns sein Wort verheißt: „Das Warten der Gerechten wird Freude werden" (Sprüche 10,28; Luther). Es kostete mich Überwindung und bedurfte immer wieder einer neuen Entscheidung, aber ich nahm diese Einladung an und übe mich seither nicht nur im Wunder-Erwarten, sondern vor allem auch im Auf-die-Wunder-Warten.

Warten bedeutet übrigens nicht, die Füße hochzulegen und gar nichts mehr zu machen. Wir können wartend weitergehen, kleine Schritte tun – auf das Wunder zu. Aber wir versuchen eben nicht mehr, es selbst zu vollbringen. Doch eines können wir in unseren „Wunderwartezeiten" auf jeden Fall tun: Gott lobpreisen, wie es in dem wunderschönen Lied „While I wait" von Lincoln Brewster besungen wird. Denn das Warten fällt wesentlich leichter, wenn wir Jesus anbeten und uns in die Gegenwart unseres wunderbaren und wundervollen Gottes singen. In die Gegenwart dieses Gottes, der nur darauf wartet, dass wir Hand, Herz und Augen für ihn öffnen – und darauf vertrauen, dass er zu uns sprechen und handeln wird, wann und wie auch immer. Und in der Zwischenzeit dürfen wir wissen: Er ist da. Immer. Um uns und in uns. Hält uns und harrt mit uns aus. Schenkt uns jeden Tag neu das Wunder seiner bedingungslosen Liebe und unverdienten Gnade – und seiner wunderwirkenden Kraft.

Ein Zitat von Hilde Domin fasst es wunderbar zusammen: „Nicht müde werden, sondern dem Wunder leise, wie einem Vogel, die Hand hinhalten." Die leere Hand, die aus Gnade empfängt …

DOWN TO EARTH

Höre dir doch einmal das Lied „While I wait"[3] von Lincoln Brewster an, und versuche, es mitzusingen und zu beten. Mit Abstand die schönste „Wartezimmermusik", die ich kenne.

---

[3] Du findest das Lied auf seiner CD „God Of The Impossible" oder auch auf Youtube.

IM WARTEZIMMER GOTTES

Wann, Gott, wann?
Ich warte. Und erwarte.
Das Wunder, das du versprochen hast.
Die Veränderung, nach der ich mich so sehne.
Die Besserung, die einfach nicht eintreten will.
Die Berührung deiner Liebe, die ich schon so lange nicht mehr spüre.
Doch während ich erwartungsvoll warte, hilf mir zu glauben,
dass du mit mir wartest.
Mit offenen Armen,
in denen ich mich bergen kann,
bis ich mein Wunder sehe
oder das größte Wunder geschieht:
dass du selbst mir alles wirst,
wonach ich fragen könnte.

EINFACH MACHEN STATT EINFACHMACHEN

**So wie der Körper ohne den Geist tot ist,
so auch der Glaube ohne Taten.**
Jakobus 2,26

In der letzten Andacht ging es um das vertrauensvolle Festhalten an Gottes Verheißungen, auch wenn diese auf sich warten lassen. Und darum, das Warten auf Wunder zu lernen.

In diesem Text geht es gewissermaßen um das Gegenteil, nämlich ums *Machen,* ohne auf irgendetwas zu warten. Und ich denke, gelebter Glaube steht immer in diesem Spannungsfeld zwischen Warten und Machen.

Vor vier oder fünf Jahren nahm ich an einer Frauenkonferenz in Ulm teil, auf der auch Teresa Zukic einen Vortrag hielt. Es ging um das „Abenteuer Christsein" – wie wir als Christinnen und Christen ein wirklich erfülltes und spannendes Leben führen können.

Zu Beginn sagte sie: „Manchmal fragen wir uns, warum unser Christsein so langweilig geworden ist, warum wir den Schöpfer dieser Welt kennen und schon seit Jahren mit Jesus unterwegs sind und trotzdem das Gefühl haben, unser Leben dümpelt nur ganz nett vor sich hin."

Dabei sei die Antwort ganz einfach: „Wenn wir außergewöhnliche Dinge mit Gott erleben wollen, dann müssen wir es auch wagen, außergewöhnliche Dinge zu tun."

Dann berichtete sie von einem Beispiel: Eine Frau hatte ihr erzählt, dass sie so frustriert sei, weil sie schon oft in Situationen gewesen sei, in denen sie das Gefühl gehabt habe, der Heilige Geist dränge sie, etwas zu sagen oder zu tun, aber sie habe sich einfach nicht getraut. Irgendwann war sie dann so traurig und beschämt darüber, dass sie eines Morgens betete: „Gott, wenn du heute wieder zu mir sprichst und willst, dass ich etwas sage oder mache, dann verspreche ich dir, dass ich es dieses Mal tun will."

Später ging sie in ein Einkaufszentrum und hatte auf einmal den Eindruck: „Geh in die Mitte des Zentrums, mach einen Handstand und schrei!" Sie dachte sich: *So was Verrücktes kann doch nicht von Gott sein!*, und wollte es verdrängen. Aber der Gedanke kam immer wieder und wurde immer stärker. Und dann fiel es ihr wieder ein: Sie hatte Gott an diesem Morgen ja etwas versprochen…

Jedenfalls war der Eindruck so stark und die Erinnerung an ihr Versprechen so deutlich, dass sie sich schließlich dachte: *Ich muss das jetzt wohl wirklich einfach machen!*

Also ging sie in die Mitte des Zentrums, schwitzte vermutlich Blut und Wasser, aber sie zog es tatsächlich durch – mit dem Handstand und dem lauten Geschrei. Dann hörte sie, wie eine Frau plötzlich laut anfing zu weinen. Sie ging auf diese zu und erkundigte sich, was denn los sei.

Die Antwort haute sie schier um. „Ich wollte mir heute das Leben nehmen, weil ich einfach keine Hoffnung mehr hatte, habe aber dann zu Gott gebetet: Wenn es dich wirklich gibt und wenn es doch noch Hoffnung für mich gibt, dann soll heute jemand vor meinen Augen einen Handstand machen und schreien. Dann bringe ich mich nicht um."

Das ist doch der reine Wahnsinn – und die Geschichte ist mir deshalb bis heute in Erinnerung geblieben! Was für ein genialer Gott, der das Versprechen der einen Frau nutzt, um das Leben einer anderen zu retten. Was für eine mutige Frau, die Außergewöhnliches mit Gott erlebt hat, weil sie Außergewöhnliches gewagt hat. Und die durch diese Aktion sicher einen außergewöhnlich großen Wachstumsschub für ihren Glauben bekommen hat!

Aber weißt du was? Ich glaube, du und ich können solche Dinge auch erleben, wenn wir manchmal „einfach machen", was Gott uns ins Herz flüstert, auch wenn es uns im ersten Moment völlig unsinnig vorkommen mag.

So hat Gott übrigens schon in der Bibel immer wieder große Wunder eingeleitet – etwa, als er Josua auftrug, siebenmal musizierend um die Stadt Jericho zu ziehen, anstatt sie mit Waffengewalt einzunehmen (vgl. Josua 6,6–27) – und dadurch seinem Volk den Sieg schenkte. Oder als der unter Aussatz leidende Syrer Naaman extra nach Samarien reiste, um sich von dem Prophet Elisa heilen zu lassen, dieser ihn jedoch an der Tür stehen und ihm nur durch einen Diener mitteilen ließ, er solle siebenmal im Jordan untertauchen – was er nach kurzem verärgertem Zögern dann tat und dadurch geheilt wurde (vgl. 2. Könige 5,1–18). Es gibt noch etliche andere Geschichten, in denen Gott Menschen dazu aufforderte, etwas vermeintlich Sinnloses zu tun, das aber schließlich dem Wunder die Tür öffnete.

Jesus Christus ist gestern, heute und in Ewigkeit derselbe. Er kann heute immer noch dieselben Wunder tun wie damals, aber manchmal braucht es ungewöhnliche Glaubensschritte aus purem Vertrauen und Gehorsam, damit wir diese Wunder auch selbst erleben. Ich persönlich denke zwar, dass Gott nicht auf uns angewiesen ist und – zum Beispiel im Fall der suizidalen Frau – auch andere Wege (oder Menschen) gefunden hätte, um sie zu retten, aber offensichtlich *will* er uns an seinen Wundern beteiligen. Und dazu müssen wir manchmal „einfach machen", was er uns aufträgt. Denn wenn ich es mir in meinem Wohlfühlglauben immer nur einfachmache, dann besteht die Gefahr, dass mein Glaube kraftlos und lau wird. Mein Christsein ist dann kein Abenteuer, sondern verkommt zu grauer Routine. Und das ist nicht das, wozu Jesus uns berufen hat.

Er ist nicht gekommen, um uns nur hin und wieder ein paar nette „fromme Gefühle" zu bereiten, sondern um uns in ein Leben zu führen, das abenteuerlich ist. In dem Zeichen und Wunder an der Tagesordnung sind, wie wir es in Apostelgeschichte 2,43 nachlesen können.

Wir brauchen deshalb Mut, wenn wir Jesus nicht nur in unser Leben einladen, sondern ihm unser gesamtes Leben hinlegen und anvertrauen – und genau das meint wahre Nachfolge. Aber wie bei allem, was uns heraus- oder sogar überfordert, gilt auch hier: Gott selbst schenkt das Wollen und das Vollbringen (vgl. Philipper 2,13). Lässt uns nicht allein, sondern bereitet uns und Situationen schon vor durch seinen wunderbaren Heiligen Geist.

In einer anderen Predigt hieß es einmal: Gott bereitet die Herzen, die ihm noch fern sind, vor und zieht sie liebevoll zu sich, und uns Christen schubst er liebevoll an, damit wir auf genau diese Menschen mit den vorbereiteten Herzen zugehen. Er zieht die einen und er schubst die anderen.

Was für ein cooles Bild: dass da draußen überall Menschen herumlaufen, in denen Gott schon angefangen hat zu wirken, und dass er dich und mich dazu gebrauchen möchte, diese Menschen ganz für sich zu gewinnen. Und manchmal müssen wir nur eines tun: einfach mal machen. Tatsächlich hat mir Gott seither schon Situationen geschenkt, in denen ich mich ein bisschen darin üben konnte. Manchmal habe ich sie genutzt, manchmal habe ich es mir doch wieder einfachgemacht und sie verstreichen lassen. Doch wenn ich es gewagt habe und den Impulsen gefolgt bin, war das wirklich ermutigend und jedes Mal glaubensstärkend!

Es kostet mich weiterhin Überwindung, die außergewöhnlichen Ideen Gottes umzusetzen, aber ich will dieses außergewöhnliche Leben mit Gott führen – und deshalb öfter einfach mal Schritte wagen, wenn es dran ist – und ansonsten weiter geduldig auf die Wunder warten, wenn *das* gerade dran ist. Und ich hoffe und bete, dass auch ich irgendwann, ohne mit der Wimper zu zucken, bereit dazu bin, schreiend einen Handstand zu machen, wenn genau das dran sein sollte …

DOWN TO EARTH

Gewöhne dir doch einfach mal an, Gott jeden Morgen zu fragen: „Gibt es irgendetwas, das ich heute tun kann? Soll ich für jemanden beten oder mich um jemanden kümmern? Einem Menschen von dir erzählen? Oder darf ich mich heute einmal einfach nur von dir beschenken lassen?"

Und dann halte mit offenen Augen und Ohren und einem offenen Herzen Ausschau nach dem Menschen, den Gott innerlich schon vorbereitet hat. Du kannst auch, wie ich, deinem Gebet eine kleine Ergänzung hinzufügen: „Und schenke mir bitte den Mut, das zu tun, was du dir von mir wünschst – und lass es vielleicht nicht gerade einen Handstand sein …"

GOTT LÄSST TIEF BLICKEN …

Wie groß ist doch Gott! Wie unendlich sein Reichtum, seine Weisheit, wie tief seine Gedanken! Wie unbegreiflich für uns seine Entscheidungen und wie undurchdringlich seine Pläne! Denn wer kann Gottes Absichten erkennen? Oder wer hat ihn je beraten?
Römer 11,33–34

Es gibt diesen einen Satz in der Bibel, den selbst meine ungläubigen Freunde kennen und gern mal mit einem Augenzwinkern verwenden: „Die Wege des Herrn sind unergründlich!"

Aber sind sie das tatsächlich? Ja, es gibt diesen Vers im 11. Kapitel des Römerbriefs, der diesen Gedanken nahelegt, und auch in anderen Bibelstellen wird deutlich, dass wir Gottes Wesen und Wege nie ganz verstehen werden, weil unsere Erkenntnis diesseits der Ewigkeit immer nur bruchstückhaft bleiben wird (vgl. 1. Korinther 13,9). Aber bedeutet das, dass wir überhaupt keine Ahnung haben können?

Wieder einmal lohnt sich der Blick in die gesamte Bibel, die hier ein etwas anderes Bild zeichnet. Angefangen von Mose, mit dem Gott wie mit einem Freund über das redet, was er vorhat (vgl. 2. Mose 33,11), bis hin zu den Propheten, die alle „arbeitslos" gewesen wären, wenn Gott sie nicht in seine Pläne eingeweiht hätte, und schließlich zu Jesus, der es liebt, in Gleichnissen – und für manche sicherlich auch hin und wieder in Rätseln – zu sprechen, der aber bei seinen Jüngern alles andere als ein Geheimnis aus Gottes Plänen macht. So spricht er diesbezüglich teilweise ungewohnt Klartext: „Wir müssen nach Jerusalem gehen. Dort werde ich von den führenden Männern des Volkes, den obersten Priestern und den Schriftgelehrten vieles zu erleiden haben und getötet werden. Aber am dritten Tag werde ich von den Toten auferstehen" (Matthäus 16,21). Klingt nicht besonders unergründlich, oder? Dennoch verstehen ihn seine Jünger nicht. Vielleicht gerade *weil* Jesus sonst sehr oft die Gleichnisform wählt – oder aber, weil diese buchstäblich unglaubliche Botschaft sie schlichtweg überfordert.

Trotz dieser „unklaren biblischen Beweislage" hat sich die Überzeugung gehalten: „Die Wege des Herrn sind unergründlich." Womöglich denkt sich Jesus aber auch hin und wieder: *Habt ihr mich denn überhaupt schon nach meinen Wegen und Plänen gefragt?*, wenn wir, uns auf diese Aussage berufend, einfach unsere eigenen Wege gehen.

Vielleicht kannst du aber auch (wie ich) antworten: „Ja, immer wieder, aber der berühmte Zettel kam bisher leider noch nicht vom Himmel!"

Und doch gab es schon Fälle, in denen ich Antworten erhalten habe – manchmal jedoch leise und in kleinen Etappen. Zu anderen Zeiten blieben sie allerdings auch schon mal ganz aus. Und genau dann habe ich wieder mit meinem Glauben gerungen: „Jesus, ich will ja auf deinen Wegen gehen, aber was soll ich denn machen, wenn ich sie einfach nicht erkennen kann?"

Erst vor Kurzem habe ich eine wunderschöne Aussage gehört, die in solchen Situationen sehr tröstlich sein kann: „Wenn Gott schweigt, dann nicht, weil er sich von dir zurückgezogen hat oder weil du ihm egal bist, sondern weil er dir vertraut. Weil er dir *zu*traut, dass du selbst die richtige Entscheidung treffen kannst. Und manchmal gibt es vielleicht auch gar nicht *die eine* richtige Entscheidung, sondern mehrere gute Möglichkeiten, die mit Gottes Willen übereinstimmen."

Was für ein wunderbarer Gedanke: Gott vertraut mir! Ich vertraue Gott – meistens jedenfalls –, aber die Vorstellung, dass er auch *mir* vertraut, war neu für mich. Und berührte mich sehr. Trotzdem blieb die Sehnsucht in mir, seine Wege zu erkennen …

In den vergangenen Monaten habe ich einen Online-Kurs zum Thema „Prophetie" besucht, der von der Gemeinde *diekreative* angeboten wurde. Ich wollte die Bibelstelle aus 1. Korinther 14,1–3 ernst nehmen, in der es heißt, dass wir uns nach den Gaben des Heiligen Geistes ausstrecken sollen, vor allem danach, prophetisch reden zu können. Man könnte auch sagen: über Gottes Wege reden zu können.

Gleich in der ersten Sitzung hieß es: **„Um in der Gabe der Prophetie zu wachsen, müssen wir ein Freund, eine Freundin Gottes sein."**

Das ergibt ja auch total Sinn: Ich selbst vertraue schließlich auch nur jemandem meine Pläne und Geheimnisse an, mit dem ich befreundet bin, mit dem ich eine Vertrauensbasis habe. Und ich vertraue mich nur einer Person an, von der ich auch weiß, dass sie weise und verantwortungsvoll mit dem anvertrauten Wissen umgehen wird.

Vielleicht mag dich die Vorstellung irritieren, dass Gott sich ähnliche Gedanken machen könnte wie du und ich – darüber, wem er vertrauen beziehungsweise sich anvertrauen kann –, aber vielleicht ist Gott in seiner Göttlichkeit in mancher Hinsicht viel „menschlicher", als seine denkenden und fühlenden Ebenbilder es sich vorstellen können …

Bevor ich mir von Gott „die Zukunft voraussagen" lassen und Einblick in seine Pläne bekommen kann, muss also ein Vertrauensverhältnis zwischen uns aufgebaut werden. Muss ich ihn kennenlernen. Seine Persönlichkeit. Das, was ihm wichtig ist. Und das Faszinierende ist: Genau das können wir! So überwältigend diese Tatsache auch ist, hier ist die Aussage der Bibel eindeutig: „Uns hat Gott durch seinen Geist sein Geheimnis enthüllt. Denn der Geist Gottes weiß alles, er kennt auch Gottes tiefste Gedanken" (1. Korinther 2,10). Und dieser Geist lebt in uns. Wir können demnach zu „Herzensexperten Gottes" werden. Ist das nicht unglaublich?

Und vielleicht ist das auch der übergeordnete Wille und Plan Gottes, der immer und für jeden Menschen gilt: dass wir ihn wirklich kennenlernen. Das war übrigens schon die übergeordnete Mission von Jesus, der kam, um den Menschen das ewige Leben zu schenken. „Und das ewige Leben zu haben heißt, *dich zu kennen*, den einzigen wahren Gott, und *den zu kennen*, den du gesandt hast, Jesus Christus" (Johannes 17,3; Hervorhebung der Autorin). Und dieser Jesus sagte: „Wer mich gesehen hat, der hat auch den Vater gesehen" (Johannes 14,9). **Deshalb hat sich der alles umfassende, ewige Gott in einen sterblichen Menschenkörper mit einem Herz aus Fleisch und Blut gezwängt, damit er uns Geschöpfen auf Augenhöhe begegnen und sagen konnte: „Schaut mich an. Und folgt mir nach!"** Was im Grunde nichts anderes heißt als: „Seid mit mir unterwegs, schaut, wie ich lebe, hört auf das, was ich sage, habt täglich Gemeinschaft mit mir, und lernt mich richtig kennen. Denn so wie ihr mich erlebt, so ist auch der Vater!"

Der Heilige Geist, der „andere Gleiche", wie es im Urtext heißt, den Jesus uns hinterlassen hat, hat genau dieselbe Mission – und ist gleichzeitig entscheidend für deren Umsetzung: **Er selbst erforscht Gottes tiefste Gedanken, verbindet sich mit unserem Geist und lässt uns dadurch immer mehr erkennen, wie er wirklich ist, dieser unergründliche Gott, der dennoch so tief blicken lässt.**

So wie ich die Bibel verstehe, haben wir die Garantie, dass wir Gott *wirklich* kennenlernen und seine engsten Vertrauten werden dürfen. Nicht umsonst nennt Jesus seine Jünger und Jüngerinnen „Freunde": „Ich nenne euch nicht mehr Diener; denn einem Diener sagt der Herr nicht, was er vorhat. Ihr aber seid meine Freunde; denn ich habe euch alles anvertraut, was ich vom Vater gehört habe" (Johannes 15,15).

Aber was ist nun mit seinen geheimnisvollen Wegen, die es ja zweifelsohne dennoch gibt? Ich glaube, der Schlüssel liegt darin, dass Gottes Wege nicht gleichzusetzen sind mit seinen Plänen. Er kann dir verraten, was er vorhat – zum Beispiel, dass du mal eine große

Künstlerin, Predigerin oder etwas anderes wirst, aber dann kennst du trotzdem noch nicht jeden konkreten Schritt auf dem Weg zu diesem Ziel. **Wenn ich versuche, Gottes Herz zu ergründen, dann ahne ich, warum das so ist: weil er möchte, dass wir „unterwegs" verbunden, im Gespräch bleiben, um jeden nächsten Schritt gemeinsam zu besprechen.** Und das würde ich vermutlich nicht tun, wenn ich vorher schon einen detailgenauen Ablaufplan in die Hand gedrückt bekommen hätte. Außerdem möchte er uns vielleicht auch die Chance geben, „mitzureden" und mitzugestalten, anstatt uns nur vor vollendete Tatsachen zu stellen. Davon abgesehen soll es in unserem Leben ja auch ein bisschen spannend bleiben, oder?

Und ein Rest Mysterium muss ohnehin bleiben, wenn es um Gott geht. Denn wenn wir seine Pläne und Wege in ihrer ganzen Komplexität, Universalität und Genialität mit unserem eigenen begrenzten Verstand erfassen könnten, wäre er nicht Gott. In einer Folge der Serie „The Chosen" fiel der wunderschöne Satz eines Jüngers: **„Wir können nicht alles verstehen, was Jesus tut. Wir können ihm nur folgen." Und jemandem folgen, ohne das nächste Etappenziel oder den genauen Weg dorthin zu kennen, können wir nur, wenn wir diesem Jemand vertrauen. Und dafür muss ich ihn kennen.**

Hier schließt sich der Kreis. Anstatt Details über jeden Abschnitt der vor mir liegenden Wegstrecke von Gott zu erfragen, will ich nun in erster Linie auf Erkundungstour durch sein Herz gehen. Kommst du mit?

Kleiner Spoiler: Eines wirst du im Herzen Gottes auf jeden Fall entdecken: dich selbst! Ja, du, ich, wir alle befinden uns im Zentrum von Gottes Herz, und es gibt nirgendwo eine größere Geborgenheit und Sicherheit als an diesem Ort. In diesem Wissen können wir dann auch getrost jene Wege (weiter-)gehen, die zu unseren Lebzeiten vielleicht tatsächlich unergründlich bleiben.

DOWN TO EARTH

Am besten kannst du auf „Erkundungstour" durch Gottes Herz gehen, wenn du viel in seinem Wort liest und den Heiligen Geist immer wieder bewusst darum bittest, dir das Vaterherz Gottes zu offenbaren. Darüber hinaus kannst du Gott auch regelrecht Löcher in den Bauch fragen. Trau dich ruhig, ganz konkret zu werden: „Gott, was hast du in dieser Situation oder mit jener Person vor? Was steht heute auf deiner Agenda?" Wer nicht konkret fragt, bekommt auch keine konkreten Antworten …

Notiere dir hier, welche Impulse und Gedanken du bekommen hast, und prüfe sie. Wenn sie wirklich von Gott kommen, wird es sich mindestens noch ein Mal bestätigen.

....

....

....

....

....

....

....

....

....

....

KEIN BOCK AUFS BETEN? GEHT AUCH OHNE!

Lasst euch durch nichts vom Gebet abbringen und vergesst dabei nicht, Gott zu danken.
Kolosser 4,2

Gestern war wieder einmal so ein Moment: Es war Sonntag, ich war zu Hause und hatte nichts zu tun beziehungsweise hatte mir vorgenommen, auch in dieser Woche den Sonntag zu „heiligen" und keine To-dos zu erledigen, obwohl es genügend davon gegeben hätte. Ich hatte Ruhe, ich hatte Zeit und somit die perfekten Ausgangsbedingungen, um ins Gebet zu gehen. Nur eines hatte ich nicht: Lust dazu. Vielleicht kennst du das ja auch: Du hast superstressige Tage hinter dir, an denen du dich gesehnt hast, Zeit mit Gott zu verbringen, und dann hättest du sie, doch auf einmal ist dir die Motivation zum Beten abhandengekommen.

Vor einigen Monaten habe ich den Film „Systemsprenger" gesehen. Darin geht es um ein schwer erziehbares Mädchen namens Benni, das nirgendwo so richtig hineinpasst und deshalb von einer Pflegefamilie zur nächsten weitergereicht wird. Irgendwann bekommt sie einen Einzelbetreuer, der sich ihrer annimmt und herrlich unbeeindruckt von ihren Launen und Emotionsausbrüchen bleibt. Neben der schauspielerischen Leistung der Hauptdarstellerin und der Wucht der vom wahren Leben inspirierten Geschichte war es vor allem ein Satz des Betreuers, der mir bis heute im Gedächtnis geblieben ist. Benni soll etwas erledigen und bekundet lautstark, dass sie keinen Bock dazu habe, worauf er ganz trocken erwidert: „Kein Bock? Nicht schlimm. Geht auch ohne!"

Wie oft habe ich mir diesen Satz seither schon ins Gedächtnis gerufen! Er ist so simpel wie genial. Lange Zeit lebte ich mit der unausgesprochenen und vielleicht sogar nur unbewussten Überzeugung, ich müsste erst in einer „bestimmten Stimmung" sein, um Zeit mit Gott zu verbringen. Oder anders ausgedrückt: Ich machte meine Gebetszeit davon abhängig, ob ich gerade „Bock hatte" zu beten oder eben nicht.

Paulus spricht in seinem Brief an die Kolosser jedoch klare Worte: Lass dich durch nichts vom Beten abbringen – beziehungsweise davon, überhaupt erst damit anzufangen. Auch nicht von deinem fehlenden „Bock".

Das Schöne ist, dass dieser Vers uns direkt auch einen Schlüssel an die Hand gibt, wie wir die Unlust überwinden und in den richtigen „Gebetsmodus" kommen können: durch bewusstes Danken. Zum Beispiel könntest du beten:

„Danke, dass du hier bist. Danke, dass du es liebst, Zeit mit mir zu verbringen und von mir zu hören. Danke, dass es nicht auf meine Gefühle und meine Motivation ankommt, ob du da bist und mein Gebet erhörst. Danke, dass du selbst in mir die Leidenschaft fürs Gebet ganz neu entfachen kannst."

Ich war früher, wie bereits erwähnt, selbst keine große „Beterin vor dem Herrn". Ja, ich habe jeden Tag vor dem oder ehrlich gesagt manchmal auch während des Einschlafens gebetet, viel Lobpreis gehört und morgens und immer wieder zwischendurch kurz mit Jesus gesprochen. Aber eine oder mehrere Stunden nur mit Gebet zu verbringen, was inzwischen völlig normal für mich geworden ist, das wäre für mich damals noch unvorstellbar gewesen.

Doch dann kam eine schwere Zeit, die mich buchstäblich auf die Knie brachte. Jeden Morgen. Denn ich wusste, ohne Gott würde ich es nicht schaffen. „Not lehrt beten", so sagt ein Sprichwort. Und das stimmt tatsächlich. Aber aus der Not ist inzwischen eine wertvolle Gewohnheit geworden, die ich nicht mehr missen möchte. Und von der mich auch der fehlende innere Antrieb nicht mehr abhalten kann. Zumindest an den allermeisten Tagen. Ich möchte mich hier übrigens nicht als Moralapostelin aufspielen und ein strahlendes Beispiel sein, sondern lediglich darauf hinweisen, dass es möglich ist, die Unlust zu überwinden …

Unsere Unlust ist übrigens nicht so harmlos, wie sie scheint. Tatsächlich ist sie die beste Waffe des Feindes, um uns von dem abzuhalten, was die stärkste Waffe *gegen ihn* ist: Gebet. Wie oft habe ich schon erlebt, dass die Gebetszeiten, auf die ich vorher echt „keinen Bock" hatte, sich zu den intensivsten entwickelten.

Natürlich will ich hier keinen Druck aufbauen, denn es sollten weder Pflichtgefühl noch Zwang sein, die dich ins Gebet drängen. Aber manchmal braucht es einfach die bewusste Entscheidung, etwas zu tun, unabhängig davon, wie viel oder wenig Lust man gerade hat.

Und das gilt ja auch für alle anderen Lebensbereiche, in denen ich irgendwie vorankommen möchte: Wenn ich irgendwann so eine „Maschine" auf dem Rad sein möchte wie mein Mann, müsste ich dafür jeden Tag stundenlang hart trainieren. Es würde nicht reichen, wenn ich mich nur dann aufs Rad setze, wenn ich gerade Lust dazu habe und das Wetter mir zusagt. Und ich werde auch keine gute Sängerin, Klavierspielerin oder begnadete Köchin, wenn ich nicht regelmäßig Arbeit investiere. All diese Dinge erfordern ein gewisses Maß an Selbstdisziplin, auch wenn es noch so schöne Dinge sind. Denn ja, auch auf die schönsten Dinge hat man manchmal keine Lust. Jeder, der seine Leidenschaft zum Beruf gemacht hat, wird das bezeugen können. Manchmal müssen wir uns selbst liebevoll, aber bestimmt zu unserem Glück zwingen – oder eben auch zum Gebet.

„Aber das ist doch gesetzlich!", mag der eine oder andere jetzt einwenden. Ehrlich gesagt frage ich mich manchmal, ob unsere Angst vor vermeintlicher Gesetzlichkeit nicht auch ein perfekter Deckmantel für unsere Trägheit und Halbherzigkeit werden kann. Wie schnell wird alles, was irgendwie nach Regeln oder einem Mindestmaß an Anstrengung klingt, sofort als Gesetzlichkeit verschrien und mit dem Verweis auf die „wunderbare Freiheit der Kinder Gottes" und seine unendliche Gnade vom Tisch gefegt …

Dabei wird oft übersehen, dass es zwischen Gnade und Gesetzlichkeit noch ein drittes „G" gibt: den Gehorsam. Und zu diesem Gehorsam ruft Jesus uns durchaus immer wieder auf. So verwundert es auch nicht, dass im Neuen Testament Verse wie der oben genannte zu finden sind, die eben nicht nach einer völlig unverbindlichen Einladung klingen, sondern nach einer klaren Anweisung, ja, nach einem Befehl. Paulus schreibt schließlich nicht: „Wenn es euch gerade passt und ihr in der richtigen Stimmung seid, dann betet doch mal eine Runde." Nein, er sagt: „Lasst euch durch nichts vom Gebet abbringen!" Interessanterweise begegnet uns gerade, wenn es ums Gebet geht, immer wieder dieser klare Imperativ:

„Bleibt wach und betet, damit ihr der Versuchung widerstehen könnt. Ich weiß, ihr wollt das Beste, aber aus eigener Kraft könnt ihr es nicht erreichen" (Matthäus 26,41).

„Hört niemals auf zu beten" (1. Thessalonicher 5,17).

Und ich glaube, dafür gibt es einen guten Grund. **Denn ein lebendiges Gebetsleben ist die Grundvoraussetzung dafür, in der richtigen „Stimmung" oder im richtigen „Modus" zu sein, um auch in anderen Punkten gehorsam sein zu können** – zum Beispiel, wenn Gott uns aufzeigt, wie wir ganz konkret zum Segen für andere werden können. Es ist die Grundvoraussetzung, um am Reich Gottes zu bauen – aber gleichermaßen auch die Grundvoraussetzung für ein Leben, das nicht von Trägheit und Unlust geprägt ist, sondern von

Fülle, Freude und Tatendrang. Ein Leben, in dem wir voller Überzeugung sagen können: „Ich habe meine Lust am Herrn!" (nach
Psalm 37,4).

**Ja, wenn wir uns dazu „zwingen", auch ohne Lust die Dinge zu
tun, die gerade dran sind, dann führt das eben *nicht* in Enge und
Gesetzlichkeit, sondern näher an Gottes Herz und weiter in seinen
Lebensraum, wo gutes Leben möglich ist.**

Wir „zwingen" uns schließlich zum Glück, nicht zum Unglück.
Und wenn wir unsere Unlust erst einmal überwunden haben, werden wir es nie bereuen. Genau wie ich es nach einer schönen Radtour noch nie bereut habe, mich doch noch von der Couch geschält
und dazu aufgerafft zu haben. Die Lust kommt beim Radeln wie der
Hunger beim Essen. Genauso ist es im geistlichen Leben: Der Hunger
nach Gottes Gegenwart kommt beim Beten – und beim „Verinnerli-
chen" seines Wortes.

Darin sehe ich auch den buchstäblich himmelweiten Unterschied
zu Gesetzlichkeit. Gesetzlichkeit sagt: „Tu Gottes Willen, *sonst …*" Gehorsam sagt: „Tu Gottes Willen, *damit …* du Leben in Fülle hast …
Frieden und Freude im Herzen trägst … du im Prozess deiner Heiligung immer mehr wachsen kannst …"

Und Gnade sagt schließlich: „Ich will dir dabei helfen. Du musst es
nicht aus eigener Kraft schaffen. Und wenn du mal scheiterst, erwartet dich keine Strafe, sondern eine zweite, dritte, vierte … Chance und
eine neue Einladung."

Im Film schien der Betreuer dieses Konzept verstanden zu haben.
Er forderte von dem aufmüpfigen Mädchen Gehorsam und setzte ihm
klare Grenzen, aber er gab ihm auch dann noch eine Chance, als alle
anderen es schon längst abgeschrieben hatten. Tatsächlich war er der
Erste, dem es gelang, dass Benni zwischenzeitlich „zu ihrem eigenen
Glück gezwungen werden konnte", indem sie ihre Null-Bock-Haltung
ablegte und eine Ahnung davon bekam, wie schön, harmonisch und
frei ein Leben ohne ständige Rebellion doch sein kann.

Wie gut, dass Gott uns ebenfalls in so ein Leben führen möchte und dass seine Gnade jedes System sprengt – und er uns genau daran immer wieder erinnern möchte, wenn wir im Gebet seine Nähe suchen – egal, ob mit „Bock" oder ohne.

DOWN TO EARTH

Plane feste Gebetszeiten ein. Es muss ja nicht gleich eine Stunde sein. Stell einfach einmal deinen Wecker eine Viertelstunde früher, mach dir einen Kaffee (soll helfen) und bete. Mach es einfach, ohne darüber nachzudenken, ob du gerade Lust dazu hast oder nicht. Lass es zur Gewohnheit werden, genau wie du jeden Morgen Zähne putzt.

Du könntest zum Beispiel in der Fastenzeit vor Ostern damit anfangen oder gemeinsam mit einer Freundin eine Challenge daraus machen. Auf diese Weise motiviert ihr euch gegenseitig oder betet vielleicht sogar gemeinsam. Zieh deine Gebetszeit einfach einmal drei Wochen durch – wissenschaftliche Untersuchungen haben nämlich ergeben, dass es so lange dauert, bis man sich eine neue Angewohnheit zugelegt hat. Du wirst sehen: Danach läuft es beinahe von selbst – und du wirst gar nicht mehr auf diese Zeiten mit Gott verzichten *wollen*.

FISCHEN VERBOTEN!

Für immer und ewig hat Christus mit dem einen Opfer alle
Menschen, die zu Gott gehören sollen, in eine vollkommene
Gemeinschaft mit ihm gebracht.
Das bezeugt uns auch der Heilige Geist. Denn in der
Schrift heißt es zunächst: „Der neue Bund, den ich dann
mit meinem Volk Israel schließen werde, wird ganz anders
aussehen, spricht der Herr. Ich schreibe mein Gesetz in ihr
Herz, es soll ihr ganzes Denken und Handeln bestimmen."
Und dann heißt es: „Ich vergebe ihnen ihre Schuld und
denke nicht mehr an ihre Sünden."
Sind aber die Sünden vergeben, dann ist kein Opfer mehr
nötig.
Hebräer 10,14–18

Ja, der Herr wird wieder Erbarmen mit uns haben und
unsere Schuld auslöschen. Er wirft alle unsere Sünden
ins tiefste Meer.
Micha 7,19

Irgendwo sah ich mal eine Postkarte mit dem Bibelvers aus Micha 7
und einer Zeichnung vom Meer, daneben ein Hinweisschild: „Fischen
verboten!"

Das fand ich so genial, dass ich dieses Bild bis heute nicht vergessen habe – dass Fischen verboten ist, allerdings schon. Denn nichts
anderes tue ich, wenn ich immer wieder ins tiefste Meer des Verges-

sens tauche, die Dinge hervorhole, an die Gott nicht mal mehr denkt (vgl. Hebräer 10,17), und mich danach so richtig schön in meinen Schuldgefühlen suhle. Und dabei vielleicht noch auf den Gedanken komme, mein Verhalten sei besonders demütig und fromm. Nach dem Motto: „Je schlechter ich mich wegen meiner begangenen Sünden fühle, desto frommer und heiliger bin…"

Ich glaube, die Wahrheit könnte nicht weiter entfernt davon sein. In Wahrheit mache ich mit diesem Verhalten nämlich nicht Gott und seine Gnade groß – was wirklich demütig wäre –, sondern mich selbst und meine Schuld. Versteh mich bitte nicht falsch: Natürlich sollen wir über unser Fehlverhalten trauern, es aufrichtig bereuen und Gott bekennen, aber wenn wir das getan haben, dann „erweist sich Gott als treu und gerecht" (1. Johannes 1,9).

Eigentlich ist die Sache klar. Zumindest in der Theorie. In der Praxis ist es jedoch so, dass es Dinge in meinem Leben gibt, für die ich mich heute noch manchmal schäme – Dinge, die ich aufrichtig bereut und Gott bekannt habe, die er gemäß seinem Wort also längst vergeben und vergessen hat. Nur *ich* kann mich offensichtlich nicht so einfach von ihnen trennen oder vielmehr: Ich kann mich nicht von den Zweifeln trennen, ob Gott sie tatsächlich „vergeben und vergessen" hat. Aber genau das steht in seinem Wort, und das ist eine wichtige Wahrheit, um die wir innerlich ringen sollten. **Ich glaube nämlich, kaum etwas kann uns mehr davon abhalten, eine starke Überwinderin im Reich Gottes zu werden, als dieses elende „Sündenfischen". Wenn wir nicht aufpassen, kann unsere im Meer versenkte Schuld zum perfekten Ankerpunkt für den Feind werden. Unsere Schuld- und Schamgefühle werden dann zu Ketten, die uns festhalten und verhindern, dass wir die Segel setzen und zu neuen, verheißungsvollen Ufern aufbrechen.** Eine ziemlich miese Taktik, die leider immer wieder funktioniert – und die meist dann greift, wenn wir genau das vorhaben: vorzupreschen für Jesus, mit dem heiligen Wind seines Geistes in den Segeln.

Ich habe es selbst schon oft genug erlebt. An eine „typische" Situation erinnere ich mich noch sehr genau: Ich hatte gerade mein Studium beendet und für mich stand fest: Ich will „irgendwas mit Medien" machen – aber nicht mit irgendwelchen, sondern mit den christlichen Medien. Auf zwei Stellen hatte ich mich bereits beworben, die vermeintlich perfekt zu mir passten, aber in beiden Fällen bekam ich eine Absage. Und da war sie wieder, diese hässliche Stimme der Anklage: „Bist du sicher, dass Gott dir alles vergeben hat, was früher war? Bist du sicher, dass du noch würdig bist, vollzeitlich für ihn zu arbeiten?" Gott sei Dank bekamen diese Gedanken nicht allzu viel Zeit, sich in meinem Herz einzunisten, denn nur wenige Wochen später fand ich ein weiteres Stellenangebot in einem christlichen Unternehmen … und bekam den Job, der noch viel besser als die anderen beiden zu mir passte und der mich seither sehr erfüllt.

Vielleicht hast du auch schon einmal Ähnliches erlebt und kennst diese miese Taktik, wenn Satan, was übrigens nichts anderes als „der Ankläger" bedeutet, es immer wieder versucht: „Komm, gehen wir doch mal eine Runde fischen!" Im Gegensatz zu Gott weiß er nämlich noch haargenau, „was du letzten Sommer getan hast" und in dem davor und dem davor und in der langen Zeit dazwischen auch …

Nichts kann uns so sehr hemmen und von unserer Berufung abhalten wie das Gefühl, in den Augen Gottes nicht würdig, nicht frei von Schuld zu sein. Dabei ist es nur genau das: ein Gefühl. Keine geistliche Tatsache. Und wir dürfen dem Wort Gottes mehr glauben als unseren unbeständigen Gefühlen. Aber ich weiß, das ist manchmal schwer – gerade wenn es um Schuldgefühle geht.

Da Menschen mit Depressionen noch einmal verstärkt unter Schuldgefühlen leiden, waren diese auch Bestandteil meiner Therapie. Dabei wurde mir noch einmal ganz deutlich vor Augen gemalt, wie wichtig es ist, sich immer wieder bewusst zu machen: Es gibt einen himmelweiten Unterschied zwischen Schuldgefühlen und tatsächlicher Schuld! Und in den allermeisten Fällen handelt es sich de facto lediglich um – noch dazu unverhältnismäßig große – Schuldgefühle und keine reale Schuld. Das Extrembeispiel hierfür ist das „Schuld-der-Überlebenden-Syndrom", unter dem Personen leiden können, wenn sie eine Extremsituation überlebt haben, bei der viele andere Menschen ums Leben gekommen sind – wofür sie selbst aber überhaupt nichts können. Doch auch, wenn wir tatsächlich einmal an jemandem schuldig geworden sind, bedarf es immer wieder eines „Realitätschecks".

Um das an einem Beispiel zu illustrieren: Angenommen, du hast etwas angestellt, wirst schuldig gesprochen und musst tatsächlich ins Gefängnis – nach ein paar Jahren ist deine gerechte Strafe abgesessen und du bist frei. Natürlich kannst du dich dann immer noch schuldig *fühlen*, aber das ändert nichts an der Freiheit, die dir nun wieder zugesprochen wurde, weil du für deine Schuld bezahlt hast. **Als Christinnen und Christen haben wir zusätzlich das riesige Privileg, dass Jesus wirklich für *alles* bezahlt hat, und zwar den Höchstpreis. Es bleibt folglich keine verborgene Schuld übrig, für die dich jemand bei Gott anklagen könnte.**

Die Bibel spricht diesbezüglich eine sehr deutliche Sprache: „Wer könnte es wagen, die von Gott Auserwählten anzuklagen? Niemand, denn Gott selbst spricht sie von aller Schuld frei" (Römer 8,33). Als Jesus am Kreuz für unsere Schuld gestorben ist, hat er damit unserem Ankläger, Satan, die gesamte Argumentationsgrundlage genommen, und zwar ein für alle Mal. Gott hört nicht mehr auf seine Anklagepunkte, sondern nur noch auf die Stimme seines Sohnes, der für uns eintritt. „Daher dürfen wir voller Zuversicht und ohne Angst vor Gottes Thron kommen. Gott wird uns seine Barmherzigkeit und Gnade zuwenden, wenn wir seine Hilfe brauchen" (Hebräer 4,16).

Sollten wir deshalb nicht lieber regelmäßig in Jubel und Dankbarkeit über unsere geschenkte Freiheit ausbrechen, anstatt tausendmal für dieselben Dinge um Vergebung zu bitten?

Ganz abgesehen davon unterstellen wir Gott damit indirekt, dass er immer noch böse auf uns ist.

Ich hörte einmal einen Pastor sagen: „Wir dürfen nicht versuchen, durch Selbstgeißelung dem Opfer Jesu noch etwas hinzuzufügen. Denn damit drücken wir letztlich nichts anderes aus, als dass Jesu Tod am Kreuz für unsere Schuld nicht ausreicht – und machen ihn damit klein." Harte Worte mit heilsamer Wirkung …

Das möchte ich natürlich nicht – genauso wenig, wie ich Gott einen Unmut mir gegenüber unterstellen möchte. Ich habe neulich selbst erlebt, wie sich das anfühlt, als eine Freundin mir immer wieder schrieb, es tue ihr leid, ich solle ihr bitte nicht böse sein. Dabei war ich zu keinem Zeitpunkt beleidigt gewesen. Irgendwann *wurde* ich es jedoch beinahe – aber nicht aufgrund ihres „Vergehens", sondern weil sie offensichtlich einfach nicht annehmen konnte, dass ich ihr *wirklich* nicht böse war und nichts zwischen uns stand.

Damit will ich natürlich nicht sagen, dass Gott auch irgendwann böse auf uns werden könnte, wenn wir ihn zu oft um Vergebung bitten, aber ich glaube, es bereitet ihm mehr Freude, wenn wir sein unfassbares Geschenk der Gnade einfach dankbar annehmen, anstatt nach dem zu fischen, was er uns längst genommen hat.

Mir hilft es, dem „Drang zum Fischen" zu widerstehen, indem ich mir immer wieder bewusst mache: **Ich bete keinen von meiner Sünde zerschlagenen, toten Gott am Kreuz an, sondern einen lebendigen Gott. Einen Auferstandenen, der sein Kreuz und meine Schuld und Scham hinter sich gelassen hat.** Und das sollten du und ich auch tun. Wir sind eingeladen, gedanklich nicht vor dem Kreuz stehen zu bleiben und uns permanent an unsere Schuld zu erinnern, für die er dort hing, sondern dürfen durch das Kreuz hindurch ins Leben schreiten – in die Freiheit, die Jesus uns geschenkt hat. Genau das ist ja das Besondere am Christentum: unser Glaube an den Auferstandenen.

Und damit auch wir in dieser Welt etwas bewegen können und nicht länger mit unserer Vergangenheit und unserer Schuld hadern, sondern dafür kämpfen, dass sein Reich sich ausbreitet, sollten wir unser Schuldbewusstsein ablegen und unser Christus-

bewusstsein „anziehen". Das Bewusstsein, dass der Überwindergeist des Auferstandenen in uns lebt, der zur Sünde wurde, damit wir freigesprochen werden und vor Gott bestehen können (vgl. 2. Korinther 5,21). Damit wir Menschen sind, an denen sich Gottes Gerechtigkeit verherrlicht. Menschen, die in dem Bewusstsein leben, dass sie als gerecht Gesprochene, Begnadigte und Geliebte nicht dazu berufen sind, Sündenfischer zu sein, sondern Menschenfischer – trotz und wegen ihrer eigenen Erlösungsbedürftigkeit, die sie mit allen Menschen eint.

DOWN TO EARTH

Wenn es dir manchmal schwerfällt, dir vorzustellen, dass Gott dir wirklich vergeben hat, oder du dich dabei erwischst, dass du selbst immer wieder „die Angel auswirfst", dann feiere doch einmal bewusst Abendmahl. Erinnere dich daran: *Genauso real wie das Brot und der Wein(-ersatz) in meinem Mund sind die Gnade und Vergebung von Jesus. Ist die Tatsache, dass er für alle meine Schuld am Kreuz gestorben ist – und für alles, was mich belastet.*

VON UNVERSCHÄMTEN GEBETEN UND FROMMER DEMUT

„Alles ist möglich, wenn du mir vertraust."
Markus 9,23

Am anderen Ufer sagte Elia zu Elisa: „Ich möchte noch
etwas für dich tun, bevor ich von dir genommen werde.
Hast du einen Wunsch?" Da antwortete Elisa: „Ich möchte
als dein Schüler und Nachfolger doppelt so viel von deinem
Geist bekommen wie die anderen Propheten!"
2. Könige 2,9

Aber Jabez betete zum Gott Israels und rief: „Bitte segne
mich doch und erweitere mein Gebiet! Steh mir bei mit
deiner Kraft und bewahre mich vor Unglück! Kein Leid möge
mich treffen!" Und Gott erhörte sein Gebet.
1. Chronik 4,10

Gott hat sogar seinen eigenen Sohn nicht verschont,
sondern ihn für uns alle dem Tod ausgeliefert. Sollte er
uns da noch etwas vorenthalten?
Römer 8,32

„Bittet Gott, und er wird euch geben! Sucht, und ihr werdet finden! Klopft an, und euch wird die Tür geöffnet!"
Matthäus 7,7

„Ich sage euch die Wahrheit: Wer an mich glaubt, wird die gleichen Taten vollbringen wie ich – ja sogar noch größere; denn ich gehe zum Vater."
Johannes 14,12

Wenn ich mir ein Beispiel an den hier zitierten Bibelversen nehmen und „groß und kühn" beten will, meldet sich bei mir seltsamerweise immer wieder diese leise Stimme, die sagt: „Jetzt übertreibst du's aber. Ist das nicht ein bisschen größenwahnsinnig?" Und das, obwohl meine Anliegen einige Nummern kleiner sind als die obigen Gebete. Irgendwie erscheint es mir einfach nicht „demütig", große Dinge von Gott zu erbitten.

Unsere biblischen Vorbilder scheinen damit jedoch kein Problem gehabt zu haben. Völlig unverhohlen bittet Elisa um die doppelte Salbung wie sein Lehrer Elia oder Jabez um eine größere Reichweite, wie man heute sagen würde. Und das sind nur zwei Beispiele von unerhört erhörten Gebeten!

Doch in keiner mir bekannten biblischen Geschichte rüffelt Gott seine Kinder für ihre großen Bitten und ermahnt sie zu mehr Demut und Genügsamkeit. Im Gegenteil: Fast scheint es, je kühner die Bitte, desto wahrscheinlicher die Gebetserhörung. Natürlich kann man hieraus keine Regel ableiten, fest steht jedoch, dass Gott allem Anschein nach nicht so schnell *Jetzt übertreibst du's aber* denkt wie ich.

Aber wie passt das mit dem durchaus vorhandenen biblischen Wert der Demut und Genügsamkeit zusammen?

Irgendwann erkannte ich, dass meine kleinen Bitten oft kein Ausdruck von Demut waren, sondern vielmehr von verstecktem Kleinglauben und mangelndem Vertrauen auf Gott beziehungsweise darauf, dass er es gut mit mir meint. Mit anderen Worten: Wer nur wenig bittet, erwartet auch nur wenig vom anderen. Wer hingegen viel bittet, erwartet auch viel – und traut dem anderen durchaus zu, dass er großzügig genug ist, um die eigene Bitte zu erfüllen. Dazu muss ich diese Person jedoch kennen und ihr vertrauen – ihr eine gute Reaktion *zu*trauen.

Wenn ich das auf mein alltägliches Leben anwende, ergibt das auch Sinn: Meinen Mann, den ich kenne und liebe und von dem ich weiß, dass er mich auch liebt und mir gegenüber immer großzügig ist, würde ich viel eher um einen großen Gefallen bitten als jemanden, den ich nicht kenne oder von dem ich nicht weiß, ob er mir wohlgesonnen ist. Und wenn ich eine große Bitte an ihn habe, drückt das nicht nur aus, dass ich ihm die Bereitschaft, mir zu helfen, unterstelle, sondern vor allem auch die Fähigkeit.

Wenn ich Gott um große Dinge bitte, ist das im Grunde nichts anderes als ein Ausdruck meines Vertrauens in seine Liebe und seine Vollmacht. Mit meiner großen Bitte mache ich folglich ihn groß und nicht mehr mich selbst, und genau das macht Demut aus. Und ich ahne, dass wir in einer Zeit leben, in der es diese großen Gebete braucht, ganz einfach deshalb, weil es die großen Taten und Wunder Gottes braucht. Und weil es uns zu den stärksten Kämpferinnen für sein Reich macht, wenn wir unserem Gott Großes zutrauen und erleben, wie er in unserem Leben Großes bewirkt. Für Gott gelten ohnehin andere Größenverhältnisse. Für ihn ist die Heilung eines harmlosen Hautausschlags genauso einfach möglich wie die Heilung von Krebs im Endstadium. Um beides dürfen, nein, sollen wir ihn sogar bitten.

Manchmal trauen wir uns vielleicht schon gar nicht mehr zu bitten oder kommen gar nicht mehr auf die Idee, aber dann dürfen wir uns auch eigentlich nicht beklagen, wenn nichts passiert.

„Solange ihr nicht Gott bittet, werdet ihr nichts empfangen", schreibt Jakobus in seinem Brief (Jakobus 4,2). Das sind harte Worte.

Sie garantieren zwar nicht, dass wir immer alles bekommen, worum wir bitten – zumindest nicht gleich –, aber sie machen doch eines deutlich: Wenn du Gott Großes zutraust, kannst du nichts verlieren und nur gewinnen. Denn er will antworten. Er will heilen. Er will befreien. Er will beschenken und dich „übertrieben" segnen.

„Ich lasse dich nicht, es sei denn, du segnest mich!" Ich wünsche uns dieselbe Kühnheit, wenn wir Gott um großen Segen bitten – die Kühnheit, die auch Jakob hatte, als er mit Gott kämpfte. Jakob wurde später übrigens zum Stammvater der zwölf Stämme Israels. Also sei gespannt, was Gott mit dir vorhat, wenn du am Segen festhältst…

Wie sieht das bei dir aus? Was war das Kühnste, das du je von Gott erbeten hast, oder erhoffst du meistens nur ein Mindestmaß an Segen und Schutz von ihm?

DOWN TO EARTH

Was wäre dein mutigstes, unverschämtestes Gebet? Schreibe es auf. Hier und heute. Und sei gespannt, wie Gott darauf reagiert, dem du kaum eine größere Freude machen kannst, als wenn du Großes von ihm erwartest…

....

....

....

....

....

....

ERWECKE DIE LÖWIN IN DIR!

Siehe, es hat überwunden der Löwe aus dem Stamm Juda, die Wurzel Davids, aufzutun das Buch und seine sieben Siegel.

Offenbarung 5,5 (Luther)

„Du hast die Würde eines Löwen", hieß es neulich in irgendeinem Popsong im Radio, und diese Zeile traf mich mitten ins Herz. Denn geht es beim christlichen Glauben nicht genau darum? Das ist genau die Würde, die wir als Christinnen und Christen geschenkt bekommen haben. Aber glaubst du das? *Fühlst* du das?

Vielleicht (noch) nicht – und doch ist es eine geistliche Wahrheit, die ich mit dieser Andacht so gern in dein Herz hineinbeten würde.

Nicht umsonst gilt der Löwe als der König der Tiere. Kaum ein anderes Tier strahlt so viel Stärke, Majestät und Würde aus wie er. Er hat den Titel *König* wirklich verdient. Und als Christinnen haben wir dieselbe Würde. Warum? Weil Jesus in uns lebt – „der Löwe von Juda", wie er in Offenbarung 5,5 beschrieben wird: „Weine nicht! Siehe es hat überwunden der Löwe aus dem Stamm Juda…"

Was mich an diesem Vers noch so fasziniert, ist die Tatsache, dass Jesus genau dann zum siegreichen und „löwenstarken" Überwinder wurde, als er aus menschlicher Sicht am tiefsten Punkt der Demütigung und Beschämung angelangt war: Bespuckt, geschlagen und verspottet hing er am Kreuz und starb den menschenunwürdigsten Tod, den man sich nur vorstellen kann. Ja, man könnte sagen, die Römer wollten ihm damals bewusst seine Königswürde rauben, indem sie ihm eine Dornenkrone aufsetzten und ihn als „König der Juden" verlachten. Als Messias, der sich selbst nicht helfen konnte.

Jesus wurde zutiefst gedemütigt, doch er ertrug alles demütig. Und warum?

Damit wir durch den Glauben an ihn Zutritt zum Vater haben. Damit wir voller Zuversicht vor den Thron des größten Königs des gesamten Universums treten können. Damit wir uns durch den Glauben an ihn Königskinder nennen dürfen – denn genau das sind wir auch (vgl. 1. Johannes 3,1).

Jesus hat sich am Kreuz alle Würde nehmen lassen, damit uns nichts mehr unsere Würde nehmen kann: keine Scham, keine Schuld, keine noch so entwürdigende Erfahrung, die wir machen mussten. Und er hat sich eine Dornenkrone aufsetzen und von ihr ins Fleisch schneiden lassen, damit unser Haupt gekrönt wird mit Gnade und Barmherzigkeit (vgl. Psalm 103,4).

Ich frage mich manchmal, ob wir uns dessen wirklich bewusst sind: dass wir nicht nur geliebte Kinder Gottes sind, denen vergeben wurde, sondern dass uns mit Jesu königlichem Überwindergeist auch eine königliche Würde verliehen wurde? Beten wir einen toten Gott am Kreuz, ein „Opfer", an oder einen auferstandenen, löwenstarken Überwinder, der auch uns nicht vor dem Kreuz unserer Schuld und Scham stehen lässt, sondern uns liebevoll, aber bestimmt zuruft: „Kommt raus aus der Opferrolle! Betet nicht euer Leid an, sondern den, der alles Leid überwunden hat! Hört auf, euch selbst kleinzumachen, und lebt so, wie es eurem königlichen Stand entspricht!"

Und mich beschäftigt, wie sich diese Königswürde in unseren Gebeten ausdrückt, in unserer Haltung gegenüber anderen und letztlich auch in unserer Haltung uns selbst gegenüber. Hand aufs Herz – wie sieht das bei dir aus?

Viele Christen – und da schließe ich mich selbst nicht aus – gehen viel zu oft mit hängenden Schultern durchs Leben und haben ein negatives Bild von sich selbst. Sie behandeln sich selbst nicht gut und lassen sich viel zu schnell von anderen herunterziehen und demütigen. Und dann flüstert ihnen auch noch der Feind ins Ohr: „Nur Schwache brauchen einen Gott", woraufhin sie sich erst recht klein und schwach fühlen. Doch das ist nicht das, wozu uns Gott berufen hat.

Zu Demut – ja, denn wir erkennen an, dass wir von Gott als unserem Schöpfer und Jesus als unserem Erlöser abhängig sind und dass wir unsere Königswürde nur durch den größten Akt der Demut am Kreuz verliehen bekommen haben – und allein deshalb auch selbst zu Demut aufgerufen sind. Aber das macht uns nicht schwach, sondern stark. Denn Gott macht uns nicht zu würdelosen Dienern, sondern zu Königskindern. Zu seinem „Königsvolk", wie es in Offenbarung 5,10 (Neue evangelistische Übersetzung) heißt.

„Wer vor Gott kniet, kann vor jedem Menschen aufrecht stehen", lautet ein meiner Meinung nach sehr wahrer Spruch. Gott nimmt uns nicht unsere Würde, sondern er gibt sie uns zurück. Wir dürfen deshalb mit erhobenem Haupt durchs Leben gehen – wenn auch nicht abgehoben … **Wir dürfen *aufrecht* durchs Leben gehen und würdevoll mit uns selbst und mit unseren Mitmenschen umgehen. Vor allem aber dürfen wir aufrecht und würdevoll vor Gott treten, weil uns keine Schuld mehr niederdrücken kann, darf und soll.**

Wir müssen uns nicht mehr von anderen kleinmachen lassen – auch nicht von uns selbst. Jesus ist nicht ans Kreuz gegangen, damit wir uns danach in falsch verstandener Demut noch selbst für die Fehler weitergeißeln, für die er längst bezahlt hat.

Womöglich ist es in den Augen von Jesus der größte Akt der Demut, wenn wir stattdessen die Königswürde annehmen, die uns verliehen wurde, und tatsächlich voller Zuversicht vor den Thron des Königs aller Könige kommen. Wir dürfen ehrfürchtig, aber nicht mit Gefühlen der Unzulänglichkeit vor Gott stehen, und müssen ihn nicht mehr um die Dinge bitten oder bettelnd anflehen, die er uns ohnehin verheißen hat. Vielmehr dürfen wir sie einfach dankbar annehmen. Denn es macht einen Unterschied für meine Würde, ob ich kleinlaut um etwas bitte oder mich vertrauensvoll für etwas bedanke, indem ich zum Beispiel bete: „Danke, dass du mich mit allen geistlichen Segnungen der Himmelswelt beschenkt hast. Danke, dass du mich an himmlische Orte versetzt, wenn ich zu dir bete. Danke, dass du mich vollkommen gerecht gesprochen hast durch das Blut deines Sohnes Jesus Christus. Danke, dass ich dein geliebtes Königskind bin – und dass ich die Würde eines Löwen habe."

Also, erwecke die Löwin in dir und lass dein Brüllen ertönen!

DOWN TO EARTH

Ich habe mir mal ein paar dieser „Würde-vollen" Verheißungen auf-
geschrieben und versuche, sie oft auszusprechen und zu beten. Dabei
merke ich, wie sich etwas in mir immer mehr aufrichtet. Versuch es
doch auch einmal und schreib dir hier deine Lieblingsverse über deine
wahre Identität als Nachfolgerin von Christus auf.

Wenn es dir hilft, dann kannst du dir auch im Gebet bildlich vorstellen, wie du in festlichen weißen Kleidern vor Gott trittst, gekrönt
mit Gnade und Barmherzigkeit, um deinem König von Herzen zuzujubeln und ihm dafür zu danken, dass er dich in seine königliche
Familie aufgenommen hat. Dann können wir den Löwen von Juda in
uns freudig brüllen hören: *Rooooar!*

....

....

....

....

....

....

....

....

....

SHINE YOUR LIGHT – UND VERLEUGNE DABEI DICH SELBST?!

Ihr seid das Licht der Welt. Es kann die Stadt, die auf einem Berge liegt, nicht verborgen sein. Man zündet auch nicht ein Licht an und setzt es unter einen Scheffel, sondern auf einen Leuchter; so leuchtet es allen, die im Hause sind. So lasst euer Licht leuchten vor den Leuten, damit sie eure guten Werke sehen und euren Vater im Himmel preisen.
Matthäus 5,14–16 (Luther)

Ich bin vielfältig begabt: Ich kann schreiben, ich kann singen, ich kann schauspielern, ich kann tanzen, ich kann malen und generell schöne Dinge gestalten. Ich kann Vorträge und Andachten halten. Ich kann ermutigen. Ich kann eine gute Gastgeberin sein. Ich kann gut kommunizieren und mit Menschen umgehen. Nur eines konnte ich lange Zeit nicht: dazu stehen, ohne mich schlecht zu fühlen. Ohne Angst zu haben, direkt als arrogant zu gelten. Und sei ehrlich: Vielleicht hast du dich bei meiner Aufzählung tatsächlich bei diesem Gedanken erwischt!

Aber ist dir etwas aufgefallen? Ich habe meine vermeintliche Selbstbeweihräucherung mit den Worten begonnen: „Ich bin vielfältig *begabt.*" Und ich liebe dieses Wort, weil es von vornherein deutlich macht: Alles, was ich kann und bin, ist letzten Endes ein Geschenk, ist eine Gnade, ist eine *Gabe.* Also folglich nichts, worauf ich mir selbst etwas „einbilden" könnte – höchstens auf das, was ich daraus gemacht habe. Denn das ist mein Part. Aber das hat nichts mit Eitelkeit zu tun, sondern ganz im Gegenteil: Ich benenne schlicht und ergreifend die Tatsache, dass mir von Gott Talente geschenkt wurden, die ich nicht versauern lasse, sondern einsetze. Weil Gott sich das genau so wünscht. Trotzdem fällt es mir immer noch wesentlich leichter, über meine Schwächen zu reden, als mit einem gesunden Maß an Stolz vor anderen zu sagen: „Das kann ich richtig gut!"

Geht es dir ähnlich? Kannst du offen zu deinen Begabungen stehen? Und noch wichtiger: *Machst* du etwas aus deinen Begabungen?

Auf meinem Weg von einer chronischen Zweiflerin zu einer hoffnungsvollen Überwinderin wurde mir immer stärker bewusst, dass auch dieser Punkt entscheidend ist: Wie gehe ich mit meinen Begabungen, meinen Talenten, meinen Leidenschaften und Träumen um? Wage ich es, sie auszuleben und zu fördern? Wage ich es, meinem Herzen zu folgen?

Denn ich glaube, wir sind geistlich gesehen nie stärker als dann, wenn wir gemäß unserer Berufung leben und das tun, was unser Herz schneller schlagen lässt. Denn Gott selbst hat uns unsere Leidenschaft ins Herz gelegt und wünscht sich, dass wir sie wirkungsvoll einsetzen. Ja, ich glaube, da, wo wir wirklich „on fire" sind, brennt immer auch das heilige Feuer Gottes in unserem Herzen.

Früher habe ich immer gedacht, das, wozu Gott mich beruft, müsse superanstrengend sein und in jedem Fall große Opfer erfordern – und nicht unbedingt Spaß machen. Heute sehe ich das anders. Ja, es kann manchmal anstrengend sein, den Weg einzuschlagen und konsequent weiterzugehen, den Gott für uns vorbereitet hat. Ja, manchmal muss man für die eigene Berufung auch große Opfer bringen (und ja, unsere übergeordnete „Hauptberufung", Jesus nachzufolgen, kann uns viel, manchmal sogar alles kosten) – aber es darf auch Spaß machen. Es darf Freude machen. Ich würde sogar behaupten, unsere konkrete Berufung *sollte* mit einer tiefen, inneren Freude verbunden sein, denn diese ist ein sicherer Indikator dafür, dass wir uns vom Heiligen Geist haben leiten lassen, dessen Frucht unter anderem Freude ist (vgl. Galater 5,22).

Ich persönlich glaube deshalb, es ist ein tragisches Missverständnis von Jesu Aufruf zur Selbstverleugnung, wenn wir all die Dinge, für die wir brennen, unterdrücken und versuchen, sie von uns abzuspalten. Natürlich geht es beim christlichen Glauben beziehungsweise bei gelebter Nachfolge nicht darum, wie Jesus uns am besten dabei helfen kann, uns selbst zu verwirklichen und unsere eigenen Ziele zu erreichen. Aber gleichzeitig geht es auch nicht darum, dass wir unsere individuelle, von Gott erdachte und gestaltete Persönlichkeit unterdrücken sollen, sondern dass wir vielmehr gerade *durch* das Feiern und Ausleben unserer einzigartigen Begabungen unseren kreativen Schöpfer verherrlichen. Es ist also nicht so, dass du ein Mensch mit ganz bestimmten Eigenschaften und Talenten bist und Gott dann, sobald du Christ geworden bist, versucht, dich in die Standardschablone eines Vorzeigechristen zu pressen, um eine charakterlose Masse an Fließbandnachfolgern zu produzieren.

Ja, ich glaube, Selbstverleugnung bedeutet nicht, das Selbst auszulöschen, sondern es mit, in und durch Jesus immer mehr zur Vollendung zu bringen, damit wir zu der Person werden, als die Gott uns gedacht hat. Was jedoch wirklich verleugnet werden sollte, ist unser Ego – der Teil in jedem Menschen, der sich selbst zum Mittelpunkt der Welt erklärt und in die totale Ich-Zentriertheit lockt. Der uns schnell stolz und überheblich werden lässt und sich damit der Grundwahrheit des Evangeliums entgegenstellen will: dass wir alle abhängig sind von Gott als unserem Lebensschenker und -erhalter – und unserem Erlöser, der uns seine unverdiente Gnade schenkt.

Wenn wir jedoch auf Jesus gerichtet leben und anerkennen, dass *er* der Mittelpunkt unserer Welt ist, hat unser Ego daneben überhaupt keinen Platz. Dann laufen wir nicht Gefahr, uns selbst zu verherrlichen, weil wir uns immer wieder der Herrlichkeit Gottes aussetzen: Auge in Auge mit Gott. Im Gebet. Oder mit anderen Worten: Wenn wir Jesus immer im Fokus behalten, werden wir auch nie den „Backstagebereich" aus den Augen verlieren und weiterhin im Kleinen treu bleiben – gerade, wenn uns Großes anvertraut wurde.

Es kommt also darauf an, mit welcher inneren Haltung wir unsere Träume ausleben, die ihren Ursprung immer bei Gott haben, aber eben auch zu hässlichen Zerrbildern mutieren können. So ist es zum Beispiel ein enormer Unterschied, ob ich meine Bühnenträume ausleben will, um selbst verherrlicht und angebetet zu werden, wie manche Popstars das tun, oder aber ob ich auf der Bühne stehen und den verherrlichen will, der mir diese oder jene bühnentaugliche Gabe geschenkt hat. Damit meine ich übrigens nicht, dass wir unsere Gaben nur im explizit christlichen Kontext ausleben dürfen. Beispielsweise kann ein leidenschaftlicher Radfahrer seinen Schöpfer auch damit verherrlichen, dass er sich an seinem Sport erfreut und zeigt, welche Kraft und Ausdauer in ihm stecken – und dass Gott ihm die körperlichen und mentalen Voraussetzungen geschenkt hat, um hart zu trainieren und solche Leistungen zu erbringen.

Ich kann mir gut vorstellen, dass unser Schöpfer sich von Herzen freut, wenn er das zur Entfaltung kommen sieht, was er in uns hineingelegt hat, und dass er bestimmt hin und wieder lächelnd denkt: *Ich wusste, sie wird das lieben!*

Du verherrlichst Christus *in dir*, wenn du das auslebst, was du am besten kannst und am meisten liebst. Denn es kann von niemand anderem kommen als von ihm selbst. Zumindest, wenn wir Jakobus 1,17 ernst nehmen, wo es heißt, dass alle guten und vollkommenen Gaben von Gott kommen. Deshalb haben deine individuellen Leidenschaften und Eigenschaften ihre Berechtigung, und du darfst all das Gute wachsen lassen, was Gott in dir angelegt hat.

Was mich bei dem Thema „Begabungen" jedoch am meisten fasziniert, ist die Vorstellung, dass es keine herausragende Eigenschaft und keine besondere Begabung, kein Ausnahmetalent auf dieser Welt gibt, das Gott nicht auch selbst hätte. Schließlich kann man nur dann jemandem etwas geben beziehungsweise ihn mit etwas *begaben*, wenn man selbst etwas davon hat. Wie berührend und unfassbar motivierend ist der Gedanke, dass immer dann, wenn du deine Begabung voll auslebst, der Himmel zuschaut und freudig-ehrfürchtig flüstert: „Ganz der Papa" oder: „Das hat sie von ihrem Papa …"

Also, verkriech dich nicht in falsch verstandener Demut und hol dein Licht unter dem ollen Scheffel hervor! Jesus hat uns nicht befreit und uns am Kreuz alle Schuld und Scham genommen, damit wir als graue Mäuschen durchs Leben kriechen, sondern damit wir in den Regenbogenfarben seiner Verheißungen schillern und unser Licht, nein, *sein* Licht *in uns* in die Welt hinausstrahlen lassen – und das eben auch durch unsere ganz persönlichen Begabungen.

DOWN TO EARTH

Was sind deine Begabungen und Fähigkeiten? Was kannst du richtig gut? Nur zu, schreib hier alles mal auf.

Ich kann sehr gut:

....

....

....

....

....

....

Meine besten Eigenschaften sind:

....

....

....

....

....

TANZ IM SEGENSREGEN!

Gelobt sei Gott, der Vater unseres Herrn Jesus Christus, der uns gesegnet hat mit allem geistlichen Segen im Himmel durch Christus.
Epheser 1,3 (Luther)

Ich liebe es, Menschen ungewöhnliche Fragen zu stellen und sie zum Nachdenken zu bringen – über Gott und die Welt, die große, weite und vor allem ihre eigene, ganz kleine. Vor ein paar Jahren fragte ich meinen heutigen Ehemann, welchen Slogan er über mein Leben schreiben würde. Ohne lange zu überlegen, antwortete er: „There's got to be something more!" („Da muss es doch noch mehr geben!") Ich war erstaunt, wie schnell und überzeugt diese Antwort kam – und darüber, wie gut er mich kennt. Denn es stimmt: Ich bin eine leidenschaftlich Suchende.

Die Sehnsucht nach *mehr* schlummert schon seit frühen Kindertagen in mir. Ich erinnere mich noch genau an den Moment, als ich zum ersten Mal diesen Schmerz verspürt habe, weil es eben nicht „mehr" gab. Es war Ostersonntag, alle Eier und Schokoladenhasen waren längst entdeckt und das leckere Osteressen nach dem Familienspaziergang schon halb verdaut. **In mir kroch die Frage hoch: *Und jetzt?* Vielleicht war das die erste Ahnung meines jungen Herzens, dass es im Leben tatsächlich noch mehr zu entdecken gibt als Ostereier.**

Mit der Zeit wurde meine Sehnsucht nach *mehr* konkreter. Durch den authentischen Glauben und die gelebte Liebe meines irdischen Vaters lernte ich früh meinen himmlischen Vater kennen. Ich begriff immer mehr, dass in ihm das Ziel aller menschlichen Sehnsüchte verborgen liegt. So wurde aus meinem Kinderglauben eine bewusste Entscheidung für Jesus und ein Leben in Beziehung mit ihm. Nun könnte man meinen, damit sei meine Suche nach *mehr* abgeschlossen gewesen. Tatsächlich erlebte ich Momente, in denen Gott mein Innerstes berührte und mich auf eine Weise erfüllte wie nichts anderes auf dieser Welt. Ich erinnere mich an Lobpreiszeiten, in denen ich das, was ich sang, nicht nur von ganzem Herzen, ganzer Seele und ganzem Verstand meinte, sondern auch spürte.

Doch leider blieben diese Gefühle nicht. Was blieb, war meine Sehnsucht, und mit ihr kamen die Fragen: *Wenn Gott doch Leben im Überfluss verspricht, warum fühle ich mich trotzdem oft noch so leer? Und wenn er jeden (Lebens-)Hunger stillt, warum bleibt diese Sehnsucht nach* mehr*? Vielleicht sind Gottes Verheißungen gar nicht wahr oder treffen zumindest auf mich nicht zu? Vielleicht bin ich einfach nur undankbar?* Diese Fragen haben mich zeitweise in große Zweifel und Kämpfe getrieben, von denen du in diesem Buch reichlich lesen konntest.

Doch irgendwann bekam ich eine Antwort auf meine Fragen. In einer Andacht begegnete mir einmal die Formulierung vom „roten Faden der Sehnsucht", der uns den Weg zu Gott weist. **Ich erkannte, dass meine scheinbar unstillbare Sehnsucht ein wertvoller Schatz ist, denn sie verhindert, dass mein Herz jemals satt und träge wird. Stattdessen treibt sie mich an, Gott immer wieder neu zu suchen und mich nach dem von ihm verheißenen Segen auszustrecken.** Ja, mein Hunger nach *mehr* ist nichts, wogegen ich ankämpfen muss, sondern er selbst kann ein Segen sein, wenn er mich näher zu Gott führt. Ich will deshalb lernen, mich über die immer mal wieder spürbare Leere in mir zu freuen, denn sie ist ein Platzhalter für Gott, in dem eine wunderschöne Verheißung liegt: Da gibt es tatsächlich mehr, wonach ich mich austrecken kann, darf und soll! Mehr als das, was ich an Wahrem, Schönem, Gutem – kurz gesagt: an Segensreichem –

schon erlebt habe. Denn Gott hat uns nicht weniger als *allen* geistlichen Segen im Himmel versprochen.

Diesen Vers muss man sich wirklich einmal auf der Seele zergehen lassen. Wir sind nicht nur ein bisschen gesegnet, sondern mit allem geistlichen Segen, den der Himmel zu bieten hat. Und das beinhaltet für mich tiefe Freude, immer wieder neue Kraft, übernatürlichen Frieden, Schutz und Bewahrung, ja, und auch Heilung. Am Ende meiner Kämpfe um den Segen Gottes stand für mich die Erkenntnis, was mich trotz aller Parallelen von dem um Segen ringenden Jakob im Alten Testament unterscheidet: **Seit Jesu Tod am Kreuz steht mir der Himmel bereits offen. Dir auch. Uns allen. Der Kampf um Gottes Gunst ist ein für alle Mal gewonnen, wenn wir unser Vertrauen auf Jesus Christus setzen. Wir müssen uns den Segen nicht länger erflehen, sondern er ist bereits vorhanden, und zwar im Überfluss!**

Ja, es regnet Segen auf mein Leben. Und die einzige Person, die verhindern kann, dass ich diesen Segen auch wirklich empfange, bin ich selbst – wenn ich immer wieder meinen schwarzen Regenschirm aus negativen Gedanken über mir aufspanne, indem ich mir einrede: „Du bist es nicht wert, gesegnet zu werden", „Dein Glaube ist zu klein, um von Gott zu empfangen", „Du musst erst heiliger leben, um in seine Gegenwart zu gelangen", „Ich werde niemals ein glückliches und erfülltes Leben haben", „Gott liebt mich nicht mehr und hat mir nicht vergeben …"

Das ist tatsächlich die einzige „Arbeit", die wir leisten müssen: diesen Schirm immer wieder bewusst zusammenzufalten und beiseitezulegen, wenn wir merken, dass er sich wieder aufspannen will. Anfangs klemmt er vielleicht noch ein bisschen und lässt sich nicht so einfach schließen, aber versuche es trotzdem immer wieder. Vielleicht kostet es dich zunächst Überwindung, weil du es dir unter deinem Schirm schon so gemütlich gemacht hast und dir die vertrauten Muster und Glaubenssätze, die dein Denken und Fühlen umspannen, bisweilen ein trügerisches Gefühl von Sicherheit vermitteln.

Vielleicht hast du auch Angst, dass der Segensregen die Maske abwischen könnte, die du dir über all die Jahre immer wieder aufgemalt
hast, bis du selbst irgendwann geglaubt hast, dass das deine wahre
Identität sei. Aber ich will dich ermutigen: Wage es trotzdem! Stell
dich in Gottes Segensregen, auch wenn du ihn nicht gleich spürst, weil
du durch Leid und Frust „dickhäutig" geworden bist. **Setz dich Gottes
Segensregen aus. Jeden Tag neu. Bis die Freude und die Hoffnung
in dir langsam nachwachsen und dein Glaube neu zu blühen beginnt – ganz ohne dein Zutun. Einfach, weil du Gott wirken lässt.**
Und wenn du manche Segnungen dann trotzdem (noch) nicht emp-
fängst und die Wunder auf sich warten lassen, dann erwecke wieder
den Kampfgeist in dir, aber diesmal für „den guten Kampf des Glaubens", der sagt: „Und ich lasse dich trotzdem nicht, Gott. Weil du mich
schon gesegnet hast und mich wieder segnen wirst. Aber vor allem,
weil du auch *mich* nicht lässt, bis ich irgendwann in deiner Himmelswelt mit dir tanze und all die geistlichen Segnungen mit eigenen
Augen sehen werde, um die ich jetzt noch ringe …"

DOWN TO EARTH

Lass dich doch einmal bewusst von einem milden Sommerregen nass
regnen, und stelle dir vor, es wäre Gottes Segensregen – im Winter
kann auch die Dusche dafür herhalten. Als tägliche Übung könntest
du dich jeden Morgen mit offenen, empfangenden Armen hinstel-
len und laut sagen: „Danke, dass ich mit allem geistlichen Segen beschenkt bin! Danke, dass deine Liebe in mein Herz ausgegossen ist!
Danke, dass du mir ein neues Herz geschenkt hast! Danke, dass du
mich mit Gnade und Gerechtigkeit krönst …"

Oder sage einfach nur: „Mehr, Papa, mehr von dir!", wenn du von
manchen versprochenen Verheißungen in deinem Leben noch nichts
siehst.

WONDER RAIN

You made my battlefield a perfect wonder ground
and I will praise you 'til my time is running out.
I've said goodbye to my old pain,
now I'm dancing in your wonder rain.

Nachwort

BE BRAVE, NICHT BRAV!
ODER: YOU GO GIRL!

Ja, ich sage es noch einmal: Sei mutig und entschlossen! Lass dich nicht einschüchtern und hab keine Angst! Denn ich, der Herr, dein Gott, stehe dir bei, wohin du auch gehst.
Josua 1,9

Nach meinen langen Heilungswegen und harten Kämpfen durfte ich am Ende eines erkennen: Um die Zweifel hinter mir zu lassen und eine Überwinderin zu werden, braucht es keine äußere Anstrengung, sondern lediglich ein kontinuierliches inneres Umdenken. Vielleicht hat Paulus genau das gemeint, als er uns in seinem Wort dazu aufforderte, unser ganzes Denken neu auszurichten (vgl. Römer 12,2). Es geht darum, eine „Königreichsmentalität" zu bekommen. Das bedeutet, immer stärker ein Bewusstsein dafür zu erhalten, zu wessen Reich wir als Christinnen und Christen gehören und wie dieses Reich aussieht. Im Vaterunser haben wir es schon zigmal gebetet: „Dein Reich komme, dein Wille geschehe wie im Himmel so auf Erden."

Durch eine Predigt ist mir kürzlich zum ersten Mal so richtig bewusst geworden, was ich damit überhaupt bete: Ich bete, dass es so, wie es im Himmel ist, auch auf der Erde werden möge. Dass das himmlische Reich Gottes immer mehr Gestalt in meinem Leben gewinnen möge. Dass die sichtbare Welt, auf der wir leben, immer mehr von der unsichtbaren Welt Gottes durchdrungen wird. Ich bete, dass Friede, Freude, Freiheit genauso zunehmen wie Gerechtigkeit, Gesundheit, Gnade und überfließender Genuss. Denn all das sind schließlich Attribute, die wir mit dem Himmel verknüpfen, den wir durch das Vaterunser auf die Erde beten …

Wir beten, dass sein Reich kommt, und wissen gleichzeitig, dass es bereit angebrochen ist: nämlich überall dort, wo Menschen den König dieses Reiches in ihrem Herzen und Leben regieren lassen. **Ja, das Reich Gottes ist bereits angebrochen und ausgebrochen – mitten in dir! Denn der König selbst lebt durch seinen Geist in dir.**

Das bedeutet doch: Da, wo du bist, ist heiliger Boden. Denn da, wo du bist, ist Gott, ist sein Heiliger Geist gegenwärtig. Selbst wenn du gerade mitten auf den größten Schlachtfeldern stehst, ändert sich das nicht.

In einem Moment, in dem ich diese geistliche Realität so deutlich spürte, dass ich sie beinahe greifen konnte, schrieb ich mir auf: „Wenn Gott für mich ist – und ich bin es auch (!) –, wer kann mir dann noch etwas anhaben?" Es fühlte sich an wie ein plötzlicher Mutausbruch ob der scheinbar unbegrenzten Möglichkeiten, die sich mir auf einmal auftaten, nachdem ich das Kriegsbeil im Kampf gegen mich selbst endlich begraben hatte. Mich schmerzte der Gedanke, wie viel Kraft, wie viel Lebenszeit ich all die Jahre vergeudet hatte, bis ich endlich an diesem Punkt angekommen war. Gleichzeitig spürte ich eine hoffnungsvoll-wilde Entschlossenheit in mir: Ich würde mich nicht mehr einschüchtern lassen. Nicht von anderen Menschen, nicht von den Einflüsterungen des Bösen und erst recht nicht von meinem eigenen inneren Kritiker. Das bindet einfach viel zu viele Kräfte, die ich noch für den „guten Kampf des Glaubens" (1. Timotheus 6,12) brauchen werde.

Natürlich habe ich immer noch meine wunden Punkte, aber ich habe gelernt, mit ihnen umzugehen, mein verletztes inneres Kind auf den Schoß des Vaters zu setzen und dann mutig weiterzugehen. Und natürlich kommen manchmal noch alte Zweifel, aber ich entschließe mich immer wieder zu glauben, dass dieser große Gott, der immer für mich ist, der mein Vor-allem-Beschützer und mein Alles-Überwinder ist, tatsächlich immer bei mir ist. Und in seinem Namen weise ich alle Lügen zurück, die mir das Gegenteil einreden und mich wieder klein halten und ängstlich machen wollen. Ja, ich habe so etwas wie einen heiligen Zorn entwickelt, eine gesunde Aggression gegen alles, was mir Lebenskraft, Hoffnung und Glauben nehmen möchte. Und das sind nie andere Menschen. In der Bibel steht ganz deutlich: Wir kämpfen nicht gegen Menschen. Wir kämpfen gegen Mächte und Gewalten des Bösen (vgl. Epheser 6,12).

Und ich glaube, mit einer zu zahmen, zu angepassten Version von Christsein kommen wir da nicht weit. Ich wünsche mir manchmal, dass wir mehr von dem „ungezähmten Messias"[4] entdecken, der in der Konfrontation mit Unrecht und zerstörerischen Mächten sehr klare und deutliche Worte sprach – und notfalls noch Tische umwarf. Ein Handeln von Jesus, das mich früher irritierte, das ich mittlerweile aber wunderschön finde. Denn wir dürfen sicher sein: Mit derselben wilden Entschlossenheit und demselben heiligen Zorn geht er auch heute noch gegen die Dinge vor, die seinen Tempel zerstören oder zweckentfremden wollen. Seinen Tempel – das bin ich, das bist du.

Inzwischen kann ich sagen: Gott sei Dank war und ist Jesus nicht so brav und angepasst, wie sein Bodenpersonal es manchmal ist. Nein, er war mutig und deshalb dürfen, ja, *sollen* wir es auch sein: „Ja, ich sage es noch einmal: Sei mutig und entschlossen!", musste Gott Josua im Alten Testament erinnern. Und er sagt es auch uns noch so oft, wie wir es hören müssen, bis wir es verstehen … Denn er weiß, dass wir Mut brauchen für diesen Kampf, in dem wir stehen – auch

---

4   John Eldredge: *Der ungezähmte Messias: Über einen unwiderstehlichen Retter, der Ihr Herz erobern wird*. Gerth Medien, Asslar 2013.

wenn es ein Kampf bleibt, bei dem der Sieger schon feststeht. Ja, wir dürfen mutig sein und in einer Siegermentalität leben! Das heißt jedoch nicht, dass wir nicht auch mal schwach sein dürften. Wie sagte mein Mann, als ich damals einfach nicht mehr konnte? „Auch Löwen brauchen mal 'ne Pause. Aber das ändert nichts daran, dass sie immer noch Löwen sind ..."

Nein, du musst nicht immer stark und kämpferisch sein, aber es geht um dein grundsätzlich richtiges Selbstbewusstsein, das untrennbar mit einem wachsenden Christusbewusstsein einhergeht. Um deine Löwenwürde. Alles Ringen, alles Kämpfen wird so viel einfacher – oder erübrigt sich in manchen Bereichen womöglich ganz – durch dieses veränderte Denken, durch diese Königreichsmentalität.

Also möchte auch ich dir am Ende dieses Buches etwas „noch einmal sagen": Die Kraft des Auferstandenen lebt in dir. Sein ewiges Leben fließt durch deine Adern, dein Herz ist erfüllt von der Liebe Gottes durch den Heiligen Geist, der reichlich über dir ausgegossen wurde, der in dir lebt und wirkt, der dich heilt und heiligt und der dich an alles erinnert, was dein himmlischer Vater über deinem Leben ausgesprochen hat. Du bist beschützt, begnadigt, begabt, gesehen und über alle Maßen geliebt – also hast du alles, was du brauchst, um in den Kampf zu ziehen. In den Kampf, an dessen Ende dich ein glorreicher Triumphzug erwarten wird.

Also, sei mutig und sei stark, *be brave, nicht brav* und *You go girl!*

ÜBERWUNDEN

Jesus Christus spricht:
„Aber ich habe für dich gebetet,
dass du den Glauben nicht verlierst.
Wenn du dann zu mir zurückgekehrt bist,
so stärke den Glauben deiner Brüder!"
Lukas 22,32

„Ich bekenne mich zu diesem Glauben
nicht wie ein Kind,
sondern mein Hosianna ist durch das
große Fegefeuer der Zweifel gegangen."
F. M. Dostojewski

DANK

Danke an den Ersten und den Letzten, den Anfänger und Vollender meines Glaubens: Jesus Christus. Danke, dass du all diese langen und mitunter schmerzhaften Wege mit mir gegangen bist – und dass du mich „nie gelassen hast"! Danke, dass du mich immer näher an dein Herz und immer weiter in deinen herrlichen Lebensraum führst, wo gutes Leben möglich ist. Danke, dass deine Liebe alles überwindet!

Danke, mein geliebter Ehemann, dass du immer wieder die Löwin in mir erweckst und gleichzeitig der Mensch bist, bei dem ich keine meiner Zweifel, Schwächen und Wunden verstecken muss und mich einfach fallen lassen darf. Danke, dass du mir immer wieder den Rücken stärkst und frei hältst! Ich liebe dich!

Danke an meine wunderbaren Eltern, die mir die besten Startbedingungen für ein „Überwinderleben" mitgegeben haben: Gottvertrauen und bedingungslose Liebe! Von Herzen danke, dass ihr in allen großen und kleinen Kämpfen immer für mich da wart!

Danke an mein Zwillingsbruderherz, den besten „Mitstreiter" von Anfang an!

Danke an meine Herzensmenschen: Ich lasse euch nicht – denn ihr seid ein Segen! Es ist unbezahlbar, euch in meinem Leben zu haben und mit euch an meiner Seite durch alle Höhen und Tiefen gehen zu dürfen.

Danke an alle meine „Sisters in the Lord" fürs Mitragen und Mitbeten! Es ist so schön, mit euch unterwegs zu sein und den guten Kampf des Glaubens zu kämpfen!

Danke an meinen Pastor Steffen Klug und meine Gemeinde, die EmK Wetzlar: Danke, dass ich ein geistliches Zuhause bei euch gefunden habe. Danke für all eure Gebete, lieben Worte und euren hingegebenen Glauben!

Danke an Uwe Simon, Martin Weber und Christine Becker sowie das ganze Team von der Station Herzberg 1 der Klinik Hohe Mark. Dank Ihrer geballten fachlichen Kompetenz, aber vor allem auch ihrer großen Menschlichkeit und liebevollen Hartnäckigkeit konnte ich den Schalter endlich umlegen und den Hoffnungskurs wagen. Das werde ich Ihnen nie vergessen!

Danke an Jasmin Weiß, die mir nicht nur in den Alltag zurückgeholfen hat, sondern mich auch immer wieder an meine Träume erinnert hat und eine kostbare Wegbegleiterin geworden ist! *Roooar!*

Danke an alle „Gerthies", die an diesem Buchprojekt beteiligt waren: Es ist ein riesiges Privileg für mich, mit euch zusammenarbeiten zu dürfen – egal, ob als Kollegin oder Autorin. Danke für das herzliche Miteinander und euren großen Einsatz im Kampf um die bestmögliche Version und Vermarktung jedes einzelnen Produkts! Vor allem DANKE an Mareike und Hannes für eure Geduld im Ringen um das richtige Cover und an die liebe Fabienne für ihre tatkräftige Unterstützung!

Danke an Tamara Friede für ihre tollen Illustrationen, die meine Gedanken so wundervoll veranschaulicht haben.

Last but not least: Danke an meine liebe Kollegin, Bürogenossin und unfassbar kompetente Lektorin Nicole, für dein wertvolles Feedback, dein Mitdenken, deinen sprachlichen Feinschliff und vor allem für dein HERZ, das du in dieses Buch gesteckt hast!

Ein Podcast zum Ankommen.
Bei Gott. Und bei dir.

Gemacht wird der Podcast *Der Flügelverleih* von unserem Verlagsteam. Autorinnen und Autoren, Musikerinnen und Musiker sprechen über ihre Bücher, ihre Alben, ihr Leben und ihren Glauben. Das inspiriert. Und verleiht Flügel!

Hör gern mal vorbei!
Überall, wo es Podcasts gibt.

1. Auflage 2022
Bestell-Nr. 817877
ISBN 978-3-95734-877-7

Umschlaggestaltung: Mareike Schaaf & Fabienne Sita
Coverfoto: Deborah Pulverich
Illustrationen: Tamara Friede
Satz: Uhl + Massopust, Aalen
Druck und Verarbeitung: Friedrich Pustet, Regensburg

Printed in Germany